吉林大学"哲学—社会学
一流学科"教授自选集

中国古代哲学与合理哲学理性建设

张连良 著

A Reflection on the Ancient Chinese
Philosophy and the Foundation of Philosophy

中国社会科学出版社

图书在版编目(CIP)数据

中国古代哲学与合理哲学理性建设／张连良著．—北京：中国社会科学出版社，2020.10

（吉林大学"哲学—社会学一流学科"教授自选集）

ISBN 978-7-5203-6868-1

Ⅰ.①中…　Ⅱ.①张…　Ⅲ.①古代哲学—中国—文集　Ⅳ.①B21

中国版本图书馆CIP数据核字(2020)第132211号

出 版 人	赵剑英
责任编辑	朱华彬
责任校对	张爱华
责任印制	张雪娇

出　　版	中国社会科学出版社
社　　址	北京鼓楼西大街甲158号
邮　　编	100720
网　　址	http://www.csspw.cn
发 行 部	010-84083685
门 市 部	010-84029450
经　　销	新华书店及其他书店
印刷装订	北京市十月印刷有限公司
版　　次	2020年10月第1版
印　　次	2020年10月第1次印刷
开　　本	710×1000　1/16
印　　张	15.75
插　　页	2
字　　数	259千字
定　　价	98.00元

凡购买中国社会科学出版社图书，如有质量问题请与本社营销中心联系调换
电话：010-84083683
版权所有　侵权必究

目　录

李大钊早期的进化历史观 ……………………………………（ 1 ）
论李大钊早期的唯物主义哲学思想 …………………………（ 8 ）
论李大钊最初接受的几个马克思主义理论观点及对他
　　思想发展的影响 …………………………………………（ 14 ）
关于思维方式的阐解 …………………………………………（ 22 ）
规律只有逻辑上的层次没有时间上的发展 …………………（ 28 ）
人类认识是直觉与逻辑的统一 ………………………………（ 33 ）
毛泽东哲学的基本特点与中国古代传统哲学的基本精神 …（ 39 ）
一般价值论探析 ………………………………………………（ 47 ）
论价值观念的有机构成 ………………………………………（ 54 ）
"道德"学说的解析 …………………………………………（ 58 ）
"形神"学说的解析 …………………………………………（ 65 ）
儒道融合的心路历程 …………………………………………（ 72 ）
建设合理的哲学理性 …………………………………………（ 79 ）
当代中国哲学的聚焦点 ………………………………………（ 82 ）
哲学怎样才是合理的 …………………………………………（ 90 ）
当代中国哲学发展所面对的矛盾 ……………………………（ 97 ）
关于文明理论认识误区的辨正 ………………………………（ 99 ）
心理与文化的关系问题是生存论的基本问题 ………………（109）
中国哲学内在逻辑的历史展开 ………………………………（117）
中国哲学的本体观念及建立本体观念的方法 ………………（126）
学术史研究应成为21世纪中国文化研究的一大重点 ………（136）
从《中庸》看中国哲学范畴"三位一体"的特征 …………（141）
中国古代哲学对合理哲学文化形式的有益探索 ……………（151）

周敦颐"人极"标准思想的哲学意义 …………………（163）
中国哲学背景下的哲学发展 …………………………（175）
中国哲学的内在逻辑与中国哲学的诠释 ……………（184）
五行观对中国古代人学思想的影响 …………………（197）
马克思主义哲学中国化语境下的中国哲学 …………（211）
从《大学问》看王阳明"致良知"思想的逻辑结构 …（224）
栗谷治国思想与宋明理学 ……………………………（238）
后记 ……………………………………………………（249）

李大钊早期的进化历史观

李大钊在他短暂而伟大的一生中，在传播马克思主义真理，特别是在传播马克思主义哲学的唯物史观方面，作出了突出的贡献。他之所以能在俄国十月革命胜利的影响下，迅速地接受马克思主义，成为由革命民主主义者转变成共产主义者的杰出代表，并不是偶然的，而是有着深厚的思想基础的。这个基础，从对他早期思想的内容、渊源及其特点的考察中可以看到。关于李大钊早期思想的内容的研究，已取得了可喜的成果。但对其早期历史观的评价同对整个早期思想的评价一样，意见还存在着分歧。这就是进化论的历史观和抛弃进化论已经是历史唯物主义的历史观的意见分歧。对他早期历史观的渊源加以探讨，以便更准确地把握其内容，揭示其特点是不无益处的。

一

李大钊在反对封建专制制度复辟，要求建立真正的民主共和国，反对守旧，主张布新的斗争中，继承中国近代改良主义思想家要求变法维新的传统，接受西方进化论思想的影响，形成了自己的具有辩证法因素，又不同于庸俗进化论的进化的历史观。

首先他认为：人类社会同自然界的现象一样，是不断地发展变化的：

> 斯固天演之迹，进化之理，穷变通久之道，国与天地，莫或可逃，莫或能抗者。即以吾人所能为光荣之历史观之，已足示人以迁流之迹，有进无退，不可淹留。[①]

[①] 《李大钊选集》，人民出版社1978年版，第43—44页。

人类社会的这种不断的变化、发展，是不以人的主观意志为转移的客观规律。世运的嬗变是不可阻挡的。同时，社会的发展、进化是一个自然的历史过程，并不是神秘的主宰者随心所欲的结果。这发展又具有它的连续性。

> 一时代的变动，绝不消失，仍遗留于次一时代，这样传演，至于无穷，在世界中有一贯相联的永远性。①

无限的过去都以现在为归宿，无限的未来都以现在为渊源。

其次，李大钊认为历史的进化乃是日新向上的。合乎历史进化之步骤出现的新潮流是断不可抑制的，相反，被历史发展所淘汰的僵尸也是万万不能复活的。人类社会发展到今天，以英雄主义为思想基础的专制制度已成历史之陈迹。只有顺应历史发展的潮流，行共和政治，唯民主义政治才有出路。虽然这共和政治亦处在实验之中，行得通与否另当别论，而有一点则是肯定的，那就是专制制度是不能复活的，当知今日"专制之不可复活，民权之不可复抑，共和之不可复毁，帝政之不可复兴"②。历史的发展犹如大实在的瀑流，奔腾向前，绝不反顾。人生本务就在随这大实在的瀑流，创造功业，而不是倒退、反顾。

第三，李大钊早期历史观中的另一个突出的重要内容，就是对人民群众创造历史的作用的肯定和对英雄史观的批判。李大钊认识到：人类文明的历史是由人民群众创造的，而不是由英雄圣人所创造的。他反对对群众和英雄的唯心主义的区分，认为：

> 夫圣智之与凡民，其间知能相去不远。……秉彝之本，无甚悬殊也。③

英雄并不是先天生下来就是英雄。英雄的作用在于代表人民的利益；

---

① 《李大钊选集》，人民出版社1978年版，第94页。
② 同上书，第82页。
③ 同上书，第48页。

英雄的势力，乃是民意之所积。离开了群众则无英雄；离开了众意之所积，则无英雄之势力。英雄和群众不是对立的，而是统一的。那些鼓吹英雄主义的人，都是这样、那样地为专制制度服务的。他进而认为：

> 民彝者，可以创造历史，而历史者，不可以束制民彝。①

这就是说，人民群众是创造历史的真正主人。

李大钊的群众创造历史的观点和对英雄主义的批判之所以可贵，在我们看来，就在于他对群众观的阐述和对英雄史观的批判并不仅仅是一种纯理论活动，而是同他的反对封建专制制度、要求建立民主共和国的革命主张相一致的。他将人民群众创造历史和英雄创造历史这两种观点的根本对立与封建专制制度和民主共和制度的对立联系起来，认识到这两种根本对立的理论是分别为这两种根本对立的政治制度服务的。

> 盖唯民主义，乃立宪之本；英雄主义，乃专制之原。②

李大钊早期的历史观的独放异彩之处，还在于他对飞跃的革命表示高度赞赏，看到了在历史进化的链条中，渐进过程的中断这一现实及其意义。当俄国的1917年2月革命爆发时，李大钊以他急进的革命民主主义战斗者的姿态，给予了极大的关注。他看到20世纪初的革命和19世纪初的革命是带有根本性质的区别的。

> 盖前世纪之初期之革命，其主要目的，乃在对于"君主政治"、"贵族政治"而革命；今世纪初期之革命，其主要目的，乃在对于"官僚政治"而革命。③

他对戊戌变法以来为改变中国的落后面貌而流血牺牲的先烈表示了高

---

① 《李大钊选集》，人民出版社1978年版，第46页。
② 同上书，第49页。
③ 同上书，第81—82页。

度的崇敬，并且号召中华民族的青年，赶快觉醒，同心协力，"冲决历史之桎梏，涤荡历史之积秽，新造民族之生命，挽回民族之青春"[①]。同以往的历史实行最彻底的决裂，创造美好的青春中华。只有这样，才不负革命先烈的"神圣之血，洒于自由神前"[②]。

李大钊的进化史观，是他在为中国解放探求真理的初期，接受西方的进化论思想，继承中国近代先进思想家对封建专制制度批判的传统的基础之上，在现实的反帝制复辟的斗争中形成的。

早期，李大钊对生物进化的理论是接受的。他在著名的《青春》一文中，就引用了生物进化论的理论，同时认为社会现象同生物现象是一样的，也是进化的。李大钊吸收进化论的思想，分析当时的中国现状说："中国至于今日，诚已濒于绝境"，但是我国人民一息尚存，就绝不能以绝望自灭。

> 吾人不得自画于消极之宿命说（Determinus），以尼精神之奋进。须本自由意志之理（Theory of free will），进而努力，发展向上，以易其境，俾得适于所志，则 Henri Bergson 氏（柏格森——引者）之"创造进化论"（Creative Evolution）尚矣。[③]

李大钊接受进化论的思想是改造、利用它，以唤起民众的觉悟，奋起努力，争取民族的自强。同时李大钊吸收进化论的思想，乃在说明社会是不断进化的，用以反对复古倒退。他认为：

> 理之创于古者不必其宜于今也，法之适于前者不必其合于后也，夏葛之不宜于冬裘也，胶柱之不足以鼓瑟也，结绳之治不能行于文字传译之世也，巢穴之居不能用于宫室轮奂之美也，茹毛饮血之生活不能代烹调珍错之生活也，弓矢之器不能施于飞潜炮火之战也，井田之不可复反也，封建之不可复兴也。……天演之迹，进化之理，……国

---

① 《李大钊选集》，人民出版社1978年版，第71页。
② 同上书，第57页。
③ 同上书，第31页。

于天地，莫或可逃，莫或能抗者。①

在此，李大钊明确地表明了他的进化思想，而这一思想又是以生物进化论理论为基础的。他的进化的历史观中承认质变的不同于庸俗进化论的地方，则是在西方资产阶级革命和俄国二月革命的影响下形成的。

群众创造历史的观点，是李大钊的进化的历史观的重要内容。李大钊除了继承中国古代以来传统的重民思想外，还直接地接受了托尔斯泰的关于英雄和民众的关系的思想。托尔斯泰就认为：英雄是民众意志的总积，离于众庶，则无英雄，离于众意之总积，则无英雄之势力。这些思想李大钊是同意的，并且接受了。同时，李大钊还对耶马逊和迦来罗的英雄史观进行了批判。李大钊对耶、迦氏的英雄史观的批判，是对一般的英雄史观的批判，是对以英雄史观为理论基础的形形色色的专制制度的批判。

李大钊在其进化史观的形成中，亦接受了谭嗣同的对大盗与乡愿狼狈为奸、盗国窃民的封建专制制度的历史揭露的思想，对推翻清王朝统治的辛亥革命表达了赞扬，对在革命中牺牲的先烈表示了敬仰。

二

由以上的分析我们看到，李大钊早期的历史观确有许多独放异彩的地方，但是其主流仍然是进化论的思想，还没有摆脱历史唯心主义的束缚。如：他此时对人性的分析，还局限于自然本性的分析范围之内，还不能用阶级分析的方法指导社会问题的研究，认为求乐避苦是人的真实的人生观、自然人生观。人就应该顺应自然，立在真实上，求得人生的光明。而这求得光明的方法、途径乃是尊重劳动。所以我们认为他此时的历史观还没有达到历史唯物主义的高度。说他此时的历史观已经是马克思主义的历史唯物主义的观点②，我们是不敢苟同的。

同时，我们也必须看到，在李大钊早期进化的历史观中确有许多接近于历史唯物主义、而不同于近代西方资产阶级哲学和中国以往全部哲学的

---

① 《李大钊选集》，人民出版社1978年版，第43—44页。
② 参见武仁《五四前后李大钊哲学思想探讨》一文，《哲学研究》1979年第5期。

历史唯心主义的特点。例如：他认识到，人类社会的历史也与自然界一样，是一个自然的历史过程。

> 吾人以为宇宙乃无始无终自然的存在。由宇宙自然之真实本体所生之一切现象，乃循此自然法而自然的、因果的、机械的以渐次发生渐次进化。道德者，宇宙现象之一也。故其发生进化亦必应其自然进化之社会。而其自然变迁，断非神秘主宰之惠与物，亦非古昔圣哲之遗留品也。①

李大钊也认为，社会意识是社会存在的反映。

> 孔子生于专制之社会，专制之时代，自不能不就当时之政治制度而立说，故其说确足以代表专制社会之道德，亦确足为专制君主所利用资以为护符也。②

这些思想很接近马克思主义的历史唯物论观点。在十月革命的影响下，他进一步认识到：十月革命的胜利是劳工阶级的胜利，是庶民的胜利，而帝国主义战争，则是资本主义社会矛盾的反映，是生产力发展的结果，是为资本家一阶级谋利益的。在1919年，他改变了进化论的观点。

> 从前讲天演进化的，都说是优胜劣败，弱肉强食，……从今以后都晓得这话大错。③

李大钊很快写出《我的马克思主义观》宣传唯物史观。在《我的马克思主义观》一文中，他全面地接受了马克思主义的唯物史观，第一次较为系统地向中国人民介绍了马克思主义的历史唯物主义、阶级斗争和政治经济学学说。在1919年12月，他将马克思主义唯物主义历史观具体地

---

① 《李大钊选集》，人民出版社1978年版，第79页。
② 同上书，第80页。
③ 同上书，第120页。

运用于对中国历史上的道德问题的解释，认为：

> 一、道德是有动物的基础之社会的本能，……这种本能是随着那种动物的生活的状态、生活的要求有所差异，断断不是什么神明的赏赐物。人类正不必以万物之灵自高，亦不必以有道德心自夸。二、道德既是社会的本能，那就适应生活的变动，随着社会的需要，因时因地而有变动，一代圣贤的经训格言，断断不是万世不变的法则。……三、道德既是因时因地而常有变动，那么道德就也有新旧的问题发生。①

在旧的社会物质生活基础上形成的道德在产生它的那种社会变动了的时候，也就失去了它的命运和价值，而那新生活必然地产生出新的道德。道德随物质生活的变动而变动。

> 宇宙进化的大路，只是一个健行不息的长流，只有前进，没有反顾；只有再新，没有复旧；有时旧的毁灭，新的再兴。②

道德也是如此，断没有复旧之理。这些已经是马克思主义的观点了。李大钊之所以能够迅速地接受马克思主义的历史唯物主义理论，就在于他的早期思想中具有这些唯物史观的因素。但我们不能以有这种因素的存在就说他此时的历史观就是历史唯物主义的，同时也不能不确实地看到这些因素的存在及在他的思想转化过程中的作用。

（原载《中国近代哲学史论文集》，天津人民出版社1984年版）

---

① 《李大钊选集》，人民出版社1978年版，第272页。
② 同上书，第273页。

论李大钊早期的唯物主义哲学思想

李大钊是在中国首传马克思列宁主义真理的先驱。李大钊的思想转变的经验，对我们更加自觉地坚持马克思列宁主义、毛泽东思想具有重要意义。为了吸取他的这个经验，有必要对他的思想发展过程作认真的探讨。恰值今年 4 月 28 日是李大钊就义六十周年纪念日，特作此文，以志纪念。

恩格斯指出：全部哲学，特别是近代哲学的重大的基本问题，是思维和存在的关系问题。哲学家依照他们如何回答这个问题而分成了两大阵营。李大钊在开始他的对世界的本质的哲学思考时，继承了唯物主义传统，认为宇宙乃是客观的物质存在；世界上的具体事物不仅是千差万别的，而且又都是运动着的物质的不同表现。他说："吾人以为宇宙乃无始无终自然的存在。由宇宙自然之真实本体所生之一切现象，乃循此自然法而自然的、因果的、机械的以渐次发生渐次进化。"① 大实在的物质世界不仅是物质的，同时又是无限的，是由各不同的万殊事物组成的统一体，是绝对和相对、无限和有限的对立统一。这种物质世界在时间上是无始无终的，在空间上是无限的。他说："宇宙果有初乎？曰，初乎无也。果有终乎？曰，终乎无也。初乎无者，等于无初；终乎无者，等于无终。无初无终，是于空间为无限，于时间为无极。"②

李大钊不仅正确地指出了世界的本质是物质的，同时，在他的宇宙观、自然观中，还包含着丰富的宇宙变化日新的辩证法思想。李大钊认为物质世界是处在永恒的运动、变化、发展中的。宇宙流转是绝不停留的。运动是物质世界的存在形式，是永恒的。他说："大实在的瀑流永远由无

---

① 《李大钊选集》，人民出版社 1978 年版，第 79 页。
② 同上书，第 66 页。

始的实在向无终的实在奔流。"① 流转的动力就是实在,而生命就在于流转。宇宙是运动的,发展的。运动、发展的趋势是向上的,日新的。宇宙的大化流行,循环无已,生者不能无死,毁者必有所成,而宇宙的生命力,并不在其老大而无死,健壮而无衰;而是在于累累坟墓之中,诞孕新的生命。宇宙的无始无终不在于宇宙永恒不变;而在于日新、日日新、又日新之发展变化;不在自首之保存,而在青春之创造。宇宙无限,青春无限。所以,在人生的道路之上,只能前进,不能倒退。

李大钊早期哲学思想中辩证法之所以可贵,不仅于此,还在于他正确地指出了物质世界运动的根源。他认为,大实在的物质世界的这种日新发展、变化的根源,并不在事物的外部,而是根源于事物内部的矛盾性。

首先,李大钊看到了矛盾存在的客观性和普遍性。他认为矛盾的对立统一规律,是宇宙间事物所固有的普遍的客观规律。他说:"一成一毁者,天之道也。一阴一阳者,易之道也。"②

其次,李大钊正确地认识到,宇宙间的事物之所以能形成、运动、变化、发展,正是由于这种普遍存在的矛盾的对立斗争。"宇宙万象,成于对抗。又因对抗,而有流转,由是新旧代谢、推嬗以至于无穷,而天地之大化成矣。"③ 整个宇宙的进化,是由于新旧两种势力相攻相守,矛盾而又统一,推动了事物的进化。

矛盾是普遍的,永恒的;事物的运动也是永恒的,这永恒的运动的总趋势是:事物在运动中不断地克服陈腐势力的束缚,为自己的日新发展开辟道路。新生事物是不可战胜的,虽然"大凡一新生命之诞孕,必历一番之辛苦,即必需一番之努力"④。

在真理观上,李大钊在其早期思想中,首先坚定地肯定了真理的客观性,反对偶像崇拜。"余信宇宙间有唯一无二之真理。孔子、释迦、耶稣辈之于此真理,皆为近似得半,偏而弗全。故吾人今日与其信孔子、信释迦、信耶稣,毋宁信真理。"⑤ 他指出人生最高之理想,在求达于真理。

---

① 《李大钊选集》,人民出版社 1978 年版,第 95 页。
② 同上书,第 68 页。
③ 李大钊:《辟伪调和》,载《李大钊文集》(上),人民出版社 1984 年版,第 505 页。
④ 《李大钊选集》,人民出版社 1978 年版,第 64 页。
⑤ 同上书,第 86 页。

李大钊的一生也正是不倦地探寻、追求真理的一生。

真理是客观的，是对实体的正确认识。同时李大钊也看到，宇宙是无限的，而从事具体的认识的具体个人的认识又是有限的。但是这并不能妨碍人们对客观真理的追求与获得。世界的存在不是神秘的，而是可知的。"吾人各有其知力，即各有其知力和能达之境，达于其境而确将其所信以示之人，此即其人所见之真理也。言真理者之所谓真理，虽未必果为真理，即含有真理，而亦未必全为真理。而能依其自信以认识其所谓真理者，即或违于真理，真理亦将介其自信之力以就之。"① 从真理的客观本性说，真理是绝对的；从真理的发展路程来讲，每一时代的真理又都是相对的。

宇宙无限，社会发展无极，所以人的认识也是一个不断的发展过程。真理未必永为真理，也往往有这样的情形，即真理存在于"邪说淫词"之中。那么，怎样才能获得真理呢？李大钊说："言论要想具有真理性，必须具备二个条件：一在查事之精，一在推论之正。二者交备，则逻辑之用以昭。而二者之中，尤以据乎事实为要。"② 这就是说：客观事物是第一性的，认识是第二性的。真理是对客观事物的正确认识。从实际出发，实事求是，是求得真理的客观要求。逻辑证明只是辅助的、第二位的。所以，一种认识是否具有真理性，不在圣人的最后的判象之辞，而在于事实的根据。群众是评判事物是非的主人，事实是这种评判的根据。

从以上的简单分析中，我们看到，李大钊的早期哲学思想达到了相当高的程度，可以说是当时思想界的一颗珍珠。而这思想成果的取得，不仅仅是李大钊所生活的时代、社会历史要求的单方面的产物，同时也是古今中外优秀的哲学思想成果的批判继承和革命改造。

李大钊在批判继承古今中外的优秀思想成果时，首先，旗帜鲜明地批判了各种唯心主义。古今中外的唯心主义者，虽然以不同的形式，使用不同的术语、概念和范畴解释世界，其实质都是认为宇宙有一神秘的大主宰，都是以这样那样的方式用精神来解释世界。对此，李大钊是反对的。他说："历稽中国、印度，乃至欧洲之自古传来之种种教宗哲派，要皆以

---

① 《李大钊选集》，人民出版社 1978 年版，第 37 页。
② 同上书，第 87 页。

宇宙有一具绝对理性，绝对意思之不可思议的、神秘的大主宰。曰天，曰神，曰上帝，曰绝对，曰实在，曰宇宙本源，曰宇宙本体，曰太极，曰真如，名称虽殊，要皆指此大主宰而言也。由吾人观之，其中虽不无一二叶于学理的解释，而其或本宗教之权威，或立理想之人格，信为伦理之渊源而超乎自然之上，厥说盖非生于今日世界之吾人所足取也。"①

在批判唯心主义的基础之上，李大钊接受了西方哲学的革命先导作用的影响，认为："由来新文明之诞生，必有新文艺为之先声，而新文艺之勃兴，尤赖有一二哲人，犯当世之不韪，发挥其理想，振其自我之权威，为自我觉醒之绝叫，而后当时有众之沉梦，赖以惊破。"② 从这里我们可以清楚地看到，李大钊早期就有以做革命的先声为己任的革命精神。

在李大钊的早期思想中，有许多辩证唯物主义的思想火花，但其思想的基本特征并未超出进化论的局限。这是由他所接受的天演论影响所决定的。中国的近代，由于封建的生产关系严重地阻碍了社会的进步，被动挨打的局面严重地威胁着中华民族的生存。变落后为先进，变挨打为自强已成为社会历史发展的必然要求。从启蒙主义思想家开始，先进的中国人就已经认识到了这一点，戊戌变法时，改良主义思想家在思想上则突出地宣传了西方的进化论。李大钊继承了改良主义思想家的传统，认为自然、社会都是不断地进化的。人类由学会直立行走到现代文明社会，就是一个不断进化的过程。同时，李大钊对天演论又是批判地吸收。宣传进化论的目的在于唤起民众的自强，改变中国落后的面貌，是为号召中国人民起来向旧的势力斗争、反对专制复辟的要求服务的。所以他反对帝国主义的侵略战争，反对弱肉强食。这里的进化论还是中国人民、至少是李大钊手中反对专制统治的思想武器，而不同于帝国主义借"物竞天择"以为侵略扩张之口实，这是本质的不同，是不同性质的思想方向，是不能混淆的。

李大钊早期的日新、日日新、又日新的朴素的辩证法思想，也是在广泛地吸收前人的思想成果的基础上，顺应中国当时的反复辟、争自强的政治斗争的要求合理地产生的。李大钊在中国落后的现实中，看到社会上存在着两种不求进步的人。一种是厌今派，认为现在的一切都不好，不是企

---

① 《李大钊选集》，人民出版社1978年版，第79页。
② 同上书，第61页。

图复古，就是放弃现实的努力而将希望寄托在将来；一种是乐今派，但是这种乐今派并不是积极进取的，而是对一切都感到满足。怎样看待这个问题？李大钊接受了过去的已经过去，将来的还未到来，只有现在是现实的，所以只有"今"是可贵的，今日一日当明晨二日的思想。他批判地改造了儒家中庸的日新说，吸收了《易》中的辩证法思想，认为厌今是不对的。吾民当利用今，面对落后的现实，奋而起之，冲决旧生活的束缚，创造新的生活。切不可厌今而发怀古之幽思，或坐等其将来变好而放弃现实的努力、改造；也不能浑浑噩噩，醉生梦死，只知乐今，而不思革旧布新。

李大钊在形成他的早期辩证法思想的过程中，更直接地接受了中国近代优秀的哲学思想成果。明末的思想家李贽认为，新在平常之中，所以不要厌弃平常而喜新奇，抛开平常而别觅新奇。清代的思想家王夫之更进一步地认为，自然和人类社会都是发展变化的，发展变化的规律就是新的不断地代替旧的。他认为："日新之谓圣德。"（《思问录·外篇》）就是说，不断的进步是最高的法则。王夫之的这种日新发展的辩证法思想又为改良主义的思想家谭嗣同所继承。谭嗣同认为，世界是发展的，这种发展是永恒的。这永恒的发展是日新的发展，也就是王夫之所说的新的不断代替旧的过程。谭嗣同又认为，好新者则兴，好古者必亡。

李大钊是很推崇谭嗣同的为变法而勇于献身的精神的。同时在哲学思想中，他也大量地接受了谭氏哲学思想的影响，特别是接受了谭嗣同要求变法维新的思想影响。1916年他在《民彝与政治》一文中猛烈抨击袁世凯借尊孔之名，搞复辟之实："谭嗣同著《仁学》一书，痛论中国无学术，有之皆荀学也；中国无政治，有之皆秦政也。"[1] 并说："中国无学术也，有之则李斯之学也；中国无政治也，有之则嬴秦之政也。"[2] 由此我们可以看出，李大钊在对由于专制制度造成中国的思想、政治发展的停滞的分析上，在反对复古守旧等思想上，是直接地接受了谭嗣同的影响，并且进而为当时的反对封建专制制度复辟、要求革新的政治服务。

李大钊的从实际出发、实事求是的真理观，也是在吸收前人的思想成

---

[1] 《李大钊选集》，人民出版社1978年版，第45页注①。
[2] 同上书，第44页。

果的基础上形成的。李贽就认为，事物是发展变化的，人对事物的认识也是有一个从片面到全面的发展过程的。在认识上，今天的我否定昨天的我的情形是经常发生的。也就是说：认识的发展是有时代的相对性的。孔子生于他那个时代在他那个时代看是合理的认识，而后代，时代发展了，事物变化了，再用孔子之是非为是非就不合乎事实的真伪之实际了。李大钊继承了这种思想，对孔子作了历史的分析、评价，反对以孔子之是非为是非，钳制人们的思想自由发展。

从以上的分析我们可以看到，李大钊早期的唯物主义哲学，是在广泛地吸收前人的思想成果的基础上形成的。同时，由于当时中国社会发展的历史要求，又决定了他对前人思想成果的吸收必然是一种有选择的批判吸收。这样就使他的早期哲学思想在前人的基础之上大大地前进了一步，形成了具有自己的特点的哲学思想，即思想主流仍是进化思想，然而又不同于庸俗进化论。正是这些特点，决定了他能够在十月革命的影响下迅速地接受马克思列宁主义，成为在中国传播马克思主义的先驱。

（原载《长白学刊》1987年第2期）

论李大钊最初接受的几个马克思主义理论观点及对他思想发展的影响

世所公认，李大钊是中国由革命民主主义者转变为共产主义者的第一人，是在中国传播马克思主义的先驱。这一历史地位的取得，在很大程度上取决于他在十月革命的影响下，迅速接受了马克思主义的社会主义革命思想、帝国主义理论和人民群众是创造历史的主人的观点。这几个理论观点的接受，可以说无论是对他由民主主义者向共产主义者转变，还是对他由初步的马克思主义者向成熟的马克思主义者发展，都是具有决定性意义的。

一

通过研究和宣传俄国十月社会主义革命，李大钊接受了马克思主义的无产阶级革命思想，开始明确了中国革命的性质，找到了中国革命的道路。

李大钊十分关心国际上所发生的社会、政治运动和革命。

十月革命胜利后，李大钊立即开始了对十月革命的性质、意义及其理论基础的学习和宣传。1918年7月1日发表的《法俄革命之比较观》一文，是李大钊公开宣传俄国十月革命的第一篇文章。以此为标志，他开始了由革命民主主义者向共产主义者，由旧唯物主义者向辩证唯物主义者的转变。紧接着他又撰写了《庶民的胜利》和《Bolshevism的胜利》（《布尔什维主义的胜利》——引者注）两文。在这些文章中李大钊以极大的热情宣传了十月革命。

李大钊首先向中国人民介绍了十月革命所取得的成就。他说："俄国革命最近之形势，政权全归急进社会党之手，将从来之政治组织、社会组织根本推翻。"① 进而他又明确地指出了这一革命的性质，并开始划清了资产阶级的民主主义革命与无产阶级的社会主义革命的界限。他说："法兰西之革命是十八世纪末期之革命，是立于国家主义上之革命。"而"俄罗斯之革命是二十世纪初期之革命，是立于社会主义上之革命，是社会的革命而并著世界的革命之采色者也。时代之精神不同，革命之性质自异"②。

他认为，十月革命必将给历史的发展带来巨大影响，20世纪初叶以后世界文明的发展即萌发于此。因为这一革命"非独俄罗斯人心变动之显兆，实二十世纪全世界人类普遍心理变动之显兆"③。这一革命只不过是"使天下惊秋的一片桐叶"④，"二十世纪中世界革命的先声"⑤。在它的影响下，世界革命必将蓬勃兴起，"由今以后，到处所见的，都是Bolshevism战胜的旗。到处所闻的，都是Bolshevism凯歌的声"⑥。这世界社会主义革命的潮流，"实非现在资本家的政府所能防遏得住的"。1919年2月李大钊在《战后之世界潮流》一文中进一步指出，十月社会主义革命不仅对中欧、西欧资本主义国家的社会主义革命将发生重大的影响，而且对处在半封建半殖民地社会的中国革命也将产生巨大的影响。"我们中国也许从西北的陆地、东南的海岸，望见他的颜色。"⑦

面对十月革命的胜利和随之而出现的世界无产阶级的社会主义革命蓬勃兴起的新局面，我们应该采取什么态度？对此，李大钊指出，我们应该首先清醒地认识到："对于俄罗斯今日之事变，惟有翘首以迎其世界新文明之曙光，倾耳以迎其建于自由、人道上之新俄罗斯之消息，而求所以适应此世界的新潮流，勿徒以其目前一时之乱象遂遽为之抱悲观也。"⑧ 在这世界革命的新纪元中，我们应该为世界人类全体的新曙光庆祝，为民主

---

① 《李大钊选集》，人民出版社1978年版，第101页。
② 同上书，第102页。
③ 同上书，第104页。
④ 同上书，第118页。
⑤ 同上书，第111页。
⑥ 同上书，第117页。
⑦ 同上书，第137页。
⑧ 同上书，第104页。

主义把帝制打倒、社会主义把军国主义打倒而庆祝。同时，我们应该趁着这一线的光明，努力前去为人类活动，做出一点有益的工作。

　　由上述分析我们看到，李大钊对待十月革命的态度是积极的、实事求是的。通过对十月革命的研究，李大钊清楚地看到了：20世纪的世界，已经进入了世界无产阶级社会主义革命的新时代。这一社会主义革命才是人类的新曙光。处于这一历史时代的中国革命也必须走俄国人民的道路——社会主义革命的道路。这说明李大钊此时接受了马克思主义的社会主义革命思想，开始明确了中国革命的无产阶级革命性质，明确了中国革命的社会主义目标。他说："我们要求 Democracy（民主主义——引者注），不是单求一没有君主的国体就算了事，必要把那受屈枉的个性，都解放了，把那逞强的势力，都摧除了，把那不正当的制度，都改正了，一步一步地向前奋斗，直到世界大同，才算贯彻了 Democracy 的真义。所以君主虽退，一派的军阀一样跋扈，我们 Democracy 的运动，应该愈加猛激。资本阶级或中产阶级的 Democracy 若已获得，紧接着社会主义，就是 Democracy 中的一个进程。"① 这就明确指出了中国革命的社会主义方向。很显然，李大钊的这一思想和他的早期政治思想是不同的。李大钊早期是一个激进的民主主义者，其政治思想是建立资产阶级的民主共和国。但在十月革命的影响下，他接受了马克思主义的社会主义革命思想，看到了中国问题根本解决的希望在社会主义，明确了在资产阶级的民主主义革命成功之后，紧接着应进行社会主义革命。这些都说明，李大钊此时已经由民主主义者转变为一个初步的马克思主义者。在此之后，李大钊的思想继续向成熟的马克思主义方向发展。在《我的马克思主义观》等文章中，李大钊介绍了马克思主义的阶级斗争理论，1921年后进一步清除"互助论"的影响，接受了马克思主义的无产阶级专政理论，提出了武装夺取政权的思想。同时，他还运用马克思主义的基本原理，解决中国革命的具体问题，提出了许多重要思想。诸如：关于在帝国主义和无产阶级革命时代，中国的民族民主革命是世界无产阶级革命的一部分的思想；民族民主革命统一战线思想；只有社会主义能够救中国的思想；关于建立农民武装的思想等等。这些思想发展，都是以他最初接受的马克思主义社会主义革命思

---

① 《李大钊文集》（上），人民出版社1984年版，第604页。

想为前提的。这也说明，能否接受社会主义革命思想，是民主主义者能否转变为共产主义者的一个关键。只有接受了社会主义革命思想，才能进一步探寻马克思主义所揭示的社会历史发展的规律性，才能进一步接受阶级斗争和无产阶级专政理论，才能具体揭示中国革命的方法、道路。有一些民主主义者，虽然也认为马克思主义所设计的未来社会蓝图是美好的，但又反对马克思主义的社会主义革命理论，所以，不能接受马克思主义真理而转变为一个共产主义者。这也从一个方面说明了李大钊最初接受马克思主义这一革命思想在其思想发展中所占的重要地位。

二

接受马克思主义的帝国主义理论，确立坚定彻底的反对帝国主义立场，是李大钊由民主主义者转变为共产主义者的又一关键环节。

十月革命前，李大钊虽然对直接侵略我国的日本帝国主义的本质有较明确的认识，但对英、美等帝国主义本质的认识则是模糊的。他曾认为第一次世界大战的原因是"贪惰之根性未除"，并认为大战是公理与强权之争，所以，对美国总统威尔逊的和平、正义等口号表示赞赏，认为他是"世界和平的曙光"。十月革命胜利后，李大钊对帝国主义本质的认识开始有了质的飞跃。他在当时第一个提出了"帝国主义"这个概念，并对帝国主义进行了详尽的分析。在五四运动中他明确提出了"改造强盗世界、不认秘密外交，实行民族自决"的反帝反封建的革命纲领，并抛弃了对第一次世界大战的原因是"贪惰之根性未除"这样模糊的不正确的认识，用初步的马克思主义的观点，揭露了帝国主义发动的第一次世界大战的本质。他说："这回战争的真因，乃在资本主义的发展。国家的界限以内，不能涵容他的生产力，所以资本家的政府想靠着大战，把国家界限打破，拿自己的国家做中心，建一世界的大帝国，成一个经济组织，为自己国内资本家一阶级谋利益。"[①] 这就正确地指出了帝国主义发动第一次世界大战的真正根源。紧接着他又于1919年初发表了《大亚细亚主义与新亚细亚主义》一文，揭露日本帝国主义宣扬的"大亚细亚主义"的实

---

① 《李大钊选集》，人民出版社1978年版，第110页。

质。他指出：日本帝国主义的"大亚细亚主义"，不是和平的主义，是侵略的主义；不是民族自决主义，是吞并弱小民族的帝国主义；不是亚细亚的民主主义，是日本的军国主义。它是并吞中国主义的隐语，是大日本主义的变名。因而，李大钊指出应放弃对帝国主义的任何幻想，"应该信赖民族自决的力量，去解决一切纠纷，不可再蹈以前'以夷制夷'的覆辙。……无论以人制人，虎去狼来，受祸还是一样。……因为挟国际猜忌，利权竞争的私心的资本主义、帝国主义，不论他是东方的、欧美的，绝讲不出公道话来"①。李大钊还用德、日帝国主义在我国青岛争夺霸权的事实教育、提醒人民：群夷相争，一夷得手，其结果仍然是我们蒙受丧失土地山河的耻辱、丧失自立性的耻辱。这样，李大钊的反帝矛头就不仅仅是针对直接侵略我国的某个帝国主义国家，而是指向了整个帝国主义世界。他向中国人民指明了，不仅那直接侵略我们的帝国主义是我们的敌人，那些貌似公正的帝国主义也是我们的敌人。直接侵略我们的帝国主义之所以敢于侵略我们并能逞凶于一时，也正是因为有那些帝国主义的存在（做它们强盗的帮凶）的缘故。所以，"这强盗世界中的一切强盗团体、秘密外交这一类的一切强盗行为，都是我们的仇敌"②。

那么，帝国主义的力量怎样？我们是否有能力和它抗争？对此，李大钊指出，表面看来，帝国主义很强大，而实际上"世界上的军国主义、资本主义，都像唐山煤矿坑上的建筑物一样，他的外形尽管华美崇闳，他的基础，已经被下面的工人掘空了，一旦陷落，轰然一声，归于乌有。我们应该在那威势煊赫的中间，看出真理的威权，因而发生一种勇气与确信，敢与他搏战，信他必可摧拉"③。

李大钊上述关于帝国主义的认识，是符合马克思主义的。他的这些论述，推动了马克思主义在中国广泛深入地传播，使中国的先进分子在马克思主义的指导下，逐步认清了帝国主义的本性，认清了中国革命的性质、任务，明确了在半封建半殖民地社会条件下，革命民主主义者只有彻底抛弃对帝国主义的幻想，才能坚定地接受马克思主义，实现由革命民主主义

---

① 《李大钊选集》，人民出版社1978年版，第281—282页。
② 同上书，第214页。
③ 同上书，第281页。

向共产主义的转变。李大钊在十月革命后,及时接受了马克思主义的帝国主义理论,正是他能转变为一个成熟的共产主义者的一个关键。这使他的思想在以后的发展中不断地前进,为中国革命问题的解决提出了许多宝贵的思想。诸如:在政治、经济、文化等各领域坚决、彻底地反对帝国主义侵略的思想;全世界的无产者联合起来,殖民地、半殖民地的人民同世界无产阶级联合起来的思想;殖民地、半殖民地的人民反帝斗争是世界无产阶级社会主义革命的一部分的思想,等等,这些思想构成了新民主主义革命理论的一部分。我们还要特别指出李大钊在此时明确提出"帝国主义"这一概念的意义。这一概念的提出,标志着中国人民对帝国主义的认识深入到了本质这一层次。这就为提出彻底地反帝的革命任务提供了可能,也就为中国革命由旧民主主义转变为新民主主义提供了可能。这些都说明,李大钊最初接受的马克思主义的帝国主义理论,无论对他的思想发展,还是对中国革命的发展,都具有十分重要的意义。

三

接受马克思主义关于人民群众是创造历史的真正主人的观点,是李大钊由民主主义者转变为共产主义者的又一思想基础。

十月革命前,李大钊就有十分突出的重视人民群众创造历史作用的思想。他十分关心劳动人民的疾苦,将人民群众的意志能否得到体现、人民群众的生存权利能否得到实现作为评定一种政治好坏的标准。同时,他对形形色色的英雄史观进行了有力的批判,指出英雄史观是为专制主义服务的。这些"唯民主义"思想是他的民主主义政治思想中的合理因素。但是,在他的早期思想中的这些内容,与历史唯物主义关于人民群众创造历史的思想还有一定的距离。这表现在,他认为实现民主共和国建设的任务,要靠资产阶级成长为社会的中心势力。而其他劳动群众则是这一中心势力利用的力量。同时,在他的早期思想中也流露出一些认为下层劳动群众愚昧、落后,需要英雄人物去教育的思想。这说明,在十月革命前,李大钊还没有找到革命领导阶级。这正是他的民主主义思想的局限性。

十月革命后,李大钊的思想有了新的飞跃。他明确指出,第一次世界大战的胜利,不是什么"协约国"的胜利,而是庶民的胜利、无产阶级的胜利。由此,他看到了无产阶级的力量,认识到:人民群众是最有实力者,是永久的胜利者。20世纪的革命,就是无产阶级的"群众运动"。"在这世界的群众运动的中间,历史上残余的东西,什么皇帝啊,贵族啊,军阀啊,官僚啊,军国主义啊,资本主义啊,——凡可以障阻这新运动的进路的,必挟雷霆万钧的力量摧拉他们。他们遇见这种不可当的潮流,都象枯黄的树叶遇见凛冽的秋风一般,一个一个地飞落在地。"[①] 同时,李大钊还指出:无产阶级革命的目的,"在把现在为社会主义的障碍的国家界限打破,把资本家独占利益的生产制度打破"[②]。是要使"一切产业都归在那产业里做工的人所有,此外不许更有所有权"[③]。可见,李大钊此时的人民群众创造历史的思想,已经不是民主主义思想,而是共产主义思想了。他不仅肯定了无产阶级革命,而且肯定了无产阶级革命的社会主义性质;不仅肯定了无产阶级的力量,而且肯定了无产阶级的力量来自于它适应了世界社会主义革命潮流。此时,李大钊头脑中已确立了革命的主力已经不是资产阶级了,而是无产阶级了;资产阶级不再是革命胜利的希望,而是革命的对象了的思想。正因为他有了这样一个思想转变,在1919年2月和3月间,他明确提出了青年应该到工人、农民中去工作,知识分子应该与工农相结合。李大钊的这一思想,是在中国最早提出的。之后,他在实践上、理论上解决了一系列的有关中国革命的领导力量、主要力量等问题。他领导了工人运动,研究了农民武装,提出了工农联盟的思想。所有这些,都是我们党宝贵的思想财富。这些思想成果的取得,是与他最初接受的马克思主义的群众观分不开的。可以说,只有接受了马克思主义历史唯物论的群众观,才能科学地解决中国革命的力量问题。这也就说明了李大钊最初接受马克思主义这一理论的意义。

总之,李大钊在最初接受马克思主义时,虽然是不全面的,但在关系到能否由民主主义者转变为共产主义者的关键问题上,却首先找到了正确的答案。这就为他日后全面、系统地接受马克思主义打下了基础;为他科学地探索中国革命的具体问题打下了基础;也为中国革命实现由旧民主主

---

① 《李大钊选集》,人民出版社1978年版,第117页。
② 同上书,第114页。
③ 同上书,第115页。

义革命向新民主主义革命转变,以及马克思主义在中国的传播,提供了理论基础。

(原载《长白学刊》1988 年第 3 期)

关于思维方式的阐解

1. "思维方式"是一被广泛使用而又歧义颇多的概念。有人主张从思维形式的角度规定思维方式；有人主张从思维内容的角度规定思维方式；有人则主张从思维的内容和形式的统一中规定思维方式。除此之外还有人主张从思维方法的角度规定思维方式；从思维功能角度规定思维方式；最近有人提出应从思维方式的本质角度理解、把握思维方式，等等。由于理解、把握思维方式的角度不同，自然也就很难有关于什么是思维方式的统一看法。有的视其为思维方法的模式；有的视其为意识把握对象的形式或状态；有的视其为事物存在方式的内化；有的则视其为以认识的形态体现人的主体性，是人所创造的认识的主体性结构，等等。①

2. 从不同的角度、不同的侧面研究思维方式，揭示思维方式的内涵是必要的。它一方面反映了思维方式理论研究的深入；另一方面这种研究也有利于我们全面、深刻、准确地把握思维方式的基本内容和本质规定。然而，要想通过这种研究达到对思维方式的基本内容、一般本质的把握，还必须得有一个前提，那就是在不同角度、不同侧面研究的基础上再加以新的更高层次的理论综合，实现更深层次的理论概括，仅将上述的各种观点简单地拼加在一起是不行的。而且在事实上有些观点是不能相加的，有的甚至是相互否定的。这是因为从不同的角度、不同的侧面研究思维方式，虽然单就其特定的方面说能够反映一些思维方式的表面特征乃至特定方面的本质，但如果用这些特定方面的表面特征、本质等规定思维方式的一般本质含义就显得不够充分了。主张从思维方式的本质上规定思维方式

---

① 参见何萍《思维方式与认识论》，《哲学动态》1988年第10期；宋周尧《思维方式研究》，《社会科学述评》（河南）1989年第2、3期。

的含义者，虽然正确地提出了把握思维方式的本质的任务，但又是毫无意义的同语反复。任何一种关于思维方式的定义，可以说都是一种关于思维方式的本质的说明。思维方式的本质和思维方式的含义本来就是一个。关于思维方式的不同理解，实质上就是关于思维方式的本质的不同理解。

3. 既然用思维的任何一个侧面的表现、本质说明思维方式的一般本质都是不充分的，那么，就应当寻找一个新的角度，并且这一新的角度还必须是关涉思维方式最一般本质的。什么是规定思维方式的最一般本质的东西呢？显然，思维规律是规定思维方式的最一般本质的东西。所以，应从思维规律的角度来把握思维方式。

所谓思维规律，就是在人类的实践和认识活动中所表现出来的思维与存在之间的本质的、必然的、稳定的联系。这种本质的、必然的、稳定的联系是思维反映存在的必然性，即当一个对象呈现给思维时，思维机能便以一定的方式将这个对象反映出来。例如，当人看到甲现象过后就会出现乙现象，乙现象经常继甲现象之后出现时，便会将它们把握为具有因果联系的两种现象，而绝不会将它们看成是实体与属性的关系。思维与存在之间的本质联系，在思维领域就表现为这种思维反映存在的必然性。然而，思维反映存在的活动并不是直接的面对面的反映活动，而是经由感性的中介的间接的反映活动。思维并不直接同存在打交道，而是直接同感性经验打交道。这也就是说，思维所面对的对象并不是存在本身而是感性经验。所以，在思维活动中，思维与存在的关系是通过思维与感性的关系间接地表现出来的，思维与存在之间本质的、必然的、稳定的联系是通过思维与感性之间本质的、必然的、稳定的联系实现的。由此我们可以进一步说，所谓思维规律也就是思维对感性的固有关系。这种固有关系的展开活动就是思维机能面对感性机能将对象归结为观念的思维创造活动。而所谓的思维方式就是在现实的思维活动中思维规律的表现方式、存在方式或者说是思维规律起作用的活动方式。这实质上说的也就是思维用理性范畴（思维对感性的固有关系作为思维机能的普遍规律）整理感性经验，将对象归结为观念的思维创造活动的活动方式。

4. 将客观对象归结为观念的思维创造活动，实质上是一种思维摆动于对象和自身之间的想象活动，这种想象活动又是一种在对象的制约下觉知对象的意义的理解活动。对对象的意义的理解包括两个方面：一是对对象自身规律的理解；一是对对象对人来说的实践的、伦理的、审美的等等的意义的理解。如前所述，思维把握对象的这种能动的理解活动，实际上是一种思维功能运用理解范畴（思维对感性的固有关系作为思维机能的普遍规律）对感性经验加以整理的活动。所以，我们又可以对思维方式作进一步的规定：所谓思维方式也就是人们在思维中理解对象规律和评价对象对人来说的意义的基本依据、基本模式。

思维方式作为人们在思维中把握对象的基本依据、基本模式，其含义通俗地说，就是当思维面对一个对象的时候用什么原则、模式去认识它、评价它。面对同一对象，用不同的原则、模式去理解、评价它便是不同思维方式的反映。譬如将一个个体的人作为认识的对象，是用中国儒家传统的伦理道德观念去认识、评价他，还是用西方的天赋人权论观念去认识、评价他，抑或用马克思主义的历史唯物论观念去认识、评价他，这是在哲学社会学意义上的不同思维方式。仍然是这个人，如果用物理的、化学的、生物的、解剖的方法去认识、评价他，那么这又是一种自然科学的思维方式。所以，思维方式的不同并不在于对象的不同，而在于理解、评价对象的基本依据、原则、模式的不同。

5. 思维方式是人们在思维中理解对象、把握对象、评价对象的基本依据、基本模式，是思维规律的表现方式、存在方式。这就是说，思维方式与思维规律既是本质同一的，同时又是有区别的。思维规律是思维方式的根据，而思维方式则是思维规律的凝固化，是思维规律在人类思维活动中经过千百万次的重复在人们的头脑中形成的具有某种相对稳定性、不自觉的自发性的支配人理解、把握、评价对象的习惯模式、依据。这样的习惯模式、依据同时又构成了一种人对待事物先入为主的基本态度。这就是说，一个人一旦形成了某种思维方式，在其后的实践活动或认识活动中，无论遇到什么样的对象，都会自觉不自觉地用这种思维方式去理解、把握、评价。比如，一个人如果形成了比较稳固的辩证思维方式，那么，无论他是面对自然事物时，还是面对社会事物时；也无论他面对比较熟悉的事物时，还是面对不熟悉的事物时，他都会自觉不自觉地用全面的、发展的、联系的观点去把握、去认识。思维方式对人的认识乃至实践活动的作用带有某种稳定的、不自觉的、习惯的性质。就这一意义而言，思维方式不同于思维方法。思维方式是思维活动中比较稳定的、基本的模式、态度。人们用某种思维方式看问题,并不完全是自觉的,而往往是不自觉的。思维方法则不同,它是人们在思维活动中为实现某种特定的目的而自觉运用的思维技巧、方法。思维方法的改进、发展、变化,通过有关的思维技巧的教育、训练便可达到;而思维方式的变化则有赖于思维规律的认识,有赖于实践方式的发展、进步。就思维者本人来说,用哪种思维方法或拒斥哪种思维方法是自觉的、故意的;而用哪种思维方式或拒斥哪种思维方式则不是都能做到完全的自觉。唯有那些把握了思维方式的本质、理解了思维规律的内容、树立了最高级的辩证的思维方式的思维者本人才有望自觉地运用或拒斥某种思维方式。

思维规律是分成不同的逻辑环节、逻辑层次的。不同逻辑环节、逻辑层次在现实思维活动中展现为由低到高发展的不同的认识阶段,所以,思维规律的不同逻辑环节、逻辑层次在现实思维活动中表现为不同形式的思维活动。又因思维规律的各逻辑环节、层次和认识发展的各阶段都在人的认识活动中发挥着特定的功能作用,所以,任何一种思维活动的形式,都可能被强化、被凝固化为支配人理解、把握、评价对象的基本模式、依据、态度。这也就是说,思维规律的任何一个逻辑环节的活动方式都可能被凝结成一种类型的思维方式。由此可知,虽然思维规律的不同逻辑环节、逻辑层次是作为有机整体共同支配人的思维活动,但被凝结成的思维方式则既可能是思维规律总体活动方式的凝结,也可能仅是某一环节、某一层次的活动方式的凝结。

6. 由于与思维规律的不同的逻辑环节相对,思维方式具有不同的类型、不同的等级层次。思维规律自身逻辑环节、逻辑层次的复杂多样性,也决定了思维方式类型或等级层次的多样性。马克思在谈到思维把握世界的方式时,就曾区分过哲学的把握方式与"艺术的、宗教的、实践—精神的"[①] 把握方式的不同。黑格尔在谈到思维与存在的关系时,从辩证法的角度,对哲学史上关于这个问题的三种观点、三种态度进行了总结,并进而提出了自己的见解。黑格尔认为在哲学史上思想对客观性的第一种态度是"素朴的态度","它还没有意识到思想自身所包含的矛盾和思想自

[①] 《马克思恩格斯选集》第二卷,中共中央著作编译局译,人民出版社 1972 年版,第 104 页。

身与信仰的对立，却相信，只靠反思作用即可认识真理"。① 这种态度的最明确而且与我们相距最近的例证是康德以前的形而上学，其特点是按照抽象的知性观点，用有限的范畴把握无限。这第一种思维方式就是一种知性的思维方式。黑格尔认为，知性思维是达到思辨理性的一个必经的、必不可少的阶段，但就达到真理来说，却不能停留在知性思维阶段。思想对客观性的第二种态度则认为抽象的、有限的概念只能把握有限，不能把握无限。其中持这种态度的经验主义放弃了无限，只谈有限；而持这种态度的康德的"批判哲学"则将无限看成是信仰的对象。第三种态度是把"直接知识"与思想对立起来，认为思想不能把握真理，只有"直接知识"才能把握真理。这种态度是神秘主义的，主张通过信仰把握绝对。黑格尔批判了这三种态度之后指出：任何一个真理都包含三个方面："（a）抽象的或知性〔理智〕的方面，（b）辩证的或否定的理性的方面，（c）思辨的或肯定理性的方面。"② 所谓"知性的"就是坚持各种固定的规定性之间的界限、差别、对立，将每一个有限的抽象概念看成是独立自存的。这相当于前面说过的第一种态度。所谓"辩证的或否定的理性的"则是有限的概念扬弃它们自身并过渡到它们的反面。这相当于前面说过的第二、三种态度。所谓"思辨的或肯定理性的"则在对立的规定中认识到它们的统一，或在对立双方的分解和过渡中，认识到它们所包含的肯定。"肯定理性"与"否定的理性"的不同在于，它不仅看到不同规定间的差别、对立，而且看到它们的统一，它的结果不是消极的否定，而是积极的肯定，是扬弃，是将对立的否定的方面看成是同一个统一体不可分割的环节。黑格尔认为以上三个方面是任何一个具体真理都内在包含着的。这里黑格尔讲的其实就是三种思维方式的区别、划分。思维方式的类型、层次是多种多样的，但从哲学的意义上考察思维对待客观对象的基本态度，又无非是这样的三种态度：知性的、否定的理性的和肯定理性的。其他类型的划分都可以包含在这种划分之中。

思维方式有不同类型、不同等级层次的区别，但是不同的思维方式之间又是相互联系、相互依存、相互渗透的。无论哪一类型、哪一逻辑层次

---

① ［德］黑格尔：《小逻辑》，贺麟译，商务印书馆1980年版，第94页。
② 同上书，第172页。

的思维方式都不可能单独起作用,都是在其他思维方式的制约下的。这是因为,思维方式可以有知性的、理性的区分,而思维规律则只是辩证的。

7. 思维方式作为思维把握对象的基本态度、基本依据和模式是主观性和客观性的统一。一方面,它是人的主观对待客观的态度、倾向,是主观思维的范畴;另一方面,一定的历史时期、一定的社会集团,又都是从其前辈那里继承一定的思维方式、从其特定的生活中形成特定的思维方式作为自己的认识工具。与特定的实践方式相适应,在一定的历史时期只能有一定的思维方式。思维方式的这种主观性与客观性统一的本性,一方面规定了一定时期的人只能有一定的思维方式的必然性,同时也决定了思维方式的社会历史性。随着社会实践的发展,思维方式必然是不断进步的。

8. 由思维方式的主观性与客观性统一的本性及其层次性、社会历史性所决定,思维方式是有正确与错误之分的。某种思维方式在一定的历史时期,针对特定的对象是正确的,而超过一定的历史时期,超越了适用范围则可能变成错误的。例如形而上学思维方式对搜集材料时期的自然科学研究来说具有特殊意义,然而,用这种思维方式看待世界的整体时则是错误的。一般来讲,犯思维方式的错误往往是由无条件地运用某种思维方式,使其超越了特定的范围,失去了与其他思维方式作为必要的环节之间的本质联系造成的。不能随着历史的进步而改变思维方式、顽固地坚持过时的思维方式所造成的思维方式错误,则是无条件地运用某种思维方式错误的时间上的表现。

(原载《黄淮学刊》1990 年第 2 期)

规律只有逻辑上的层次没有时间上的发展

认为事物发展的规律也和事物一样，具有一个产生、发展、消亡的过程的观念和观点，在我国学术界里，仍有极大的势力。这种观念和观点的存在，客观上妨碍了人们对规律范畴的理解，在实践中助长了对规律的不尊重，是十分有害的，必须破除。

规律是事物内部本质的稳定的联系，是纷繁的现象中同一的、静止的东西，是事物中普遍的形式，所以规律是客观的、永恒的，是既不能被创造也不能被消灭的。它是事物发展所必须遵循的轨道。客观的物质世界是极其复杂的，是处在永恒的运动、变化和发展中的。但这复杂的物质世界又不是杂乱无章的，永恒的物质运动也不是漫无秩序的。物质世界的这种有机联系、永恒运动的有条有理说明：在复杂的物质世界的永恒的运动、变化和发展中是有同一的东西和静止的东西存在着的。这同一的、静止的东西就是规律。恩格斯指出："除永恒变化着、永恒运动着的物质以及这一物质运动和变化所依据的规律外，再没有什么永恒的东西。"[1] 黑格尔也说："规律是现象在自身同一中的反思"，"规律的王国是存在的或现象的世界静止的反映"。[2] 列宁认为黑格尔的这个规定是"极其唯物主义的、极其确切的（从'静止的'这个词来看）规定"[3]。

关于规律是现象中同一的东西、变动中静止的东西的认识，在中国古代哲学中也有所反映。中国古代哲学家十分重视事物的变易性，大多数的哲学家都肯定了事物是不断变化的这一事实，认为变化是普遍的、无息

---

[1] ［德］恩格斯：《自然辩证法》，载《马克思恩格斯选集》第三卷，中共中央著作编译局译，人民出版社1972年版，第462页。
[2] ［德］黑格尔：《逻辑学》（下卷），杨一之译，商务印书馆1976年版，第144—145页。
[3] ［苏］列宁：《哲学笔记》，中共中央著作编译局译，人民出版社1974年版，第159页。

的。他们肯定"日新之谓盛德,生生之谓易。"(《易·系辞上》)但同时也认为在这变易的背后有不变的东西,并且事物的变易为这一不变的东西所支配。"天下之动,贞夫一者也。"(《易·系辞下》)"天地之德不易,而天地之化日新。"(王夫之:《思问录·外篇》)这个"一""德"指的就是事物运动、变化所依据的规律,中国古代哲学又称其为"常则"。

发展的观点和联系的观点,是唯物辩证法的基本特征。规律作为事物内部本质的、稳定的联系,无疑是联系的范畴。但规律是作为多样性中的同一性、动变性中的稳定性、现象中的本质才将不同的事物及不同的运动过程联系起来、统一起来的。正因为如此,黑格尔才说规律就是关系、就是现象中本质的关系。列宁充分肯定了黑格尔的这个思想的合理性,也认为稳定性是规律的根本属性。如果说要坚持彻底的辩证法,就得承认规律(哪怕是具体运动形式的特殊规律)是发展的,是有一个产生、发展和消亡的过程的,那就恰恰是对规律作了形而上学的理解,恰恰没有坚持现象与本质、多样性与统一性、动变性与稳定性之间的既对立又统一的辩证法。规律作为现象中的本质、多样性中的统一性、动变性中的稳定性,并不因为现象的生生灭灭而改变自己的对事物只能如此发展而不能如彼发展的制约作用。这正如荀子所说:"天行有常,不为尧存,不为桀亡。"(《荀子·天论》)

规律既是联系的范畴同时也是发展的范畴。所谓规律是发展的范畴是说:规律是事物发展的规律,是规定事物发展方式、方向的内在的逻辑必然性和内在的根据。规律性的联系只能在事物的运动发展过程中表现出来。规律是现象中同一的东西、稳定的东西,但只是事物运动、变化、发展过程中同一的东西和稳定的东西。离开了现象也就没有了本质,离开了多样性也就没有了统一性,离开了动变性也就没有了稳定性。所以黑格尔才说本质和现象是同一的。作为不同层次上的范畴,事物的发展、变化这种变易性已经内在地包含在了处在高级层次上的规律范畴之中,在对规律的理解中就内在地包含了关于事物的运动变化的理解。规律作为一种稳定性的东西,反映的却是事物间的联系和发展。反过来说,现象界中的事物是纷繁复杂、千变万化的,是永恒地运动着的,但这永恒的运动却是遵循着一定的客观规律进行的,正因为如此,才使得永恒的事物的运动、变化和发展具有了一定的秩序,也即我们常说的万变不离其宗。这个宗就是稳定性。如果离开了这个宗的稳定性,那么,事物的发展变化就成为不可理解的了,事物本身也就成了不可理解的了。科学的任务不是描述现象,而在于探索、揭示现象间的本质联系;就是要在变动中找出稳定;在纷繁中找出统一;在万变中找到不变的宗,亦即找到事物运动、变化、发展的规律性。如果说规律会随着现象的产生而产生、随着现象的消亡而消亡,那就会导致相对主义和主观主义。

作为发展的范畴理解规律的发展,只能理解为是一个逻辑的发展,而不能理解为是一个时间上的发展,不能理解为规律还有一个产生、发展和消亡的过程。当然,我们这样说并不是否认规律的显现有一个时间上的发展过程,而是说在事物的发展规律与事物发展的历史二者关系中,是事物发展所固有的一定的规律决定了历史发展过程的方向,历史过程是事物发展的规律的展开,是在一定的规律支配下发展的。规律支配了历史,而不是历史创造了规律。正因为如此,才使得历史的发展具有了一定的秩序,才使得历史是可以认识的、可以把握的。

规律的发展作为逻辑的发展,是说规律具有不同的逻辑层次,这不同层次的规律作为整体共同制约着事物的发展。规律作为事物发展的内在必然性,作为事物联系中的普遍形式,是自我完成的形式,即自己为自己开辟实现的道路。

事物的本质是一种有不同等级的构成物,这不同等级的本质体现着现实事物的复杂的层次结构。这不同等级的事物的本质间的联系就构成了规律的层次性。列宁在论述认识的辩证法时指出:"人对事物、现象、过程等等的认识从现象到本质、从不甚深刻的本质到更深刻的本质的深化的无限过程。"[①] 在《黑格尔〈哲学史讲演录〉一书摘要》中列宁更明确地指出:"人的思想由现象到本质,由所谓初级的本质到二级的本质,这样不断地加深下去,以至于无穷。""就本来的意义说,辩证法就是研究对象的本质自身中的矛盾:不但现象是短暂的、运动的、流逝的、只是被假定的界限所划分的,而且事物的本质也是如此。"[②] 这里列宁是从认识论的角度讲的认识的无限发展。但根据世界观、辩证法、认识论相统一的原

---

① [苏]列宁:《哲学笔记》,中共中央著作编译局译,人民出版社1974年版,第239页。
② 同上书,第278页。

则，在本体论的意义上事物的本质是有不同的等级的，对事物本质的认识不断深化这一点只是说明事物的本质在空间上的无限性。因为"无限时间内宇宙的永远重复的连续更替，不过是无限空间内无数宇宙同时并存的逻辑的补充"①。既然事物的本质是有着初级的、二级的以至无穷的等级的，那么，作为事物的本质的联系的规律也必然是有不同的逻辑层次的。这不同层次的规律作为事物发展的内在根据在外在表现形式上的展开就表现为事物由低级到高级的时间上的无限的发展过程。我们现在所说的一般规律和特殊规律，就是规律体系中处在不同层次的规律，它们在现象中是并存着的，共同起着支配事物发展的作用。规律的不同层次的展开、显现，表现为现象界的事物在时间上发展的历史并不是同一规律的不同的发展阶段。例如有的持规律也有一个产生、发展、消亡的过程这种意见的同志所举的战争规律、革命战争规律、中国革命战争规律这个例子，他们认为这三者从逻辑范畴来说是一般与特殊的关系，从历史进程来说则是战争规律发展的不同阶段。这种观点表面上看似乎是坚持了唯物辩证法，其实不然。这三者乃是战争规律的不同层次。就战争来讲的一般规律——战争规律是形形色色的战争（具体战争）中共同的本质的东西，它只有在形形色色的具体战争形式中才能表现出来。所以，对每一具体的战争来说，战争的一般规律和特殊规律，无论在时间上还是在空间上都是并存的，并不是先有一个战争规律，然后发展到革命战争规律，再发展到中国革命战争规律这样一个时间上的发展过程。

规律的发展只能理解为逻辑的发展，而不能理解为时间上的发展还在于，处于事物发展的相对高级阶段的物质运动形式所表现出的特殊规律，也不是处于相对低级阶段的物质运动形式所表现出的特殊规律的发展，同时处于相对低级阶段的物质运动形式所表现出来的特殊规律并不随着这种物质运动形式发展到较高级的物质运动形式而消灭。它作为一种客观规律也是永恒的，只是它是被表现出来还是不被表现出来而已。这些都说明，规律是现象中同一的东西、稳定的东西。规律是永恒的，是不能创造和消灭的。对规律的发展只能理解为逻辑的发展，而不能理解为时间上的发

---

① ［德］恩格斯：《自然辩证法》，载《马克思恩格斯选集》第三卷，中共中央著作编译局译，人民出版社1972年版，第461页。

展,不能说规律还有一个产生、发展、消亡的过程。

规律是客观的、永恒的,但人类对客观规律的认识是发展的,是不断深化的。在认识过程中,由于受主观和客观两个方面的条件的限制,人对规律的认识总是"狭隘的、不完全的、近似的",所以列宁才说不能"把规律的概念绝对化、简单化、偶像化"①。但是规律作为事物内部真实的本质之间的联系,对它的真实的认识又具有绝对性,"对自然界的一切真实的认识,都是对永恒的东西、对无限的东西的认识,因而本质上是绝对的"②。

(原载《长白学刊》1990年第3期)

---

① [苏]列宁:《哲学笔记》,中共中央著作编译局译,人民出版社1974年版,第158页。
② [德]恩格斯:《自然辩证法》,载《马克思恩格斯选集》第三卷,中共中央著作编译局译,人民出版社1972年版,第554页。

人类认识是直觉与逻辑的统一

——柏格森直觉主义失足点之我见

柏格森是现代西方哲学中反理性主义思潮的重要代表。他的哲学大体上经历了从直觉主义到"创化论",再到他的社会历史观的阐发这样一个发展过程。直觉主义贯穿于他的整个思想中。"创化论"和神秘主义的社会历史观则是他的直觉主义的进一步展开。

一

要了解柏格森的直觉学说,必须首先弄清其本体学说。在柏格森看来,世界的本原既不是唯心主义哲学所说的精神性的理、道系统,也不是唯物主义哲学所说的物质,而是一种"生命的冲动""基本的自我",又称为"绵延"、生命的创造进化。这种"生命的冲动""绵延"并不是一种精神实体。柏格森认为,实在的东西并不是实体性的存在,"实在就是可动性""一切实在就是倾向"。"绵延"乃是一种内在的自我之流,若干繁复意识状态的交融。可见,本体就是一种纯粹的情绪性的心理状态,是一种精神境界、意识境界,是自我活动之本身。柏格森认为"绵延""生命活动"之派生宇宙万物的千差万别,在于它派生万物的方式不同。"绵延"派生万物的形式分为两种,一种是向上的喷发,此为"生命冲动"的自然运动;一种是向下的堕落,此为"生命冲动"的自然运动的逆转。向上的运动产生有生命的形式,向下的运动产生无生命的物质,在这两种运动的交接处便产生了兼有生命形式和物质二者特性的生物有机体,由于发散开的"生命冲动"受到物质的阻挠,便形成了不同的物种。

"绵延""生命冲动"作为万物的本原,是一种纯粹的心理状态,是意识状态彼此间的交融,所以,它的内在的各成分是有机地联系着的,它的质和量是具有无限的丰富性的,是一个完满性、纯粹的不间断的流。对这种"绵延"的认识是不能用理性的分析、综合的方法,概念、判断、推理的形式去认识的。之所以不能,在柏格森看来是因为:

第一,柏格森认为分析的方法是围绕着对象的外部打转而不能深入到对象的内部本质的方法。分析活动"把对象归结为已知的要素,也就是归结为这个对象以及其他对象所共同的要素。因此,进行分析,也就是把事物表达为一种不同于其自身的某种东西的函项。因而,任何分析都是一种复制,一种符合的发挥,一种从连续观点所取的肖像,从这种连续观点出发,我们尽可能地指出我们正在研究的新对象与我们相信已为我们所知的其他对象之间的相似。分析必绕着对象打转,它因有一种永远无法满足的掌握对象的期望,于是便无穷无尽地增加它的观察点的数目,企图以此完成它的永远没有完成的肖像;它还不断地换用各种各样的符号,以便完成那经常未完成的复制,如此以至无限"①。

第二,柏格森认为,由理性的分析方法所获得的概念仅是对对象的外在形式的一种把握,是表达对象的符号,而这些符号的综合是不能和对象本身相等的。因为"概念只能用使某种特殊的特性为无限多的事物所共有的办法来使这种特性符号化。这样,概念通过扩大特性的范围,就往往在不同程度上歪曲了特性"②。所以,以为借助于概念可以把握实在那是枉然的。概念"所提供给我们的不过是这种实在的阴影而已!"③

第三,柏格森认为,由分析而得的概念的本质特征是静止。他认为:"按照我们的理智的自然倾向,它一方面是借凝固的知觉来进行活动,另一方面又借稳定的概念来进行活动。"④但实在、"绵延"则是一个绝对的流动性,是与静止根本对立的。用静止的概念不可能把握这种绝对的运动。

第四,柏格森认为,理性认识的目的是为了实用,是为了获得利益,并不是为了真正地把握实在本质。他说:"理智的正常活动决非无关利害

---

① [法]柏格森:《形而上学导言》,刘放桐译,商务印书馆1963年版,第4页。
② 同上书,第9页。
③ 同上书,第8—9页。
④ 同上书,第30页。

关系。总的来说，我们并不是为知识而知识，而是为了站到某一方面上，为了获利，简单地说，是为了满足一种利益。"① 所以，理性认识并"不是为了获得关于实在的内在的和形而上学的知识，而纯粹是为了使用实在。因为每一个概念（每一个感觉也是一样）都是我们的活动向实在所提出和实在以是或否的方式（正如交易中一样）回答的一个实际问题。然而这样一来，它就从实在的东西中漏掉了作为实在的东西的本质的东西"②。同时，在柏格森看来，哲学上的不同派别的斗争也是由理性认识的这种功利性质造成的。他认为这是因为我们的利益是复杂的，因此，对于同一个对象，理性可以从不同的角度去观察，这样便可以得到诸多的关于对象的概念。这样，"对象被认为'分有'这些概念"③。但在日常生活中，由于人们在对对象进行观察时，所使用的并不是哲学思维，所以，关于这个对象"如何同时分有所有这些概念"这样的问题就是一个与实际行为无关的问题而被放过了。当我们将这种理性分析的方法引入哲学中来，并运用这种方法去追求关于对象的本质的知识的时候，"就注定会把哲学引入学派之间的无休止的纷争，就会使对象的本质和方法的本质发生矛盾"④。这样的结果必然是或者不可能有哲学，或者哲学只能通过直觉把自身置于对象之中。柏格森肯定的是后者。他认为哲学的对象就是慎思明辨。因为"形而上学的目的不是求运用，它能够，而且通常必须避免使直觉转化为符号"⑤。

理性不能把握绝对的东西，那么这种绝对的东西是否是不可知的呢？柏格森是明确地反对不可知论的。他认为关于绝对的认识，虽然不能用理性分析的方法去获得，却可以用直觉的方法去获得。他所说的直觉"就是一种理智的交融，这种交融使人们自己置身于对象之内，以便与其中独特的、从而是无法表达的东西相符合"⑥。这种"理智的交融"即直觉，一是指一种生物有机体的本能，指有机体对当前环境的适应，是一种不虑

---

① [法] 柏格森：《形而上学导言》，刘放桐译，商务印书馆1963年版，第18页。
② 同上书，第30页。
③ 同上书，第19页。
④ 同上。
⑤ 同上书，第30页。
⑥ 同上书，第3—4页。

而知、不察而行的有机体之间的同情力；一是指直观，就是深入到对象的内部，达到主体与客体的合一，在这合一中去体验对象的流变，追随对象的流变，达到一种与物为一、与物共变的体验。这种体验是不能形式化的。① 可见柏格森所说的直觉方法是与理性的分析方法根本不同的。他的直觉就是一种本能。对当前环境的当下适应也好，对对象的理智直观也好，都是一种本能的活动。他说："我所说的直觉是指那种已经成为无私的、自意识的、能够静思自己的对象并能将该对象无限扩大的本能。"②他认为："形而上学就是这种方法：这种方法绝对地掌握实在，而不是相对地认识实在，它使人置身于实在之内，而不是从外部的观点来观察实在，它借助于直觉，而非进行分析。简单地说，它不用任何表达、复制或者符号肖像来把握实在。"③ 这种方法就是直觉的方法。由此我们看到，柏格森的哲学完全是建立在仅承认人的本能是唯一实在的东西这个基础之上的。

二

柏格森从人的本能是唯一实在这个前提出发，把哲学的官能仅仅归结为直觉而排斥逻辑。这实际上割裂了人类理性的总体，仅执着于其一个方面，否定了另一个方面，从而把他所执着的方面，即直觉方面非理性化了。人的认识的全部功能，在其最初的层次上可以归结为直觉和逻辑的统一。直觉和逻辑，在人的认识中，并不是两个东西，也不是先直觉后逻辑或先逻辑后直觉，而是一个认识之两面。从逻辑方面看，逻辑是包含直觉环节在内的一个整体。古今思想家，很少有人意识到这一点，他们总是把逻辑理解为形式运算，把直觉理解为"非逻辑"，这种非此即彼的观点，实质上把逻辑抽象化了、片面化了。实质上，不仅逻辑的前提需要直觉的理解作用的确立，而且逻辑进展的每一步，都需要直觉的理解作用。亚里士多德和洛克都曾有见于此。亚里士多德曾把三段论演绎的前提归为直

---

① 参见贺麟《现代西方哲学讲演集》，上海人民出版社1984年版，第14—15页。
② 转引自［英］罗素《西方哲学史》（下册），马元德译，商务印书馆1981年版，第349页。
③ ［法］柏格森：《形而上学导言》，刘放桐译，商务印书馆1963年版，第4页。

觉，洛克也曾把推论的进行归结为对各项关系的直接领悟。在当前的世界学术界，随着逻辑理论的发展，愈益暴露出把逻辑形式化之后所引起的消极后果。人们已经看到了单纯的按形式进行的归纳、分析、综合、概括等，并不能使人的认识产生新的真理，只有其中伴随的直觉理解作用（尽管学者们对这种直觉理解作用的理解和指谓不尽相同）才能达到真理。这就显示出了这样一个趋向：人们逐步不满意于被歪曲了的形式化的逻辑，开始认识到逻辑中，至少是在创造的逻辑中蕴含着直觉的因素。从直觉方面看，直觉也是包含逻辑在内的一个整体。一方面，直觉本身并不违反传统的固有逻辑规律。逻辑规律在自觉中起着支配作用；另一方面，逻辑活动中由前提到结论的一系列推演过程，始终是在直觉理解作用及其统一情境中实现的。脱离了直觉理解作用及其情境，逻辑活动不能顺利进行。一些思想家在研究直觉的时候，不是从道理上，站在理论的高度来认识和论定，而是仅仅凭自己的主观感受，站在感觉的高度来认识和设定。他们仅凭对直觉降临时的主观的感觉，把直觉描写成"闪现、物我合一、浑然一体"；等等，而不去寻求它的理和道，甚至认为直觉根本没有理和道。柏格森的直觉学说，虽然有其相当的理论深度，但仍然没有脱离这种表象思考。他意识到了，人的最高的认识能力是一种高度的直觉领悟作用，但是由于把它和逻辑对立起来，忽视了直觉的逻辑功能，从而把直觉在非逻辑化的基础上非理性化了，使其变成了类似于本能的某种东西。

  人的认识的直觉和逻辑，并不是抽象同一，其间也包含着差别性。直觉旨在对对象总体逻辑关系的直接领悟，而逻辑旨在对同一逻辑关系的间接的、一步步的推演。这就决定了人们的认识在直觉和逻辑统一的基础上，有时偏重于直接领悟，有时偏重于逻辑推演，从而呈现为直觉和逻辑交替运动。当认识作为逻辑活动发展到一定程度，需要对逻辑关系的总体进行把握时，就会转化为直觉的领悟；当直觉的领悟发展到一定程度，需要对其内在关系进行理顺时，就会转化为逻辑的推演。在这种由直觉到逻辑、由逻辑到直觉的循环往复过程中，认识一步步地得到了深化。但须指出的是，直觉和逻辑的交替出现，并不是二者的排斥过程，并不是认识运动到直觉阶段就完全否定了逻辑，运动到逻辑阶段就完全否定了直觉。其实，认识在直觉阶段上，就其对逻辑关系的领悟说，潜在地包含逻辑的因素，而认识在逻辑阶段上也同样包含直觉领悟的因素。二者总是渗透为一的。

只不过在前者以直觉为主，在后者以逻辑为主而已。

　　由于柏格森在逻辑和直觉割裂的基础上陷入了非理性主义的本能直觉论，并把这种本能直觉确定为哲学的唯一官能，因此他所观照和领悟到的世界，便只能是某种浑沌的表象和心象。由于排除了逻辑的方面，这些表象和心象的规定性、规律性被取消了，变成了神秘的东西，从而使柏格森在世界观和本体论上也陷入了非理性主义。在他那里，认识的对象的客观实在性不见了，有的唯有人的本能；事物存在的质的稳定性不见了，有的唯有"生命的冲动"。物质成了主观的心象，认识成了对心象的知觉。他说："我把诸心象的集合叫做物质，而把归之为一个特定心象即我的肉体的倡发行动的同一些心象叫做对物质的知觉。"① "未被知觉的物质对象，即未被想象的心象，除了是一种无意识的心的状态而外，还会是什么呢？"② 世界整个地成了一种心理状态的交融，成了没有载体的生命之流，"事物和状态无非是我们的精神对生成所持的看法。没有事物'只有行动'"。③ 由此看来，说他的哲学具有二元论的色彩或者说是二元论的都是不确切的，而是唯心主义的。同时，我们也看出他的哲学体系中的动与静、内与外、精神与物质、生命与机械、时间与空间、自由与决定、直觉与逻辑形式的对立，实在是他的直觉主义哲学合乎逻辑的必然结果。

　　通过以上的分析，我认为，柏格森的直觉主义的根本失足点就在于他处处将自己的学说建立在主观的范围之内，而不能从主观中超越出来，达到主、客观统一的认识。所以，他的思想说的都是一种心理体验，并将这种体验看成是事物的本质。这样，他的理论便成了非理性的了。他的非理性的直觉主义是错误的。但批判地吸收他的失误的经验教训，对于我们今天的思维科学的研究及哲学理论的研究也会有所帮助。

（原载《长白学刊》1991 年第 4 期）

---

① ［英］罗素：《西方哲学史》（下册），马元德译，商务印书馆 1981 年版，第 365 页。
② 同上书，第 366 页。
③ 同上书，第 354 页。

毛泽东哲学的基本特点与
中国古代传统哲学的基本精神

一

毛泽东哲学是马克思主义的普遍原理与中国实际相结合的产物，是具有中国特色的马克思主义哲学。从理论渊源上讲，它既与马克思主义哲学相联系，也与中国古代传统哲学、传统文化相联系。毛泽东哲学的形成和发展，可以说，是以下三个方面综合作用的结果：第一，马克思主义哲学在中国的广泛传播；第二，对中国古代传统哲学的批判总结；第三，中国革命与建设的实践。以上三方面的有机统一，决定了毛泽东哲学的总特征。

中国古代传统哲学是毛泽东哲学产生、形成和发展的一个文化基础，毛泽东哲学与中国古代传统哲学有联系，这是谁都承认的。但是，二者之间是一种什么性质的联系？看法就不同了。我认为，毛泽东哲学与中国古代传统哲学之间的关系，是在马克思主义哲学的基础上，批判继承的关系。这里包含如下几个基本判断：

（1）毛泽东哲学在本质上是马克思主义哲学。

（2）毛泽东哲学批判继承了中国古代哲学的优良传统，改造了中国古代哲学的性质，升华了中国古代哲学的基本精神，是中国古代传统哲学走向现代化、走向未来的唯一出路。

（3）毛泽东哲学作为扎根于中国文化传统与中国革命和建设实践基础上的马克思主义哲学，具有中国的民族形式。

（4）毛泽东哲学在马克思主义哲学的普遍原理与中国革命和建设的实践相结合的过程中，在马克思主义哲学的中华民族的形式化过程中，充分体现了马克思主义哲学真理；准确地把握了中国近代以来的社会矛盾；解决了中国革命的性质、方向、道路和战略策略等问题；真正实现了马克思主义哲学作为革命的实践的唯物主义，即作为指导无产阶级认识世界和改造世界的强大思想武器的社会功能作用。毛泽东哲学在直接参与社会历史的改造方面所取得的成就，是任何旧哲学都无法比拟的。

与上述认识不同，也有人对毛泽东哲学与中国古代传统哲学之间的关系抱一种不正确的看法。归纳起来主要有两种：其一，有人认为，毛泽东思想是对马克思主义的庸俗化、经学化、封建主义化。持这种看法的人，打着坚持马克思主义的旗号，否定毛泽东思想的科学价值。其二，随着亚洲"四小龙"现象的出现，国际国内又重新出现了一股新儒家思潮。新儒家的情况比较复杂，不好一概而论。但其中有一种片面强调儒家学说的价值、片面强调儒家学说的现代意义的倾向是值得注意的。具有此种倾向的人认为，中国的儒家思想可以成为中国现代化的一个基本文化资源。东南亚地区的经济起飞，儒学起了重要作用；中国的经济屡遭挫折，反儒是一个重要原因。因此，他们主张变反儒为扬儒，主张恢复儒家文化的主干地位。

上述两种不正确的认识，从两个方向上给我们指出了搞清毛泽东哲学与中国古代传统哲学之间关系问题的重要性。第一种观点将毛泽东思想简单地等同于古代传统哲学；第二种观点又将毛泽东哲学思想看成是对古代传统哲学的绝对割断。但二者殊途同归，都否定了毛泽东哲学的科学价值，都否定了毛泽东哲学在当今社会主义现代化建设中的指导作用。所以，搞清毛泽东哲学与中国古代传统哲学之间的真实联系，不仅是准确把握毛泽东哲学的性质、内容和意义的一个必要条件，而且也是我们坚持毛泽东思想、建设有中国特色社会主义实践的需要。

二

毛泽东不仅是一位天才的思想家、理论家，更是一位伟大的无产阶级革命家、战略家。他始终将理论创造与实践结合在一起，使毛泽东哲学获得了显著的特征。毛泽东哲学的基本特点，既充分体现了马克思主义哲学的根本性质，又体现和升华了中国古代传统哲学的基本精神。这就是将马克思主义的普遍原理与中国革命和建设的实践相结合,充分发挥马克思主义哲学的认识和改造世界的作用。我们知道,毛泽东哲学的灵魂、核心是实事求是、理论联系实际。他从不把马克思主义哲学仅仅看成是解释世界的工具,而更主要的是看成改造世界的武器。他一贯强调,学习马克思主义的目的全在于应用,如果不能将马克思主义应用于实践,那么也就失去了学习马克思主义的意义。所以,他始终把马克思列宁主义的普遍原理与中国的实际相结合的原则看成是自己哲学的本质内容和内在生命,始终不渝地将运用马克思主义的立场、观点、方法分析中国问题作为自己哲学创造的出发点。由此便形成了毛泽东哲学的特点:运用马克思主义哲学这一观察社会历史的工具,在中国历史与文化的广阔背景上,在中国革命与建设的实践中建构、展开、发挥、实现自己的哲学。毛泽东哲学的这一特点,体现在其哲学内容当中,就使毛泽东哲学具有了既有一般世界观、认识论、方法论意义上的基本理论,又有对中国革命和建设的实际问题的具体分析的丰富内容的深度和广度。并且这两方面的内容在毛泽东的哲学著作和其他著作中,又总是水乳交融般地统一在一起。他用马克思主义哲学的历史分析方法,解决了中国革命必须分两步走的革命性质和道路问题;解决了新民主主义革命的领导权问题、同盟军问题、统一战线问题;用马克思主义的辩证唯物主义的世界观,解决了实事求是的思想路线问题、调查研究的工作方法问题;提出并实践了马克思主义的普遍原理同中国革命和建设的实践相结合的原则,坚决地反对教条主义和经验主义;等等。这都充分体现了毛泽东哲学融世界观、认识论、方法论为一体,理论创造和具体问题的分析、解决为一炉的特色。毛泽东哲学的这一基本特点或总特征,又决定了其以下三个方面相统一的特点:

1. 毛泽东哲学在内容上,有着辩证唯物主义和历史唯物主义的统一,关于宇宙存在、发展的一般规律的理论观点与对中国社会的命运、前途、道路等实际问题的分析、解决相统一的特点。这一特点用中国古代传统哲学的术语来表达可以称之为天道即人道、人道即天道,天道与人道相统一的"天人合一"。

2. 毛泽东哲学在功能作用上,有着理论的认识功能与实践的改造功能的统一,关于自然、社会存在、发展的规律性的理论探讨与现实的改造自然、改造社会的实践活动相统一的特点,即理论与实践相统一的特点。

这一特点用中国古代传统哲学的术语来表达，可以称之为"知行合一"。

3. 改造客观世界与改造主观世界相统一的特点。毛泽东哲学主张在认识世界、改造世界的过程中，同时改造人的主观世界，在创造物质财富的同时升华主体的精神境界，成就共产主义的伟大人格，实现环境的美化与心灵体验的升华的和谐统一。这一特点，用现在的话说，就是将科学的态度与高昂的革命激情，在革命实践中有机地统一起来。毛泽东的著作中都体现着这一点。我们读他的著作总会感到一股强大的说理的智慧力量，催人奋起的革命激情，对广大劳动人民深切同情的责任感和绝无装腔作势、咬文嚼字之气的自然、平易、清新之美。毛泽东哲学的这一特点，用中国古代传统文化的术语来表达的话，可以称之为"情景合一"。当然，它要比古老的"情景合一"观念的内涵宽广、宏大、深远得多。

从以上论述中，我们可以很容易地发现毛泽东哲学与中国古代传统哲学之间的联系。毛泽东哲学的基本特点，不仅充分体现了中国古代传统哲学的基本精神，而且升华了中国古代传统哲学的基本精神。毛泽东哲学的基本精神，是源远流长的中国古代传统哲学的基本精神的革命发展。

三

中国古代传统哲学的基本精神是什么呢？我们不妨做些考察和分析。

中国古代传统哲学自春秋时期以系统的理论形态出现直至近代，在漫长的历史发展过程中，形成了与西方哲学、印度哲学等其他哲学都不同的独特的理论形态。概括起来讲，它的独特性有以下几个方面的表现：（1）中国古代传统哲学的出发点、核心和归宿是天人关系问题，而不同于西方哲学的本原问题。（2）中国古代传统哲学的理论支点是天道观念。这种天道观念也不同于西方哲学将某一物视为万物的本原或将万事万物的抽象共相（如柏拉图的理念）作为万物本原的本原观念。中国古代传统哲学的天道观念实质上是以物质本体为基础的，统摄并运行、表现于自然与人伦社会的万事万物之中的规律系统的观念。（3）中国古代哲学的内容，可以归结为两种关于宇宙的最高统一性学说的对立统一：其一是主要为道家哲学所发现、所阐发的宇宙最高统一性学说。这种学说认为，万事万物作为道的表现，都归本于道，道是它们的最高同一性。从道的立场看问题，万事万物都是同质、同价、齐一的。这是一种从横的角度、从广延的角度反思世界总体时所得出的结论。其二是主要为儒家哲学所发现、所阐发的宇宙统一性的学说。这种学说认为，以道为基础的，由万事万物构成的统一世界，不仅仅是等质、等价的万物构成的一个广延上的总和，更是一个以道为基础的由不同的等级、环节所构成的秩序系统。在此系统中的万事万物都是道的一个环节。人在这个秩序系统中，处于最高层次，是道的最具体、最高的环节。人通过对自身的伦理规律的把握就可以实现对天道的把握。这就是孟子特别强调尽其心而知性、而知天的认识论的最高根据。这种关于宇宙的统一性的学说，是从纵的角度、发展的角度反思世界的总体所得出的结论。由两种不同的思维方式所决定，第一种学说侧重于道的自然方面；第二种学说则聚焦于人类社会的伦理道德规律。而实际上，中国古代传统哲学内容始终是上述两种关于宇宙的最高统一性学说的对立统一。这就是中国历史上所表现出来的以儒家学说为核心、以道家学说为儒家学说的必要环节和补充的儒道互补现象。这种统一性的根据是哲学的本性。哲学思维的本性就是理论理性与实践理性相统一的实在性。儒、道两家作为中国古代传统哲学的两大主流的互补，实在是中国古代传统哲学的作为出发点、核心和归宿的天人之辨问题自身的必然要求。

中国古代传统哲学独特的理论形态，反映了中国古代传统哲学的基本精神。这一基本精神集中体现在"天人合一"的观念之中。"天人合一"作为中国古代传统哲学的出发点和归宿，从以下几个普遍性内容上体现着中国古代传统哲学的基本精神：

第一，自然界作为物质之"天"，人作为物质之天的一部分，二者具有同一性。二者共同归本于物质的规律系统之天，即"天道"。"天道"既是自然的本质，也是人的本质。而人作为"天道"自身发展的最高环节，其本身就体现了"天人合一"的实在性，"天道"作为人的本质就内在于人本身之中。所以，在中国哲学精神中，并不脱离人去寻找纯粹的自然，也不脱离自然去抽象地谈论人，而是始终具有一种将二者统一起来的趋势作为中轴线贯穿于中国古代哲学的发展过程中。

第二，既然"天道"是"人道"的一般本质，"人道"是"天道"的具体表现、最高环节，那么，"天道"的内容也就是人的伦理规律，即人的社会规律。"天道"作为人的社会伦理规律的根据，并不游离于人的社会伦理规律。游离于人的社会伦理规律的"天道"规律，只是"天道"的一个抽象环节。

第三，人在认识上和实践上如果实现了"人道"即"天道"的统一，也便达到了"天人合一"的最高境界，也便达到了"内圣外王"的圣人境界。这是中国古代哲学教导人追求的最高境界。

由以上三个方面的内容所体现着的中国古代传统哲学的基本精神，促成了中国古代哲学一系列的优良传统：

第一，"即物穷理"的理性传统和思辨传统。这便堵塞了宗教信仰主义取得中国思想统治地位的通道，而为哲学取得主导地位奠定了基础。

第二，重视"天道"即重视规律作用的唯物论传统。在中国发展起来的唯物论并不是一种经验论的自然唯物论的世界本原观念，而是建立在既超越经验事物又内在于经验事物之中作为经验事物的本质、规律、根据的天道观念之上的唯物论。中国哲学的主流是唯物主义。

第三，重视社会伦理规律、社会发展规律的实践理性传统。这一传统与"即物穷理"的理性传统、思辨传统相结合，在"天人合一"观念的统辖之下，实质上是以实践理性作为人的理性的最高环节，实践理性以理论理性为前提、为基本环节，实践理性包容理论理性的二者统一的传统。关于此，有的学者仅从实践理性角度看中国哲学，将其概括为实用理性传统，我认为并不恰当。说中国哲学具有一种实用理性传统，恰恰是肢解了中国古代传统哲学的基本精神，是一种表面化地看问题的现象的反映。

第四，辩证思维传统。由于中国哲学的出发点、归宿就是天人之辨，就是人与自然、人与社会、思维与存在的关系问题，追求的是矛盾对立中的和谐，所以，中国古代思维方式的主流不能不是辩证的。

第五，入乎其内，超乎其外，"物物而不物于物"的自由境界；"君子以自强不息"的精神；立言、立德、立功的圣人标准等等的有机统一的最高人格追求、培养的传统和天下为公的社会理想传统。

四

以上这些传统，作为中国古代传统哲学的优良方面，实质上体现着的是中国哲学所始终不渝地追求着的天人合一、知行合一、情景合一的真、善、美三统一的基本精神。毛泽东哲学的基本特点充分体现了中国哲学的基本精神。只要将前面谈到的毛泽东哲学的基本特点及其表现同这里谈到的中国哲学的基本精神及历史传统对照起来就能很容易地发现这一认识的正确性。体现中国古代传统哲学基本精神的"即物穷理"的理性传统，尊重客观规律的作用的唯物论传统对毛泽东哲学中的以"实事求是"为核心的唯物论思想路线的形成；中国古代传统哲学中的辩证思维传统对毛泽东哲学中的以对立统一规律为实质和核心的辩证法思想的形成；中国古代传统哲学中的以实践理性包容理论理性的两者相统一的传统对毛泽东哲学中的将马克思主义普遍原理同中国革命与建设实践相结合的原则的形成和对毛泽东哲学中的以实践为基础的认识论思想的形成等等，都起到了极大的促进作用。毛泽东哲学的基本理论和基本特点，都确实无疑地体现着中国古代传统哲学的基本精神。

毛泽东哲学的产生，不仅是继承了中国古代传统哲学的基本精神，而且更是革命地发展了中国哲学的基本精神。在中国古代哲学那里，其基本精神并没有一个科学哲学体系的保证，它是通过各不相同的学派、学说之间的互补、斗争，朴素地表现出来的。比如，作为中国古代哲学两大主流的道家和儒家也都只片面发挥了中国古代传统哲学主体——天人之辨的某些方面。道家哲学在探讨天人关系时，将着眼点放在天、地、人等万物的平行关系之上，将万物看成是道在广延上的平行展开，得出了万物齐一的观点。所以，在他们弘扬了道的权威、自然的权威的同时，却带来了消极无为的副作用；在追求万物的形而上学的本质的同时，却流于了抽象；阐发了哲学中的理论理性问题，却使理论理性脱离了实践理性。只有当它作为儒家哲学的一个基本环节，实现了与儒家哲学的互补时，才能找到它自己的恰当位置，才能发挥积极作用，才能成为中国古代哲学基本精神的体现者。儒家哲学也是如此。儒家哲学在探讨天人关系时，将着眼点放在道的发展秩序之上，将人类社会的伦理视为道的最高环节、最集中的体现，所以他们并不离开人去寻找、谈论抽象的道，主张通过对人自身的反思达到对道的认识，即"尽其心者，知其性也；知其性则知天矣"（《孟子·尽心上》）。这样，他们弘扬了人的主体地位，强调了实践理性的地位、作用。但是，当他们这样做时，又忽视了对道的形而上学的分析。特别是当儒家学者将某种具体的社会伦理制度直接等同于绝对的道，看成是

"天不变道亦不变"的绝对之理时,就走向了形而上学。所以,它也只有实现了以道家哲学为基础、为前提的与道家的互补时,才能成为中国古代传统哲学的基本精神的体现者。儒、道两家尚且如此,其他各家哲学就更不用说了。所以,我们说中国古代传统哲学的基本精神,并未获得一个完善的理论体系做载体,它是分散在不同哲学学说之中的。这样的基本精神,只有经过现代的解释才能成为今天可资利用的思想资源。毛泽东哲学则不同了,它有全面的、科学的内容,系统的、完备的体系。他在对宇宙的普遍规律与社会历史规律的理解上,是将二者有机地统一在一起的。他既把社会历史规律看成是关于世界的普遍规律的一个有机构成,同时也把社会历史规律看成是世界观规律的最高环节,更把二者的统一看成是思维规律的实在内容。所以,毛泽东哲学不仅说明了天人合一的所以然,而且揭示了天人合一的现实道路——社会实践,真正实现了真、善、美的统一。这种统一的现实表现就是伟大的中国革命与建设的实践。毛泽东哲学具有强烈的历史使命感和现实感。而中国古代传统哲学,虽然也以真、善、美的统一为追求目标,但却无法达到这个目标;虽然在总体上也以社会伦理规律为最高环节,但却没有历史观念和现实感。

毛泽东哲学对中国古代传统哲学内容的批判继承是多方面的,在此基础上卓有成效地进行了马克思主义哲学中国化的再造工作。我们只有在马克思主义哲学和中国哲学的基本精神以及中国革命与建设实践的结合中才能准确地把握毛泽东哲学的丰富内涵,才能准确运用毛泽东哲学指导现代化建设。

(原载《长白学刊》1992年第4期)

一般价值论探析

一种完备的价值观，通常是由两部分内容构成的：其一是关于价值的一般本质、结构、类型、作用等问题的基本观点。这一层次的价值观所反思的对象是价值一般及价值观念的一般，其核心是价值的本质是什么的问题。这部分价值观可以称之为一般价值论。其二是具体的价值观念，即人们在各自的生活实践中所形成并表现出来的以什么为有价值、为追求的目标，以什么为无价值、为拒斥的对象的对象性认识。具体价值观念所反思的对象是具体事物的属性、功能及其对人的意义等。

一般价值论和具体价值观念这两方面的内容，是价值观的最基本的构成。这两方面内容，是既相联系又相区别的。一般价值论是具体价值观念的理论概括，它反过来又作为价值观念的理论基础和一般原则制约着具体价值观念的形式和变化，并作为具体价值观念的灵魂，潜藏或内化于具体观念之中。具体价值观念则是一般价值论的具体环节和实在内容基础，是一般价值论实现其对象化、客观化的中间环节。从本质上讲，二者是统一的。但是，二者的统一并不是无矛盾的绝对的同一，而是一种相互制约、相互渗透的互动过程中的矛盾统一。由于这种互动过程中的每一阶段性成果的取得都是创造性思维的结果，都包含着对其前提的超越，这便决定了二者的统一只能是一种矛盾的统一、扬弃中的统一。

一般价值论，可以相对地区分为两类问题：一类是以价值一般为对象的问题；一类是以价值观念的一般本性为对象的问题。前一类问题主要包括价值的本质是什么，价值的人性根据是什么，价值的现实基础是什么，价值的类型有哪些等。后一类问题主要包括价值观念的本质是什么，价值观念的形成、变化、发展的一般规律是什么，价值观念的一般作用是什么等。前一类问题主要围绕着价值本身展开，以实现对价值自身固有的属性、规律和结构等的正确把握为直接目的；后一类问题则主要围绕着价值的主观反映形式展开，以实现对价值观念的一般本质的正确把握为直接目的。按照传统哲学分类法，前一类问题可以称之为价值本体论；后一类问题可以称之为价值认识论。但是，按照马克思主义关于世界观、认识论、方法论的统一是哲学的本性的理解，按照自我意识是价值的一个前提条件，理性和自觉性是价值的一个本质属性的理解，价值本体论和价值认识论的区分并不具有绝对的意义，更不代表两种思维方式的区别和对立。这种区分只具有各自的研究对象的相对区分的意义。

一般价值论的诸问题中，价值本质问题是核心问题。对这一问题的不同看法，制约着对其他问题的理解。而其他问题的解决则服务于价值本质问题的解决。从这个意义上讲，其他问题都是价值本质问题的展开。诸如价值的现实基础问题、价值的人性根据问题是价值在社会实践中的社会规律、历史规律的规定性和人的自然属性方面的规定性，而价值观念的一般本质和规律问题，则为价值本质问题的解决提供认识论的根据。所以，我们又可以说，一般规律论中的诸问题并不是各不相关的，而是一个逻辑整体。诸问题间联系的有机性，规定了把握价值本质的一般方法论原则：世界观、认识论、方法论统一的原则；历史与逻辑统一的原则；多学科协同作战，多方面成果相综合的原则。

作为一般价值论的核心的价值本质问题，是前一时期学术界聚讼的焦点问题之一。在争鸣中，出现了许多不同观点。比较有影响的观点有：（1）从物的有用性角度规定价值的本质，认为"价值是客体满足主体需要的属性"[①]。（2）与上述观点相反，认为价值是客体所包含的主体劳动、创造、贡献。[②]（3）最近又有人认为既不能像第一种观点那样，也不能像第二种观点那样去理解价值的本质，而应从主、客体相互作用过程中，客体对主体的效应的角度理解价值的本质，认为"价值的本质，是客体主体化，是客体对主体的效应，主要是对主体发展、完善的效应，从根本上说是对社会主体发展、完善的效应"[③]。上述观点中有的接近对价值本质

[①] 王锐生：《重视对社会主义价值的研究》，《求是》1992年第2期。
[②] 赵守运：《必须重新界定哲学的"价值"范畴》，《中国人民大学学报》1991年第5期。
[③] 王玉梁：《客体主体化与价值的哲学本质》，《哲学研究》1992年第7期。

的正确认识,但总的看来,还有许多地方需要深入研究。所以,还不能说这个问题已经解决了。据我看,对这一问题的研究,无论是哪一种形式的研究,如哲学的研究、社会学的研究、历史的研究、实证的研究等等,也无论是哪一层次的研究,如形而上的本质研究、先验的机能机制的研究、经验现象的状态特征研究等等,总之,各种形式、各种方法、各个角度的研究都还不是很充分的,相反,还都仅仅是初步的,有的甚至还未起步。所以,还需全面加强。

那么,到底如何理解价值的本质呢?我认为至少应从以下几个方面的有机统一中来理解:

第一,价值是一个关系范畴。这一点,几乎是所有的人都承认的。事实上也是如此。我们说一物有某种价值,一定是说它对与它构成一定关系的他物具有某种价值,并且也只有在与他物的联系中,它才获得是否具有价值的客观尺度。比如,自在的、不处于一定的关系中的水,你无法说它有什么价值,有多大价值。只有当它成为维持生命所必不可少的条件时,它才具有了保证生命的价值属性;只有当它成为生产资料时,它才具有了经济价值属性。再比如,西方资本主义社会所创造的物质的、精神的文明成果对我国社会存在和发展的价值,也不可作抽象的理解,也需要放到特定关系中考察。当东西方基本上处于隔离状态时,它无所谓价值;当西方列强作为侵略者打破中国的国门之后,西方列强与中国间是侵略与被侵略的关系,西方的物质文明、精神文明从其作用的根本性质上讲,是帝国主义侵略中国的工具,是阻碍中国健康发展的工具;当我国人民取得了政治、经济、思想文化等各方面的独立以后,才获得了广泛吸收西方资本主义社会所创造的一切优秀文化成果为我所用的条件。即使在此时,也只有我们切实采取改革开放的政策,建立起社会主义的市场经济体制,奉行独立自主的和平外交政策,资本主义文明才会获得对我有利的、现实的价值属性;等等。这都说明,一物的价值并不能从自身得到说明,而只能在对它的自身属性的认识与它同他物的特定关系的认识的结合中得到说明。以往有人将这种同一对象在不同关系中具有不同意义的现象,解释为价值的多样性。表面上看,这种解释不能说不对,但深入一步考察的话,这种现象则主要反映的是价值只能在关系中存在的本质特性。也有人为了寻求价值的客观性,将着眼点死盯在物的自然属性上,以为只有为价值寻找到一个实体性存在的支点,它的客观性才能得到说明,如果将价值看作只能在关系中存在的话,将会导致相对主义。其实,这是一种误解。客观性不等于实体性。价值的客观性乃在于事物间联系的客观性、必然性。

第二,价值作为关系是自觉关系。如果说第一点是绝大多数人都承认的,那么,这第二点则不都是愿意承认的;如果说自我意识是价值观念的一个必要条件的观点是容易为人接受的,那么,说自我意识也是价值的一个必要条件的观点,对一些人来说则是不容易接受的。造成这种差异的关键在于是否承认价值要以人性为依据,是否承认人性规律同时也是价值规律。我们很容易发现,价值范畴不同于类似本体、现象、属性、规律、结构等范畴,它从一开始就具有显著的人文特征。价值除了要以对象的有用属性为基础外,还要以人性为根据。价值作为一事物对他事物的意义,类似于事物间的必然联系,但这只表明价值要以事物间的必然联系为基础。必然联系并不直接就是价值。二者的一个显著区别是,必然联系范畴是中性的,而价值范畴则意味着对积极性的东西的肯定和对消极性的东西的否定倾向性。处于必然联系中的两个事物,如果仅从联系的客观性角度看,谁都不能赋予对方以积极的或消极的意义。比如,在风雨风化岩石的关系中,岩石不能赋予风化作用以积极的或消极的意义,风雨也不能赋予岩石被风化这一事实以积极的或消极的意义。即使岩石风化这一现象成为人观察的对象,如果这种观察仅仅停留在事实认知的领域,也不会赋予它以积极的或消极的意义。只有当人们将这种现象与人的特定目的相联系时,它才获得了积极或消极的意义。这说明,对象所具有的积极的或消极的意义,是由人赋予的。那么,人根据什么赋予对象以积极的或消极的意义呢?人主要是根据对象是否与自己的情感、意志、想象等的心理状态、生物生理的物质需要等方面相契合的感受、判断,赋予对象以不同的意义。正因为如此,人们对事物是否有价值的确定,并不总是与对象的属性相符的,但即使不符合,对主体来说,也不是无价值。所以,不能将价值范畴等同于必然联系范畴。以往有的人为了追求价值的客观性,对价值的主体性原则和价值的自觉性特征总是讳莫如深。他们总以为,要坚持价值的客观性就必得抛弃价值的主体性,就必得将价值最终归结为必然联系。其实这既扩大了价值范畴的含义,使其丧失了自身特有的规定性;同时也缩小了必然性范畴所包含的领域,将主体性等同于主观性而排除于客观必然性的领域。

自觉性、理性是价值之成为价值的本质属性。进而我们又可以说，价值关系实质上是主体与客体之间的关系。在这种关系中，主体是绝对出发点。任何人的价值感、价值判断，都是以"我"为核心，以"我"与对象的关系为半径画的圆。评价如此而形成的价值观念对错的标准，在于对"我"的自我认识和对"我"与客体关系的认识是否正确，亦即以"我"为核心画的圆是否真实地符合主体与客体间的本来关系。就此而言，以主体为出发点、为核心所得到的价值认识能否实现，要受到客体的制约。此时，站在客体的立场上看问题，客体转化为主体。所以价值中的主、客体关系是一种相对的关系。就价值关系两端各自的立场看，其自身都是主体。价值关系的这一特点，要求我们在价值活动中，不能绝对地将自己看成目的、将对象看成手段，而应该将各方都看成是目的与手段的统一。对主体来说，不能漠视客体存在、发展的规律性。

第三，价值的实体是人的活动。价值作为主体与客体之间的关系，并不是主体静观客体的关系，而是主体改造客体的实践关系。离开人的改造客体的活动，任何价值都不具有现实性的意义。拿最简单的例子说，水有解渴的作用，但你不将它实实在在地喝下去，便不能解决口渴问题，此时在你的面前有多少水也是无价值的。其他种类的价值也不例外。美景美乐的审美价值只产生于审美活动中；崇高的伦理道德价值只存在于伦理实践中。多方面的例子都证明，不构成人的活动对象的物的有用性，对人来说只具有抽象的价值意义，而不等于现实的价值。所以，我们也就可以说它没有价值。

价值的实践性，也就规定了它的社会历史性。社会历史规律是价值运动的一般规律。价值作为主、客体间的关系，实质上反映的是人与人之间的社会关系。比如，在封建社会关系中，土地为地主所占有，土地的有用性恰恰成了地主剥削、压迫农民的条件，土地对地主的价值和对农民的价值是完全不同的。在此时，土地是否有价值，对谁有价值，完全不取决于土地的自然属性，而取决于土地的社会属性。由此我们也就可以说，社会性、历史性是价值的一个根本属性。离开价值的社会性只能导致抽象的价值观。

通过以上的分析，我们可以得到这样一些认识：（1）价值是一个关系范畴；（2）价值实体是人的活动；（3）理性、自觉性、社会历史性是价值的重要特性；（4）维持、推动主体存在、发展的积极意义，是价值存在的根据。以上诸多方面的有机统一是价值的本质。

价值类型的划分问题，也是一般价值论所要解决的一个重要问题。由于对价值本质的理解不同，对价值类型的划分也会有所不同。例如：马克斯·舍勒尔从现象学的立场出发，认为"存在着一个以自身为根据的绝对客观的价值领域。对这个领域可以从各种不同的观点进行划分"。接着，他提出可以将人的价值与物的价值、自身固有的价值与别人的价值、行为的价值与反应的价值、思想的价值和行动的价值与成果的价值、意向的价值与状态的价值、基础的价值与关系的价值、个人的价值与集团的价值、自身的价值与由自身引起的价值等区分开来。[①] 他的这种区分实质上也是一种类型划分，但他的划分是不严格的。

依据我们对价值本质的理解，我认为价值可以相对区分为三大基本类型：第一，以改造自然的生产活动为实体，以满足主体的生存物质需要为直接目的的物质价值；第二，以改造社会活动为实体，以满足主体的社会关系需要为直接目的的社会伦理、道德价值；第三，以认知活动、审美活动为实体，以满足主体的精神需要为直接目的的知识价值和审美价值。除此之外，从其他角度还可以作不同的区分。如从不同主体的角度，可以区分为个人价值、群体价值、阶级价值等；从时、空意义上可以区分为局部价值与全面价值、短期价值与长远价值、历史价值与现实价值等；从价值实现的方式上可以区分为直接价值、间接价值等。总之，从不同的角度可以对价值作各种不同的区分。

以上种种区分，实质上都是抽象的区分。这些区分是根据矛盾的主要方面作出的。事实上，在现实中并不存在绝对纯粹、单一性质的价值。价值类型理论的任务之一，是从现实的价值关系中抽象出不同的价值类型，以使人们对价值的把握更具体。但是，这种分析、抽象的工作，绝不是价值类型理论的全部，甚至不是其主要内容。更重要的工作是在价值类型区分的基础上进一步揭示出各种价值之间相互作用的规律性。比如，个人价

[①] [联邦德国] 施太格缪勒：《当代哲学主流》（上），王炳文等译，商务印书馆1986年版，第145—146页。

值与群体价值、物质价值与精神价值之间，等等，可以肯定地说是对立统一的关系。但是，如果我们对问题的把握仅仅达到这种程度，而对它们之间如何对立、如何统一的任何细节都一无所知，那么，想正确处理各种不同价值间的关系是不可能的。而这些有关不同价值如何对立、如何统一的细节问题恰恰是不同价值之间相互作用的规律的实在内容。以往的价值类型理论对此给予了必要的关注，但就其成果而言，不能不说仍显得有些贫乏。我认为，正是由于这些内容的相对贫乏，使我们的价值理论研究很难由抽象上升为具体，同时也就成了价值理论研究参与现实不力的一个重要原因。

（原载《社会科学探索》1993 年第 2 期）

论价值观念的有机构成

（1）限于篇幅，本文在这里只讨论具体价值观念的有机构成问题。认识论表明，具体价值观念的构成是否合理，直接决定着具体价值观念的对错及品位的高低，并进而影响人的实践活动的成败。而对价值观念的构成问题有一个理论自觉，对建构具有合理结构的、科学的具体价值观念是不无益处的。

（2）在具体分析具体价值观念的构成之前，对具体价值观念是否有结构、可不可以作结构构成分析这个问题作些说明，我想是必要的。对这个问题，绝大多数人抱肯定的态度。但也有人持否定的观点，认为价值观念"从内容上看……是具体的、复杂的、甚至多变的，它们本身都不属于稳定的'实体'或系统的要素。从形式上看，价值观念是意识的一种形式——观念，这种'形式'，本身已是意识'形式'系统中简单的、稳定的、很难再分割的'形式'，因此，在形式上对它作部分分割或要素分解显然是无的放矢，既不可能，也无意义"[①]。本文无意分析上引论述中存在的混乱，只想指出，这种绝对否定对价值观念构成分析的可能性及其意义的做法是有失偏颇的。价值观念不仅在内容上可以抽象出相对稳定的不同方面，而且在形式上也存在着不同层次、不同等级的实际差别。这说明，价值观念的结构是存在的，对它作结构分析是可能的。更为重要的是，由于过去我们对这个问题重视不够，给我们树立科学的价值观念的工作带来了许多消极影响。比如，长期以来在相当大的范围内存在着满足于经验的、想当然的价值观念，忽视其向科学理性水平升华的现象；满足于抽象的价值目标观念，忽视其具体内容的充实的现象；用高层次的价值目

[①] 黄凌东：《价值观念辨析》，《南京大学学报》1992年第1期。

标冲击、否定次级价值目标或相反,用价值目标代替手段、途径、方法或相反的现象等等,都与缺少科学的价值观念有机构成研究有关。所以,这一问题研究不仅不是无意义的,它的提出本身就是实践的要求。

(3) 具体价值观念,作为人的认识活动的结晶,从认识形式的角度看,包括价值感和价值判断两个层次、两种形态。价值感是主体对客体意义、作用等的直接感受。它的最直接的表现是愉快与否的身心体验。价值感是价值观念的情感基础,对它的意识,构成价值观念的初级层次。价值感的知觉状态,多表现为知其当然而不知其所以然的有利无利、善恶好坏的直接确认。这一点类似于我们初次接触一个人时所形成的对这个人的好感,这种好感仅是一种总的感觉,至于为什么对他有好感、这个人的哪些方面使人有好感等都不十分清楚。虽然它对于根据性的认识是贫乏的甚至是没有的,但此时的价值感受却是确实的,并且会影响到对他的进一步认识。所以,价值感虽然是低级形式的认识,但却是一切价值认识的基础。价值判断则是主体对客体意义、作用等理性把握的形式,它以对主体与客体间必然联系的认识为基础,超越了身心快感的直接性。它的直接起点是对价值感的反思,所以它与价值之间是一种有中介的间接关系。价值判断的观念结晶是理性的必然判断。它的内容既包含着利害判断,也包含着确认利害的标准、根据等判断。虽然后一种内容不一定都呈现于外,但它是价值判断成为可能的必要条件。价值观念是由价值感和价值判断有机统一构成的一个总体。它将作为情感的价值感和作为理性判断的价值判断同作为构成自身的直接环节。这使它呈现出一种具有强烈的情感倾向性的理性认识的外观。

价值感与价值判断的有机统一,是保证价值观念的科学性的一个必要条件。但是,这种统一并不是很容易做到的。在现实生活中,以二者相脱节为特征的片面的价值观念是大量存在的。这种情况,在日常生活领域,多表现为主体局限于价值感之上,直接从身心快感出发提升价值观念。这样的价值观念由于缺少对价值感的反思这一理性环节,极易导致想当然的错误;在关系社会发展的方向、趋势等社会历史领域,多表现为缺少价值感这一基础,将一些抽象的理论原则直接变为价值观念,极易导致超越具体时空条件的教条化的价值观念。

(4) 从构成价值观念的对象性认识内容上看,具体价值观念之形成,需要三种或关于三个方面的知识：①对对象的认识；②对主体自身的认识；③对客体对主体来说的意义，亦即对主体与客体间的相互关系的认识。对对象的认识主要是对对象的结构、属性、功能、本质、规律等的认识。它是价值观念形成的客观根据。对主体自身的认识，主要是对自身本性的认识和对自我价值的认识，其中也包括对自己的能力、利益、需要等的认识。它是价值的人性根据的观念形态，是价值观念形成的主观根据。不同主体面对同一客体时所表现出的不同态度、不同价值观念，主要是由自我认识不同造成的。主、客关系认识，主要是对客体对主体意义的认识，它也包含着二者联系的规律性认识。这种认识是价值观念的直接前提。其中，客体对主体的意义认识，本身就是价值观念。上述三种认识是构成科学、合理的价值观念所必不可少的知识基础。缺少任何一种知识，或任何一方面知识不准确，都会影响价值观念的科学性及品位。缺少高质量的关于对象的知识，就容易导致将无价值的误认为是有价值的、将局部性价值误认为全局性的价值等类型的价值观念偏差；缺少正确的自我认识，则容易造成不切实际、好高骛远或目光短浅、胸无大志的价值观念。总之，知识条件的残缺不全，往往是导致不切实际的价值观念的一个重要原因。

（5）具体价值从自身内容构成看，主要包括价值目标观念；价值手段、途径、方法观念；价值环境、条件观念等。其中，价值目标是核心。价值观念的对错，首先取决于价值目标是否明确和切合实际。后两种观念则直接决定着价值观念是否完整、具体、可行。以往我们在价值观念上存在的问题，多数情况下属于内容残缺不全的问题，这主要表现为：或只注意价值目标，忽视手段、环境；或误将手段、方法看成目标，将目标看成方法、手段。

价值目标与手段，在不同的具体价值观念中，其区分是相对的。在不同阶段中和不同层次上，手段可以成为目的，但是，这种相对性并不排斥特定条件下区分的绝对性。在特定的关系内，二者不可相互代替，否则也就由一种价值观念变成了另一种价值观念，并将由此而改变实践的方向、方式。

（6）由多方面内容构成的价值观念，要保证其科学性，需满足以下基本要求：

第一，具有合目的性与合规律性相统一的本性。满足（4）所谈的条件，是实现此项要求的保证。

第二，具有不同层次、不同方面有机结合的合理结构。这主要包括（3）的内容间的有机结合。

第三，具有明确具体的价值目标、实现目标的手段、途径、方法、环境、条件等方面认识相结合的实在内容。

以上三个方面，是保证具体价值观念的科学性的最基本的要求，任何一方面都不可或缺。

（原载《建设有中国特色的社会主义理论与唯物史观的发展》1993年第9期）

"道德"学说的解析

"道德"学说在道家思想中占重要地位，具有多方面的意义：既具有哲学意义，又具有社会伦理政治意义，还是其人生境界观的核心内容。"道德"学说的含义是多方面的，其中："道"是道家思想学说的核心范畴；"德"是"道"的环节，是"道"通往现实的中介。"道"既是宇宙万物的本原基础，又是万物存在、变化、发展的最高准则和规律，也是人类社会政治伦理生活的本质。道家的"道德"学说，以其关注天道自然的特色，与儒家的侧重于人道规律内容的"道德"学说相表里。

道家的"道德"学说所蕴含的丰富内容及其在道家思想体系中的核心地位，在中国传统哲学中的特定地位，均由老子奠基。老子论道德，首先赋予"道"以至高无上的地位，认为"道"是形而上的，是不具有任何具体规定性而又统摄万有的最高存在。他说："视之不见，名曰夷；听之不闻，名曰希；搏之不得，名曰微。此之者不可致诘，故混而为一。其上不皦，其下不昧，绳绳兮不可名，复归于无物。是谓无状之状，无物之象，是谓惚恍。迎之不见其首，随之不见其后。"(《老子》第十四章)"道"虽是不可视、不可闻、不可搏的，却不是虚假的，而是真实存在的，并且是超时空的永恒存在。他说："道之为物，惟恍惟惚。惚兮恍兮，其中有象；恍兮惚兮，其中有物。窈兮冥兮，其中有精；其精甚真，其中有信。"(《老子》第二十一章)又说："有物混成，先天地生。寂兮寥兮，独立而不改，周行而不殆，可以为天地母。吾不知其名，强字之曰道，强为之名曰大。"(《老子》第二十五章)"道"还是宇宙的本原、万物的创造者，故他说："无名，天地之始；有名，万物之母。"(《老子》第一章)"天下万物生于有，有生于无。"(《老子》第四十章)"道生一，一生二，二生三，三生万物。"(《老子》第四十二章)"道生之，德畜之，物形之，势成之。是以万物莫不尊道而贵德。""故道生之，德畜之；长之育之；亭之毒之；养之覆之。生而不有，为而不恃，长而不宰。是谓玄德。"(《老子》第五十一章)"道"作为宇宙中的最高存在、超越时空限制的绝对的永恒存在，最基本的规定性就是"无"。他说"道""惟恍惟惚""视之不见""听之不闻""搏之不得"等等，都是为了说明"道"的"无"的特性。正因为"道"是"无"，所以，不能成为人的感官对象。正因为"道"是"无"，所以，它才能永恒。老子将"道"的"无"的特性也称之为"自然"。"自然"是"道"的最基本规定，也是"道"的最高准则。他说："希言自然。故飘风不终朝，骤雨不终日。孰为此者，天地。天地尚不能久，而况于人乎？"(《老子》第二十三章) 又说："人法地，地法天，天法道，道法自然。"(《老子》第二十五章) 由此，老子主张"无为"而治。他说："道常无为而无不为，侯王若能守之，万物将自化。"(《老子》三十七章)

其次，老子又赋予"道"以宇宙万物存在、运动、发展的法则、规律的含义。"道"既是万物的本原，又是万物的最高本质、最普遍规律。"道"作为万物的最高法则、最普遍的总规律，就是"反"。他说："反者道之动"。"反"的规律也就是矛盾规律。这意味着，对立面的统一，既是"道"的自身规定，也是万事万物自身的内在本质。"反"的规律有两个基本内容：其一，任何存在都由相反相成的矛盾着的两个方面所构成。其二，任何事物都向自己的对立面转化。"反"的规律具有最大的普遍性，就"道"而言，是以"无"为主的"有"与"无"、"有为"与"无为"的对立统一，故他说："道，可道也，非恒道也；名，可名也，非恒名也。无名，天地之始也；有名，万物之母也。故恒无欲也，以观其妙；恒有欲也，以观其所徼。两者同出，异名同谓，玄之又玄，众妙之门。"(《老子》第一章，据马王堆汉墓帛书本校改) "道" 又是以"静"为主的"动"与"静"的对立统一，故他说："道""独立而不改，周行而不殆""夫物芸芸，各复归其根。归根曰静，静曰复命，复命曰常，知常曰明。"(《老子》第十六章) 对一切经验现象说，"反"的规律表现为任何具体事物都由矛盾运动所构成，都是有待的、变化的，故他说："万物负阴而抱阳，冲气以为和"，(《老子》第四十二章) 又说："有无相生，难易相成，长短相形，高下相倾，音声相和，前后相随。"(《老子》第二章）自然现象如此，人类社会现象也如此，他说："天下皆知美之为美，斯恶矣；皆知善之为善，斯不善已。"（《老子》第二章）"祸兮福之所倚，福兮祸之所伏。"（《老子》第五十八章）万事万物不仅是处在矛盾的对立关系之中，而且还相互转化，事物发展到一定程度，便会走向反面，故他说："物壮则老"（《老子》第三十章）"曲则全，枉则直，洼则盈，敝则新，少则得，多则惑。"（《老子》第二十二章）"物或损之而益，或益之而损。"（《老子》第四十二章）"天下之至柔，驰骋天下之至坚。"（《老子》第四十三章）"甚爱必大费，多藏必厚亡。"（《老子》第四十四章）等等。万事万物都是向着自己的对立面的方向运动、变化的，所以"致虚极，守静笃，万物并作，吾以观其复。"（《老子》第十六章）应该成为我们认识事物的方法论原则。

再次，老子在将"道"归结为万事万物的最高本质、最普遍的法则的基础上，进一步将"道"归结为人类生活的最高准则，将"道"的"自然无为"的境界视为人的最高境界，将返璞归真看成圣人的标准。这里的"道"便是"德"，"道"与"德"是统一的。其一，最大的"德"就是"道"，"孔德之容，惟道是从。"（《老子》第二十一章）"生而不有，为而不恃，长而不宰，是谓玄德。"（《老子》第五十一章）"玄德"即"道"。其二，"道"是形而上的一般本质，"德"是"道"的功能显现，是"道"的作用。其三，"道"是最普遍的规律，"德"则是"道"作用于现象的中介，体现"道"的具体规律。所以，"德"是"道"在天地万物和人生中的具体落实。由此看，凡是符合"道"的本性的言行，才是道德的，否则是不道德的。"道"的本质特性是"自然无为"，所以，道德的言行也应该是顺任自然的，而非强作妄为。知雄守雌，知白守黑，处柔居后，绝圣弃智，返璞归真等是符合道德的，而仁、义、礼、智等则是失道丧德的结果。故他说："失道而后德，失德而后仁，失仁而后礼。夫礼者，忠信之薄而乱之首。"（《老子》第三十八章）"大道废，有仁义；智慧出，有大伪；六亲不和，有孝慈；国家昏乱，有忠臣。"（《老子》第十八章）由此老子主张："绝圣弃智，民利百倍；绝仁弃义，民复孝慈；绝巧弃利，盗贼无有。"（《老子》第十九章）

老子的"道德"学说，专注的是万事万物的形而上的本质、规律，欲为宇宙、人生寻找出一个终极支点。由于其观察问题的思维方式，是一种横向的、在多样性中寻找抽象同一性的方式,导致了他所寻求到的终极支点只能是一个"无","无"成了宇宙、人生的最高本质、最高目标,万事万物的初始阶段。初始状态成了最完满阶段,最符合道德的状态。由此看,老子表现出反对社会文明、反对社会伦理规范便是可以理解的了,但毕竟是不足法的。老子的"道德"学说奠定了后来道家"道德"学说的基础。

庄子在老子"道德"学说的基础上,特别发展了"道德"在人的内在精神的超越问题上的意义。在哲学本体论意义上,与老子一样,庄子也认为"道"是宇宙万物的本原。他说:"夫道,有情有信,无为无形;可传而不可受,可得而不可见;自本自根,未有天地,自古以固存;神鬼神帝,生天生地;在太极之上而不为高,在六极之下而不为深,先天地生而不为久,长于上古而不为老。"(《庄子·大宗师》)"夫道,覆载万物者也,洋洋乎大哉!"(《庄子·天地》)天地万物皆由道产生,"道"是万事万物统一的基础,是万事万物的最高本质。表面现象地看问题,万事万物千差万别,各不相同,但若站在"道"的立场上看问题,什么大小、善恶、美丑、是非、祸福、夭寿等等,都是没差别的。他说:"道行之而成,物谓之然,恶乎然?然于然。恶乎不然?不然于不然。恶乎可?可于可。恶乎不可?不可于不可。物固有所然,物固有所可。无物不然,无物不可。故为是举莛与楹,厉与西施,恢恑憰怪,道通为一。其分也,成也;其成也,毁也。凡物无成与毁,复通为一。"(《庄子·齐物论》)其次,庄子同老子一样,也认为"道"是天地万物存在、运动、发展的规律,是万物之所由的根据。万物莫不循道而行。"道"的本性是自然无为。所谓天道自然,就是万物各依其自身本性生存、运动、发展。这也就是"道"。他说:"夫水之于汋也,无为而才自然矣。至人之于德也,不修而物不能离焉,若天之自高,地之自厚,日月之自明,夫何修焉!"(《庄子·田子方》)又说:"天地固有常矣,日月固有明矣,星辰固有列矣,禽兽固有群矣,树木固有立矣,夫子亦放德而行,循道而趋,已至矣。"(《庄子·天道》)庄子更将"道"看成是人超越有限,获得绝对精神自由的最高境界。庄子将达到这种精神自由境界的人称之为至人、真人、神人。这种境界就是"天地与我并生,万物与我齐一"(《庄子·齐物论》),"独与天地精神往来"(《庄子·天下》)的境界,就是"堕肢体,黜聪明,离形去知,同于大通"(《庄子·大宗师》)的既超越了外物的限制,也超越了自我的限制的"坐忘"境界。庄子将真人之道作为最高追求,认为达到这种境界是"德"。所以,庄子认为顺任天地自然和人的性命之情的人才是道德的人。而仁义礼等伦理规范不仅不是道德,反而是对道德的毁坏,是对人的本性的残害。他说:"且夫待钩绳规矩而正者,是削其性者也;待绳索胶漆而固者,是侵其德者也;屈折礼乐,响俞仁义,以慰天下之心者,此失其常然也。"(《庄子·骈拇》)又说:"道德不废,安取仁义!性情不离,安用礼乐!五色不乱,孰为文采!五声不乱,孰应六律!夫残朴以为器,工匠之罪也;毁道德以为仁义,圣人之过也。"(《庄子·马蹄》)在"道"与"德"的关系问题上,庄子认为"道"是根本的,"德"是"道"的次一级的,是"道"在人身上的表现,"道"是"德"的本质内容。他说:"中而不可不高者,德也;一而不可不易者,道也;神而不可不为者,天也。"(《庄子·在宥》)"通于天者,道也;顺于地者,德也。"(《庄子·天地》)"形非道不生,生非德不明,存形穷生,立德明道。"(《庄子·天地》)"道者,德之钦也。"(《庄子·庚桑楚》)"德"是得"道"、体道的结果。那么,如何体道成德呢?庄子认为:"彻志之勃,解心之谬,去德之累,达道之塞。"(《庄子·庚桑楚》)达到自然无为而无不为便可体道成德。这就需要用"坐忘"的方法去修养,去德之累、道之塞。庄子认为:"贵富显严名利六者,勃志也。容动色理气意六者,谬心也。恶欲喜怒哀乐六者,累德也。去就取与知能六者,塞道也。此四六者不荡胸中则正,正则静,静则明,明则虚,虚则无为而无不为也。"(《庄子·庚桑楚》)

　　庄子论道德,继承发扬了老子的重自然天道的传统,更进一步将形而上学意义上的道引向人的内在精神世界,力图将天道与人道在世界观的层面上统一起来,发展了老子的道德学说。老庄的道德学说,构成了道家道德思想的主干,也构成了中国古代道德学说的形而上学的环节。但受其思维方式的局限,老庄都不理解道德在时间中发展的历史性,导致了他们共同的否定社会伦理规范的特征。这一点为后来的发展逐步克服。

　　《吕氏春秋》"以道德为标的,以无为为纲纪"进一步阐发道家的道德学说。在哲学本体论方面,继承道家思想,以"道"为最高范畴,认为"道"是宇宙万物的本体、规律,也是持身、为国、治天下的政治伦理原则，主张"以天为法，以德为行，以道为宗，与物变化，而无所终穷"(《吕氏春秋·下贤》)。同时，《吕氏春秋》并不像老庄那样排斥儒家的仁义忠信礼乐思想，而是将其与道家的天道自然思想结合起来，认为治天下必须效法天道，自然无为，同时也需要推行仁义礼乐忠信等，以实现顺时而化。

秦汉时的黄老学派的道德学说继承先秦道家思想的同时，丰富发展了道德的内涵。黄老学派的道的含义基本上同于老庄，认为"道"是宇宙的本体，是万物存在、运动、发展的规律。"道者，神明之原也。"(《经法·名理》)黄老学派主张以无为、法、德治国，认为无为是"道"的体现，"法"也是"道"的体现，法由道产生，顺道而定。"道生法。法者，引得失以绳，而明曲直者殹（也）。故执道者，生法而弗敢犯殹（也），法立而弗敢废（也）。"(《经法·道法》)黄老学派关于"德"的内涵从老庄的意义转向了思想品质的方面，"德者，爱勉之也"(《经法·君正》)。黄老学派的道德学说表现出道、儒、法等百家融合的倾向。同时期的《淮南子》亦然。《淮南子》的"道"兼有宇宙本原、规律、道德等含义。它将"道"与阴阳学说结合，认为道包含阴阳两个对立面。阴阳相互作用化生万物。同时，对老庄的无为范畴做了新解释："智者不以位为事，勇者不以位为暴，仁者不以位为患，可谓无为矣。"(《淮南子·诠言训》)"无为者，道之宗。"(《淮南子·主术训》)在道与礼乐等关系上，认为礼乐是治理国家的重要政治伦理原则，但需依天道人情而定。"礼者，体情制文也。"(《淮南子·齐俗训》)"仁义不能大于道德，仁义在道德之包。"(《淮南子·说山训》)

汉代以后形成的道教，一方面，继承先秦道家道德学说的哲学内涵，另一方面将"道"建立成道教的宗教实践的理论基础，道、德的含义随之发生了变化。《太平经》中将"真道"看成"正人之符"，认为"真道"即消除邪恶的善道；即能化生万物的神奇力量；即与天一致，有效验的道术；即长生之方。《太平经》将"道""德""仁"并举，认为"上君以道服人""中君以德服人""下君以仁服人"。三者是圣贤制定法规的依据。同时，三者又是学道的三个阶段。"学以仁得之，道之始也；以德得之，道之中和也；以道得之，道之上也。"很明显，在道教中，道德学说被赋予了宗教迷信色彩和宗教实践的色彩，"道"成了道教追求的长生久视的基础、根据，成了仙道。

三国魏晋时，对先秦道家学说开始了自觉的认识论的反思。在玄学的第一阶段，突出了"道德"的抽象本质，贵无派占主导地位。在嵇康、阮籍那里，将自然与名教对立起来，提出"任自然而越名教"的口号。到郭象时，综合"贵无""崇有"两派观点，发挥出一套"独化"论观点，即万物自化的观点。在名教与自然的关系上，认为二者是统一的，"道""德"都统一于自然，"道"是自然的规律，"德"是道德修养。郭象的道表现出与儒家有为之道相结合的倾向。

道家的道德学说有一个演变的历程，其内涵逐渐由形而上的本体意义向人的内在精神世界，向人类社会伦理实践扩展。但其主干则始终是老庄的思想。

道家的道德学说，在哲学世界的层面上探寻道德的本质，对人们把握社会伦理实践的深层本质有重要意义，对儒家的道德学说具有补充意义，故而逐渐同儒家相结合，成为中国传统道德理论必不可少的组成部分。

（原载《中国道学精华画集·道德》，吉林文史出版社 1994 年版）

"形神"学说的解析

"形神"学说通过对形体与生命、形体与精神等相互关系问题的讨论，解决生命的本质问题。对形神问题的关注，归根结底是人类对自身生存状态、根据等的关注。所以，它是中国哲学产生以来各派哲学家长期讨论的问题之一，也是中国医学史、宗教学说史上长期讨论的问题之一。其中，道家哲学家和道教思想家，以其独特的形而上学方式对形神关系的探讨，构成了中国古代形神学说的有机组成部分。

先秦道家的形神学说，并非仅限于肉体与精神的关系，甚至形神范畴主要不是标志肉体形体与精神的范畴。他们将形神关系问题与天人、形而上形而下、有为、无为、生死等问题联系起来，以天道自然无为为最高理论支点和归宿，着重揭示形神关系本体论层面的内涵。同道家哲学的其他主要思想一样，道家形神学说的基本倾向、总体精神，也是由老子奠定的。《老子》五千言中虽不见直接讨论形神关系的内容，但这并不等于老子没有关于形神关系的看法，只不过老子更关心的是"道"的永恒。老子认为道是宇宙本原，是万物的最高本质。任何具体事物都是暂时的、相对的，只有"道"是永恒的、绝对的。"道"之所以是永恒的，在于"道"的最高本质是"无"。符合"道"的存在状态是"自然无为""虚""静""处柔""守雌"的状态。按照"道"的要求去做了，就可以长生久视。他说："治人事天，莫若啬。夫唯啬，是谓早服；早服谓之重积德；重积德则无不克；无不克则莫知其极；莫知其极可以有国；有国之母可以长久；是谓深根固柢，长生久视之道。"（《老子》第五十九章）"治人"即"治国"。"事天"即"养生"。"啬"即爱惜，保养，就是"无为"，也就是收藏其形神而不用。这段话的基本思想是说，返归于道，自然无为，厚藏根基，是长生久视的基本规律。老子这里所说的长生久视，虽非专指人的自然生命的长生不死，其中兼有治国、养生两义，但毕竟包含生命不死的意义。老子的治国、养生莫若"啬"的观点，成了后来道家形神学说的理论基础和核心。

老子除了奠定了道家形神学说的基本精神外，还涉及一些有关养生、贵生、修养等具体问题的观点。首先，老子认为，完满的生命、健全的生活，应该是形体与精神合一、肉体生活与精神生活和谐统一的生活状态。这种状态就是如婴儿一样的无为状态。他说："载营魄抱一，能无离乎？专气致柔，能如婴儿乎？涤除玄鉴，能无疵乎？爱民治国，能无为乎？"（《老子》第十章）其次，老子认为形体是精神的基础、生命的基础，所以，人当贵生，应该祛除物欲、名利等的纷扰，并且贵生还应该成为治国等的原则。他说："重为轻根，静为躁君。是以君子终日行不离辎重。虽有荣观，燕处超然。奈何万乘之主，而以身轻天下？"（《老子》第二十六章）又说："名与身孰亲？身与货孰多？得与亡孰病？其爱必大费；多藏必厚亡。故知足不辱，知止不殆，可以长久。"（《老子》第四十四章）对待名利与生命关系的态度如此，对待自身的情欲与生命关系的态度也应该如此。他说："五色令人目盲；五音令人耳聋；五味令人口爽；驰骋畋猎，令人心发狂；难得之货，令人行妨。是以圣人为腹不为目，故去彼取此。"（《老子》第十二章）从这一原则出发，老子认为圣人政治应该是："不尚贤，使民不争；不贵难得之货，使民不为盗；不见可欲，使民心不乱。是以圣人之治，虚其心，实其腹，弱其志，强其骨。常使民无知无欲。使夫智者不敢为也。为无为则无不治。"（《老子》第三章）在探寻贵生的方式方法、基本原则过程中，老子还发挥了一种有意厚生反不得其生的辩证法。他说："出生入死，生之徒，十有三；死之徒，十有三；人之生，动之于死地，亦十有三。夫何故？以其生生之厚。"（《老子》第五十章）老子的这一思想为魏晋玄学中的"贵无"派思想家所接受，成了老子和"贵无"派思想家主张"以无为本"的认识论根源。老子除了讲养生、贵生外，也讲精神永存，赞赏死而不止。他说："知人者智，自知者明。胜人者有力，自胜者强。知足者富。强行者有志。不失其所者久，死而不止者寿。"（《老子》第三十三章）这就是说人通过自我修养，达到自明、自胜，就能常留大道于胸中，就能虽死犹生。

总之，老子虽未明确提出形神范畴，却触及了形神关系问题深邃的哲学世界观内涵,开辟了后来道家形神学说不断发展的基本道路。

沿着老子开辟的道路,比较全面地展开道家形神学说内容的是庄子。庄子论形神的目的,在于揭示至人、真人、神人境界应为何种境界。这种境界在庄子看来就是形神合一,形全精复,同于大通,既无累于物也无累于心的自由境界、自然境界。但宇宙人生处处充满了矛盾,从现象看,这种至人境界几乎是不可能的。在此错综复杂的矛盾旋涡中,庄子力图向人们展示出一幅和解矛盾、超越矛盾、达到"道"的境界的图画。所以,通过对经验层面的人生的局限性、相对性、暂时性的揭示,说明经验层面的世俗人生并不具有最高的价值,由此将人引向对形而上的、超越的、永恒的"道"的境界的追求,便成了庄子形神学说的最基本的思维方式。顺便说一句,正是这种思维方式,决定了他的学说的深刻性,也正是这种思维方式,使他招致了诸如相对主义、虚无主义等种种误解。

庄子的形神学说具有丰富的内容:首先,从生成论的角度看,庄子认为,"夫昭昭生于冥冥,有伦生于无形,精神生于道,形本生于精,而万物以形相生。"(《庄子·知北游》)也就是说,精神是从道中产生出来的,形体是从精气中产生出来的。精神、形体相合,便有了生命。所以,一个完满的生命,总是由精神(灵魂、智慧、知识)、肉体形体、社会环境(社会地位、名誉、利益等)等基本要素构成。这些要素构成两对基本矛盾:形与神的矛盾;形神统一体作为生命与社会环境的矛盾。这两对矛盾都可归结为内与外的矛盾。形对神说属内,形属外;形神合一作为身对名誉、地位、利益等社会环境说属内,社会环境属外。由此我们可以看到,狭义的身(作为肉体形体存在的身),或者说形处于神、环境的中间位置,它对神说属于外在的、应该超越的东西;它对名誉、地位、利益等说,则属于内在的,应该加以保护、善养的方面。这样我们就不难理解庄子时而主张厚生,时而又对形体的完善与否不以为然而对内心的体道状态却给予充分肯定的矛盾做法了。

在人生的矛盾中,庄子认为,外排物欲,内除成心,思虑是合适的做法。他说:"古之存身者,不以辩饰知,不以知穷天下,不以知穷德,危然处其所而反其性已,又何为哉!"(《庄子·缮性》)相反的,"丧己于物,失性于俗者,谓之倒置之民"(《庄子·缮性》)。在《在宥》篇中,庄子借广成子之口说:"至道之精,窈窈冥冥;至道之极,昏昏默默。无视无听，抱神以静，形将自正。必静必清，无劳女形，无摇女精，乃可以长生。目无所见，耳无所闻，心无所知，女神将守形，形乃长生。慎女内，闭女外，多知为败。我为女遂于大明之上矣，至彼至阳之原也；为女入于窈冥之门矣，至彼至阴之原也。天地有官，阴阳有藏，慎守女身，物将自壮。"这里庄子至少表达了以下四层意思：（1）持守心志专一静默，形体就会随之端正，"抱神以静，形将自正"。（2）外无形体的劳累，内无精神的纷扰、耗费，才能长生，"无劳女形，无摇女精，乃可以长生"。（3）不为感官迷惑，不为心智所累，神就会守护你的形体，你的形体就可以长生。"目无所见，耳无所闻，心无所知，女神将守形，形乃长生。"（4）按照天道自然无为的要求，排除内外两个方面的搅扰，是长生的基本条件。"慎女内，闭女外，多知为败。"当庄子将身与外物的矛盾作为反思对象时，其观点是不以外物累身；当庄子将形骸与内在精神的矛盾作为反思对象时，一方面，他反对用私欲、智虑累身；另一方面，又肯定人的内在人格、内在精神相对形骸而言具有绝对优先的、永恒的价值。所以，我们在《庄子》中，会看到大量的形骸残疾、不全而内心完满的形象，以及身处困境而安然自适、泰然处之的形象。庄子对那些以貌取人的做法也多有鞭挞。在形骸与精神的矛盾中，庄子之所以更重视精神的价值，是基于以下的思考。庄子说："达生之情者，不务生之所无以为；达命之情者，不务命之所无奈何。养形必先立以物，物有余而形不养者有之矣；有生必先无离形，形不离而生亡者有之矣。生之来不能却，其去不能止。悲夫！世之人以为养形足以存生，而养形果不足以存生，则世奚足为哉！"（《庄子·达生》）在庄子看来，逐物养形不足以长生，要实现长生久视，唯有超越外物，超越形骸，达到"形全精复，与天为一"（《庄子·达生》）。这样，便可以随着自然的变化而更新、变化了，"合则成体，散则成始。形精不亏，是谓能移"（《庄子·达生》）。所有的仅是生命存在状态的变化，而无生死的绝对区别。这样也便达到了"天地与我并生，而万物与我为一"（《庄子·齐物论》）的境界。

总之，庄子认为形全精复、与天地为一是形神关系的最佳状态，达到这种状态的途径是随顺自然，破除"我执"和"物执"。所以，这种状态，最终归结为内在心灵的体验状态，是一种人格境界。

《淮南子》在先秦道家形神学说的基础上，侧重于形神关系中的认识论上的精神与形体的关系的内涵，同时也具有本体论的内涵。它认为形和神均以天地、阴阳二气为基础，认为"烦气为虫，精气为人。是故精神，天之有也；而骨骸者，地之有也"（《淮南子·精神训》）。"精神者，所受于天也，而形体者，所禀于地也。故曰：一生二，二生三，三生万物，万物背阴而抱阳，冲气以为和。"（《淮南子·精神训》）这就是说，精神至形体，都不具有最高本体的性质，都是阴阳二气、天地的表现形式。"神"受于天，故轻清无形；形骸禀于地，故重浊有形。形神在人的生命过程中具有不同的功能作用。这些功能作用是相区别的，但却只有在一个生命统一体中才是现实的。"心者形之主也；而神者心之宝也。"（《淮南子·精神训》）精神与形体是紧密联系不可分割的，是相互作用的。"形劳而不休则蹶，精用而不已则竭。是故圣人贵而尊之不敢越也。"（《淮南子·精神训》）"形神气志，各居其宜，以随天地之所为。夫形者，生之舍也；气者，生之充也；神者，生之制也。一失位，则三者伤矣。是故圣人使人各处其位，守其职，而不得相干也。"（《淮南子·原道》）这是从存在的角度看形神关系。若从修养的角度、价值观的角度看，《淮南子》认为精神对形体而言，具有更高的、优先的价值。"以神为主者，形从而利；以形为制者，神从而害。"（《淮南子·原道训》）"夫精神气志者，静而日充者以壮，躁而日耗者以老。是故圣人将养其神，和弱其气，平夷其形，而与道沉浮俛仰。"（《淮南子·原道训》）《淮南子》还用膏烛之喻说明形神相即不离的关系，"此膏烛之类也，火逾然而消逾亟"（《淮南子·原道训》）。以此形象地说明精神气志应当静而日充，不应躁而日耗的道理。这一比喻对后来的形神学说产生了深远的影响。

道家的形神学说到了魏晋玄学时期不仅仅是一种哲学理论、学说，更成了当时名士的行为方式的观念上的表达。从理论形态上说，玄学家更追求一种本体上的和境界上的幽深玄运，将形神、自然名教等问题置于本体、有无等更大的本体论前景之中，将个体生命的形体与宇宙天地及宇宙精神融为一体，充分肯定自然的绝对优先的永恒价值。所以，一些名士直接将他们关于形神关系的观点转化为"越名教而任自然"、寄情于山林、放浪形骸的行为方式。虽也有关于形神关系的理论说明，比如嵇康就认为形与神是生命构成的两个基本方面，形与神是相亲、相须、相济的关系。他在《养生论》中说:"精神之于形骸,犹国之有君也;神躁于中,而形丧于外,犹君昏于上,国乱于下也。""是以君子知形恃神以立,神须形以存。悟生理之易失,知一过之害生,故修性以保神,安心以全身。爱憎不栖于情,忧喜不留于意。泊然无感,而体和平。又呼吸吐纳,服食养身,使形神相亲,表里俱济也。"可以说这是对形神关系的最直接说明,但这对当时的道家倾向的理论学说而言,毕竟不是占很大比重的。

　　魏晋玄学的形神学说,作为道家形神学说的延续,具有两个显著特点:一是将道家形神学说的基本精神直接转化为行为方式,甚至转化为放浪形骸的极端方式;二是道家思想自觉地与儒家相融合,道家的形神学说在儒家思想家那里得到了更深入的探讨和较全面的发展。从此,道家的形神学说在哲学领域并入了儒家哲学发展的轨道。

　　道家的形神观是道教实践的重要理论基础。道教宣扬修仙炼道、长生久视,自然要在理论上说明形与神的关系。道教学说首先肯定"形神合同,乃能长久",也就是说,"形神合同"是长生不死、得道成仙的前提保证。所以,道教学说就要进一步说明形神是怎样相合的,实现形神合同的途径、方法、手段是什么等的问题。由此,关于形神合同问题又分化出合同于"有"和合同于"无"两种观点。合同于"有"的观点认为"凡质象所结,不过形神。形神合时,则是人是物。"主张修仙,认为成仙可以通过两种形式,一种是"合"的方式,即形体和精神同时超升的"白日飞升";一种是"离"的方式,即尸解成仙。主张合同于"无"的观点,更接近老、庄哲学,在宗教实践上,重修道,追求精神上的解脱,认为执滞于形体之有无异于浅陋;若以为神为有同样会产生烦恼。所以,形与神在道是虚无的意义上合同起来。

　　道教的形神学说,其理论基础是老、庄为代表的道家哲学。道家哲学的宗旨是自然无为,但道教实践本身却是一种有为。这种有为与无为的矛盾是道教学说中的基本矛盾,道教学说中处处潜藏着这一矛盾,形神学说当然也不能例外。另外,道教的宗教性质,使道家的形神学说发生了由哲学向迷信的变异,这是道家形神学说中的逆流。

　　道家的形神学说,以其特别关注形神关系问题的形而上的本质的特色,成了中国传统哲学中不可缺少的组成部分,它推进了中国古代哲学的发展；深化了对人生生命本质的理解；促进了祖国医学的进步。但其中掺杂的迷信的糟粕和形而上学的片面性则是应该剔除的。

（原载《中国道学精华画集·形神》，吉林文史出版社 1994 年版）

儒道融合的心路历程

1. 确认中国传统哲学的主干，科学规定中国哲学史的对象，其关键在于解决儒家哲学与道家哲学间的相互关系。从古至今，中国古代哲学主干之争，集中表现为儒道两家之争。历史上首开诸子学比较研究先河的是庄子。庄子分别对墨子、宋钘、尹文、田骈、慎到、关尹、老聃、庄子、惠施等的学术观点进行了比较、评价。综合起来看，庄子认为：第一，诸子百家学术，各有其历史的文化渊源，各反映了人类生活不同方面的需要，故而也就成了内圣外王之道的有机构成；第二，在诸子学中，关尹、老聃、庄子的学说价值最高；第三，诸子百家学说，各有其特定的社会功能作用，不可立门户之见。这些观点虽不是直接论儒道两家关系，但反映了庄子看待不同学派间相互关系的基本原则和基本观点。

自秦统一中国后，儒道两家开始了互争正统的斗争。西汉初，黄老之学占主导地位。司马谈将道德家列为诸家之首，认为六家之中，唯有道家"使人精神专一，动合无形，赡足万物。其为术也，固阴阳之大顺，采儒墨之善，撮名法之要，与时迁移，应物变化，立俗施事，无所不宜，指约而易操，事少而功多"（《史记·太史公自序》）。这里的道家虽实指黄老之学，但司马谈本人并未将其与老庄道家相区别。汉武帝时董仲舒提出"罢黜百家，独尊儒术"，之后，儒家逐渐取得正统地位。此后的论儒道关系者，很少能脱视儒为正统、目道为异端的窠臼。即使是自觉地反门户之见的人，也很难摆脱它的影响。南宋的陆九渊是反对门户之见的，他说"后世言学者须要立个门户。此理所在安有门户可立？学者又要各护门户，此尤鄙陋"（《象山全集·语录上》）。但最终还是认为"老氏者得其一不得其二，而圣学之异端也"（《象山全集·智者术原论》）。这种状况除思想理论原因外，更主要的原因在于封建社会的政治经济状况。随着封建社会的解体，这种状况自然发生了变化。

近代以来，除绝大多数人自觉不自觉地坚持"儒家主干说"外，又出现了两种观点。一种观点认为，儒家和道家共同构成中国哲学史的主干。张松如等认为，中国哲学和自觉文化开始于"春秋战国这一封建社会的转型期"①。在此时出现的诸子之学，标志着中国古代文化的成熟。而在诸子学中，影响最大的是儒道两家。"儒道两家在社会与自然、群体与个体的对立中各自把握了一端，从而使它们能够糅合各家，以其对立和补充，构成了中国文化发展的一条基本线索。"② 另一种观点则认为道家是中国哲学的主干。吕思勉在30年代就认为："道家之学，实为诸家之纲领。诸家皆专明一节之用，道家则总揽其全。诸家皆其用，而道家则其体。"③ 近年来，以陈鼓应等为代表的一批学者，更加明确自觉地提出"道家主干说"。陈鼓应认为，道家哲学不仅在形而上学方面优于其他学派，就是在人生哲学方面，其思想的开阔性、意境的深刻性也都胜于孔孟。"中国哲学史实际上是一系列以道家思想为主干，道、儒、墨、法诸家互补发展的历史，而决不是象一些学者所描述的主要是一部儒家思想发展的历史。"④

我们认为，上述各种观点，都没真正解决儒道关系问题，因为上述所有观点的背后，总有一个儒道两家在本质上是对立的二元分裂意识。即使是主张互补说的人，也没有完全超越这种二元分裂意识。有的人就明确地说儒学与道学的思维方式、思维结构、人生价值都是对立的。有的人认为儒家与道家的道、得道宗旨都是不同的，相通之处仅在于它们提倡的得道方法是相同的。进一步看，许多人不能超越这种二元分裂意识，乃是由于缺乏对人的思维活动过程的规律性深切的反思，很少能从人的理论活动实质上是心理活动与文化活动相统一的创造过程的角度，揭示儒道两家理论创造活动的心路历程，并进而揭示两家的真实关系。

所谓理论创造活动的心路历程，是人类思维的普遍规律在每一具体理论创造过程中的具体运作过程。它是思维规律作为心理机能规律，同时作

---

① 张松如等：《老庄论集》，齐鲁书社1987年版，第1页。
② 同上。
③ 吕思勉：《先秦学术概论》，中国大百科全书出版社1985年版，第27页。
④ 陈鼓应：《论道家在中国哲学史上的主干地位》，《哲学研究》1990年第1期。

为文化发展规律的总体显现。心路历程的观念结晶，表现为思想的逻辑结构；心路历程在时空中的展开，就表现为文化的历史发展。儒道两家理论创造活动的心路历程的同一性是它们的思想理论逻辑上互补的基础，而两家融合的历史过程，则是展现出来的心路历程。逻辑上的互补和历史中的融合同是两家本质上同一的思想理论创造心路历程的结晶、表现。

2. 儒道两家理论创造心路历程的同一性，首先表现在二者是对同一时代课题的不同反思。

先秦诸子哲学发生于社会大动荡、大变革的时期，是对此一时期人的存在方式的哲学反思，这一反思的现实根据是社会存在与社会意识之间的矛盾，具体表现为以往业已形成的社会伦理原理与礼坏乐崩的现实之间的矛盾。先秦诸子哲学从其深层根源上看，就是对礼坏乐崩的现实作为社会存在与以往形成的社会伦理制度原理作为社会意识之间的矛盾的反思，但是，这种反思作为哲学的反思并不是直接的，而是间接的，它是思维以自身为对象的活动。所以，先秦诸子的哲学反思的直接对象只能是其前人的社会伦理制度原理。揭示社会伦理制度原理合理性的根据，寻找人的合理存在方式，便成了先秦诸子面临的同一课题。

先秦诸子哲学反思的直接对象——社会伦理制度原理，作为人伦社会的基本规律，其本身并非仅是主观的，实质上它在表现着一个思维与存在的同一性的实在性，或者说它本身就是一个思存统一性。社会伦理制度原理内在地包含着思维与存在两个环节，这两个环节同时结晶为社会伦理制度观念。由此，思维与存在的矛盾就具体化为伦理内容与伦理形式的矛盾。对这一矛盾作本体论的反思，建立社会伦理制度原理合理性的最高根据的观念体系，便形成了先秦诸子不同的本体论观点。

对社会伦理制度原理的内容进行反思时，先秦诸子的哲学反思活动进一步分化为两个指向不同的思维过程：一是伦理原理指向于外的角度，一是伦理原理指向于内的角度。当反思活动的心理内容摆动到伦理原理指向于外的对象时，人们所关注的是伦理原理的客观实在性问题和伦理原理作为知识的真理性根据问题。这本是一个认识论问题，但为它的内容所规定，便与上述的本体论问题联系起来，由此形成了重知识、重外界对象的逻辑、秩序的认识论系统。儒家哲学作为认识论系统就属于这一范畴。而当反思活动的心理内容摆动到伦理原理指向于内的方面，即摆动到主体心灵内部时，人们所关注的则是主体心灵感受性的实在性，关注的是主体的心理体验。将这种体验与上述本体论环节相结合，便形成了重直觉、重内在精神境界升华的认识论系统。道家哲学作为认识论就属于这一范畴。

通过上述本体论和认识论两个环节上的反思，先秦诸子哲学最终形成了两大哲学系统，形成了两种关于世界最高统一性的原理，这就是儒家哲学系统的关于世界最高统一性原理和道家哲学系统的关于世界最高统一性原理。这两种关于世界最高统一性原理，实质上导源于同一时代课题，是对同一内容的不同反思。一个专注于伦理原理的内容和伦理所指向于外的对象，一个专注于伦理内容的本质和伦理原理所指向于内的主体体验。这两大系统虽然在形式上是不同的，但在实质上则是同一的：当人的思维活动摆动到对象上去时，思维活动的心理内容便成了对象的规定；当人的思维活动收拢于内时，思维活动的心理内容便成了主体体验。对象的规定和主体体验是同一内容。就先秦诸子学最终形成的两大哲学系统来说，其反思的内容是一个，这就规定了二者之间的内在的本质联系，这种内在的本质联系在其创始人那里表现为心灵深处体验上的高度契合，在其后继者们那里则表现为思想理论内容上的融合。

3. 儒道两家理论创造心路历程的同一性，还表现在二者是对同一文化前提的两种不同超越。

礼坏乐崩的现实作为社会存在与以往业已形成的社会伦理制度原理作为社会意识之间的矛盾，只提供了先秦诸子哲学产生的社会原因。它只能说明在春秋战国时期一定会出现一场哲学反思运动，按余英时的说法，就是对先前文化的"哲学的突破"或"超越的突破"。但它不能说明先秦诸子哲学各自的理论形态的原因。这个原因只能到历史文化中去寻找。

先秦诸子学的文化前提是其前人的社会伦理制度原理，即社会伦理意识。那么，这个伦理意识是不是先秦哲学的直接起点呢？不难发现，社会伦理意识包括两个方面：一是伦理观念，一是礼仪。前者是伦理意识的实在内容、精神实质和核心，后者则是伦理意识的外显形式，在一定意义上说，它是伦理意识内容的象征，只具有一定的表征意义。先秦诸子对社会伦理意识的反思，归根结底是对其精神实质的反思。这种反思所要解决的是如何从最深层本质、最高根据的角度说明社会伦理内容的合理性。这个问题实质上就是如何用社会伦理的形式原理统辖社会伦理的内容。所以，对社会伦理意识的反思，其最高支点是社会伦理规范的形而上学根据。这个形而上学的根据问题在先秦诸子哲学的文化前提中，就是自古以来中国人的天道观念。因此，先秦哲学的直接起点就是先秦诸子哲学前业已形成的天道观念。

先秦诸子学前中国人的天道观念经历了一个长期演化的过程，到诸子学兴起时期，这种天道观念主要包含三层含义：①天道是万物统一的基础；②天人相通；③天道即人道。天道是人道的本原，人道是天道的内在环节。人伦之道的社会属性，同样也是天道的一个属性。天道是自然属性与社会伦理属性的有机统一。

先秦诸子以这样的天道观念为原则，直观万事万物的统一性时，由于关注天道中的自然属性与社会伦理属性的不同，关注万物以天道为基础的统一性在空间上的展开与历史上的展开的不同，最终形成了两种关于世界最高统一性原理：其一是以道家为代表的世界最高统一性原理。这种学说认为，万事万物都是道的表现，都归本于道。从道的立场看问题，万事万物是齐一的。这种观点是以天道的自然属性为基础，直观、反思世界在广延上的总体时所得出的结论，天道自然观念便成了最高观念。它与道家的认识论相结合，便形成了重自然、重内在精神超越的人学原理。其二是以儒家为代表的世界最高统一性原理。这种学说认为，以道为基础，由万事万物构成的统一世界，并不仅仅是广延上的总和，同时更是一个不同等级、层次有机联系的秩序系统。在此系统中，万事万物都是道的一个环节。而人则是天道秩序系统中的最高、最具体的环节。这种观点是以天道的社会伦理属性为基础，直观、反思世界在历史发展上的总体性时所得出的结论。伦理、秩序、等级观念便成了最高观念，仁、礼等便成了儒家哲学的核心范畴，由此也便形成了儒家重社会伦理秩序和伦理实践的人学原理。

上述分析表明，表面上截然不同的儒道两家哲学，是对同一文化前提的超越，这同一文化前提，即诸子学前的天道观念自身内在的两种属性的对立统一。它们各自抓住了一端，并以此为基础建构各自的哲学体系。但是，天道观念自身的两种属性实质上是不可分的。所谓各抓住了一端的真实意义，无非是以一端为主要矛盾方面而已。所以，两家哲学必然是互补的。这就表现为：当儒家学者去关注人的内在精神境界时，不能不是道家的境界；当儒家学者将对社会伦理的反思引向形而上学层面时，道家学说便成了它的一个抽象环节。

4. 儒道两家哲学形态上的差异，是对同一时代主题、同一文化前提作哲学的反思、超越时，关注的矛盾的主要方面不同所致。从理性自身活动看，是侧重理论理性和侧重实践理性的不同所致。儒家偏重于对后者的反思，道家偏重于对前者的反思。但我们知道，理论理性和实践理性是人的理性整体实在性不可或缺的两个环节——理论理性是实践理性的基础、前提；实践理性则是理论理性的实在内容。所以，理论理性与实践理性的统一，始终是实践理性以理论理性为基础，实践理性统摄、包含理论理性的关系。人类理性自身所固有的这种规律性便规定了儒道融合的基本路数，那就是两者的融合必然是儒家以道家为自身的一个环节，儒家吸纳、融合、统摄道家的过程。这一过程实质上是理论理性与实践理性在矛盾中不断整合的过程。

两家的整合，作为两家理论创造活动的心路历程在时间中的展开，经历了三个阶段：第一阶段是先秦时期。这一时期，主要表现为两家创始人在内在精神最高体验上的一致性、人格境界上的相通性和感情上的相互同情。由于他们关注的重心不同，他们的理论显现出不同的外观，但当他们同时将思维活动的内容收拢于内时，便产生了共鸣。这一点，我们在《庄子》中很容易发现。以往人们囿于门户之见，在儒道两家是根本对立的前提观念制约下，将《庄子》中关于孔子等儒家人物的记载，不是看成庄子的假借，就是看成庄子的有意歪曲。我认为这样的解释是很难服人的。如果抛弃成见，反思一下儒道两家思维活动的心路历程，便会发现庄子所记载的孔子的内心境界，恰恰是真实的。唯其如此，两家材料才可以互证。第二阶段是魏晋玄学时期，这一时期是对儒道关系自觉反思时期。自觉反思的理论基础是言意之辨。魏晋玄学家力图通过言意之辨实现儒道整合，以解决自然与名教、有与无的矛盾，即实现伦理内容与伦理形式的统一。此一时期所表现出来的理论特征是道家儒家化、儒家道家化，但本质上是儒家。第三阶段是宋明理学阶段。魏晋时期，人们力图实现儒道整合，但事实上在理论上并未完全实现。到了宋明理学时期，在理论内容上实现了儒道融合，但对理学家本人来说，出于维护儒家正统的需要，却不愿承认这一点，反而表现出强烈的反释、老的姿态。对这三个阶段，我们可以描述为：第一阶段是感情上、态度上相通相容，理论内容上不同；第二阶段表现出强烈整合儒道的愿望，对儒道关系进行了自觉的认识论反思，但并未完成二者真正融合的任务；第三阶段实现了理论上的融合，却表现出了态度上的对立。这三个阶段的发展，恰恰反映了理论思维活动是心理活动与文化活动统一的创造过程，是各自的理论创造活动作为两个思维过程逐渐实现整合的过程。这个过程也恰恰是儒家去整合道家的过程，它充分体现了理论理性与实践理性相统一的规律性。根据这一观点，我们认为中国哲学的主干既不能简单地说是儒家，也不能简单地说是道家，同样也不能简单地说是两家互补共同构成主干。儒道两家理论内在的统一性作为一个整体性（对这个整体性必须作内在的有机统一的理解，即二者实质是一而不是二）才是中国传统哲学的主干。

（原载《长白学刊》1994 年第 6 期）

建设合理的哲学理性

理论是思想中的现实，现实是完成着的理论。现实生活的变化，要求理论作出积极的回应，以推进现实生活进一步地丰富发展。我国自70年代后期以来，经济生活、政治生活、精神生活等等在内的整个社会生活过程发生了深刻变化。特别是社会主义市场经济体制的选择，给我国社会带来了诸多结构性变化和思想观念的变化，并将从根本上改变中国人的生存方式。在这历史性的带有全局意义的根本转换过程中，几乎所有的社会心理和社会文化的因素都被激活了。它们从四面八方一股脑地向已经习惯了一种思维方式、一种生活模式的中国人袭来，使似乎随着社会主义制度的建立便已经解决了的人的生存与发展、社会的进步与完善等问题，诸如古今矛盾、中西矛盾、物质生活与精神生活的矛盾、文化生活与心理生活的矛盾等等，又都一下子尖锐复杂起来。"全球问题""和平问题""发展问题""现代化问题""环境问题""人的生存方式问题"等等，成了人类必须正视和妥善处理的基本课题。这些矛盾和问题的不期而遇、交相备至，使中国人原本沉寂平静的心灵遭逢到了猛烈的冲击、碰撞，人心躁动起来，生活躁动起来。伴随着这躁动，哲学亦不安起来。"哲学贫困"的忧患；哲学意义、价值的反思；哲学合法性的质疑；哲学命运的预测；哲学家园的寻觅；诸如此类的元哲学问题构成当今中国哲学思考的重要组成部分，与此相伴产生了强烈的"哲学改革"意识。中国的哲学正经历着自身的改革。

"哲学改革"意识的觉醒，归根结底，表达了中华民族对一种更合理、有效的哲学理性的要求，表达了对于人的合理生存方式选择的意义的关注。实现这一要求的努力，也必定会对中华民族合理生存方式的选择与创造发生深刻影响。面对这一要求，任何一位有责任心的哲学理论工作者都不可能无动于衷,都可能有所作为。顺应这一要求,《长白学刊》开辟了"哲学发展研究"专题栏目,并且将作为较稳定的专题研究栏目,长期为有志于哲学发展研究的学者提供展示研究成果的园地。

"哲学发展研究",顾名思义,是有关哲学发展问题的理论探进。所以,关于哲学的本性及功能,关于哲学产生、发展、变化的样式及规律等哲学自我反思、自我理解问题,即以"哲学发展"为问题域的一切有价值、有创见的研究成果,自然是"哲学发展研究"所包含的内容,理所当然地也便是本专题栏目所需要的内容。

但是,只要我们稍加反思,便不难发现,我们一经以"哲学发展"为问题进行研究时,左右此研究的又总是一些更基本的"哲学问题"。"哲学问题"的深化或转换向哲学提出自我反思的任务。完成这一任务的努力最终归宿于"哲学问题"的澄明或转换,进而实现人们认识现实、解释现实的理解方式、解释原则的变化更新以及行为方式的转换,推进人类理性的进步和生活的发展。所以,无论是从哲学研究的本性说,还是从《长白学刊》开辟这一专题研究栏目的宗旨说,"哲学问题"的理论探进将是"哲学发展研究"的核心内容。也就是说,"哲学发展研究"是从哲学理论建设的角度提出问题和认识问题的,而非站在哲学发展、哲学建设的外面静观哲学的发展和指点哲学发展。它真正关心的是"哲学问题"的提出和解答,即哲学理论实实在在的建设性发展。从这个意义上说,"哲学发展研究"的重心是"建设"。在传统的计划经济体制向社会主义市场经济体制这一具有全局意义的根本性转变过程中,其中心任务就在于通过自觉的、创造性的合理哲学理性的建设,重建适应现代化建设要求的中华民族的民族精神、价值体系、理解原则、行为模式,以避免在社会转型过程中出现民族精神迷失、价值选择困惑、社会行为失序现象。通过哲学理性的终极关怀,为中华民族营建恢宏的精神家园。

"哲学问题"的理论探进,并不是单纯以自身为对象而展开的理论遐想。哲学研究的本文是人的生活,从这个意义上说的"哲学发展研究",其实质是人的生存与发展问题的哲学研究,即把人的生存与发展过程中所遇到的问题提升为哲学问题,并对其作出有内容、有深度的理论阐释。所以,"哲学发展研究"特别需要的是那些指向人的生存与发展的深层矛盾的理论研究,同时,也特别需要那些指向我国现实的人的生存矛盾及与之相关的所有具体问题的理论研究。但是，不管是哪方面的研究，都应该是哲学意义的研究，都应该是"哲学问题"的探进。我们不赞成脱离现实生活的、没有经验根基的玄思冥想式的基础研究，同时更反对那种只作经验事实的描述，拒绝对经验事实作哲学问题的提升式的浅薄研究。我们提倡基础理论研究与现实问题研究内在的有机统一的学风，有自我论证能力、能发挥巨大的解释功能的文风。而对哲学研究来说，做到这一点的关键是"真哲学问题"的提出。

人的现实的生存矛盾是"哲学发展"研究的直接现实基础。但是，人的现实的生存矛盾是历史生成的，是人的以往生存矛盾运动、发展的结果，是文化占有人的结果。人的现实生存矛盾中，交织着历史文化发展的时间经线和不同类型文化间的交互作用的空间纬线编织而成的错综复杂的矛盾。在我国，这些矛盾集中表现为近代以来的古今矛盾和中西矛盾，表现为中国近代以来古今中西文化整合过程中的一系列二律背反。进一步看，古今中西矛盾实根源于人自身生存发展过程中的内外矛盾，同时它又具体规定了现实的人的内外矛盾的内容和样式，即古今中西矛盾最终归结为人的内外矛盾。所以，"哲学发展研究"的文化基础是中国传统文化和西方文化的批判性反思，而其心理基础则是对人类生活的亲切体悟、对真善美的终极眷注。在历史与现实、现实与理想、文化与心理、直觉与逻辑之间，保持一种必要的张力，实乃哲学发展，乃至人自身发展必不可少的动力。与此相应，关于中国古代传统哲学的发展研究，关于西方哲学的创造性吸收借鉴研究，中西哲学的比较研究等方面的研究成果，自然是"哲学发展研究"不可或缺的内容。而历史与逻辑统一的原则自然也便成了"哲学发展研究"的学风与文风的共同要求。

生活已为我们展示了异彩纷呈的丰富内容，历史已给我们提供了充裕的养料，发展向我们提出了更高的要求。我们相信，只要我们坚持解放思想、实事求是、百花齐放、百家争鸣的方针，建设古今中西融合的、反映时代精神的合理的哲学理性的努力，必将收获人类生活进步之果。

（原载《长白学刊》1996年第1期）

当代中国哲学的聚焦点
——哲学发展的前提研究

1. 新时期以来，中国哲学经过短暂的自我反思，正在走向全面建设的发展道路。在这一过程中，由于哲学发展前提研究的缺失所造成的危害已显而易见。中国哲学发展的前提研究，关键的是对中国哲学发展所面对的社会矛盾的分析研究。

哲学发展的前提研究可以从多方面展开。关于哲学的本性、哲学的意义、哲学的样态、哲学作用于现实的方式等具有元哲学性质的理论研究，自然是哲学发展前提研究；对以往历史的哲学思想的整理研究，对其他民族的哲学的翻译、介绍，无疑也是不可缺少的前提研究。但当我们将这些问题放到当代中国的时空背景中进行思考时，我们却发现，对所有这些问题的认识、把握，又为另外的一些东西所左右。这些前提研究中隐藏着或自觉或不自觉的前提。这些自觉不自觉的前提的综合表现，就是近代中国以来占主导地位的文化心态。这种文化心态表现出强烈的忧患意识、民族主义情结、浓厚的情绪化色彩。这种心态以救亡图存、改革自新为核心，成为近代革命巨大的精神动力。它的积极成果是中国新民主主义革命的胜利、社会主义革命和建设的巨大成就以及毛泽东思想的产生。然而它的强烈的感情色彩等也一定程度地遮蔽了冷静的理性之光。这种心态影响了我们对自身的哲学传统和西方哲学成果真正的同情性理解。中国革命和建设的成就又推迟了对这种心态的反思。所以，这种心态仍然在潜移默化地起着作用，制约着我们的思想和生活。我们认为对近代以来中国文化心态进行深入的分析，是推进中国哲学发展的一项前提性工作。这是一项正心诚意的工作。

中国近代以来的文化心态不是凭空产生的，是近代中国特殊的社会矛盾的反映。这种心态在当代中国仍然起作用,一方面是由于这种心态成为一种文化后对当代人的塑造作用;另一方面,则是由于产生这种心态的现实基础仍然存在。这种心态产生于贫弱的中国与富强的西方之间的强烈反差,这种反差经过中国人民的艰苦奋斗已经发生了巨大变化,但并未消除。我国的发展中国家的国际地位以及独特的现代化道路,造成了中华民族当下的既不同于传统又不同于发达国家的复杂的社会矛盾和心理矛盾,使我国的社会心理和发展道路的选择常常处于多种多样的二律背反当中。中国哲学的发展乃至中国社会的发展必须正视这些矛盾和消解这些矛盾。构成当代中国现实的矛盾状况的一是时间联系的经线,一是空间联系的纬线。中国的社会面貌和发展道路的可能性就是由这组经纬线的交互作用决定的。分别地看,这组经纬线构成两对矛盾,即时间联系方式的古今矛盾、空间联系方式的中西矛盾。这两对矛盾交互作用,相互影响,具体规定了当代中国人的心理生活与物质文化生活之间的矛盾,即人的存在的内外矛盾。当代中国哲学的发展,无论是就研究的课题说,还是就制约课题解决的前提条件说,就聚焦于这三对矛盾。唯有找到消解这三对矛盾的有效途径,中国哲学才能真正走上健康发展的康庄大道。

2. 中国近代以来的古今中西矛盾及对古今中西矛盾的认识是影响中国哲学发展的焦点问题之一,它影响了中国近代至今的哲学面貌,对它的不同理解也必然会影响未来中国哲学的发展。

从一般的意义上说,古今问题是人及人类社会发展过程中每时每刻都在遇到、都在解决着的问题。时间是事物存在的方式,当然也是人的存在方式。人不能不在历史中存在,一定历史时期人们展开自己生活的条件都是既定的;人不能不超越历史,否则,一切发展、进步都将成为不可能。尊重历史传统与超越历史传统之间保持一种必要的张力,是人的发展及人类社会发展的动力,也是中国传统文化的一个基本精神。但中国由古代社会走向近现代社会方式等的特殊性,使人们对近代以来展开的古今关系的理解发生了种种偏差。

第一,中国由传统社会走向现代社会的类型激化了古今矛盾。从发展类型看,现代化可分为"内发型"和"外发型"。内发型现代化是指某一民族或国家的现代化,是其内部因素促成的,由内部创新所引起的社会变迁。外发型的现代化是指某一民族或国家的现代化是由外部刺激或外部力量直接促成的传导性的社会变迁。显然，中国的现代化运动从直接原因的层面上看，首先不是内部因素促成的，它的起始是集外部刺激引发和外部力量直接促成于一身，是伴随着救亡图存的民族复兴运动而兴起的。中国的社会革命、由传统社会向近现代社会的转化是随着帝国主义的大炮打开中国的大门，打破国人"老大帝国"的迷梦同时起步的，也就是说，帝国主义的侵略威胁，是中国社会革命的助缘。在这一时空背景中，忧患意识和民族主义优先增长。爱国主义成了鸦片战争以来先进的中国人的共同思想基础。

第二，由于中国社会转型类型的特殊性，使国人对古今矛盾的认识走向了片面化：古今问题被归结为中西问题。西方不仅成了人们思考问题的参照系，而且也是解决所有矛盾的主要目的：抵御西方，超过西方。向西方学习，从西方寻找解决中国问题的武器，成了近代以来占主导的价值取向。从"师夷长技以制夷"到改良方案、资产阶级革命方案再到社会主义方案，百多年来，虽然存在着国粹派与西化派之争，但主导的是向西方看齐。由此造成了近代以来中国思想文化上的异常复杂的矛盾状况。其中比较突出的问题，一是激烈地反传统文化，彻底否定历史文化的价值；二是以西方科学理性为标准检验、衡量中国文化的价值，力图把中国传统哲学同化在西方哲学的结构当中，曲解中国文化、中国哲学；三是肢解西方文化。就反传统而言，第一次高潮是"五四"新文化运动。新文化运动的主将在爱国主义的激情鼓舞下，以西方的民主和科学为旗帜，猛烈扫荡封建意识形态，以辛辣的笔触揭露愚昧落后的国民性，将中国积贫积弱、愚昧落后的原因归结为儒家文化。平心而论，"五四"对传统文化的批判不是没有片面性，当时人们也不是没有意识到这一点，但当时的革命任务，不允许他们平心静气地讨论问题，反帝反封建的形势，要求激情，要求与传统决裂，所以，我们说，"五四"的片面性是时势要求的片面性；对"五四"新文化运动的主将们说，是自觉的片面性。五四运动的反封建的精神至今仍有意义，仍是我们宝贵的财富。但问题是激情过后，必须适时地转化为冷静的理智的全面反思，特别是新中国成立以后，中国人民取得了政权，此时应该以一种真正宽广的胸怀，理智地对待历史，深化"五四"的任务。但我们没有这样做，而是以比"五四"更强烈的情感化形式彻底否定传统。可以说，直至今天，这种情感化的对待传统的倾向也未完全消除，这严重地遮蔽了我们对传统文化的价值的认识，阻隔了深入传统之内实现民族文化内在超越之路。而正是由于不能实现对传统文化的内在超越，所以，越是在表面上激烈地反传统、否定传统，传统的消极作用，即封建的意识形态越起作用，越泛滥。与自觉的反传统、主张西化不同，近代以来也有人主张吸收中国传统文化中的精华。但是，中国传统文化、传统哲学中哪些是精华？区分精华与糟粕的标准是什么？一到这时，以西方哲学为标准的倾向又表现了出来。胡适用实用主义的框架解释中国哲学，冯友兰解释中国哲学时表现了强烈的新实在论特征；马克思主义哲学取得主导地位后，原理教科书体系成了中国哲学的解释框架。正像有的中国哲学研究工作者正确指出的那样，以西方哲学为特征的解释框架成了阻隔现代人与古代人相沟通的"第三者"。在许多人那里，总觉得只有将中国古代哲学纳入西方哲学的框架当中才有资格称之为哲学，才有价值。殊不知，中国哲学与西方哲学是不同的哲学系统，具有不同的语境、不同的基本精神。就对西方文化的肢解而言，由于中西近代沟通的特殊情境，西方文化被推崇的原因，首要的是它的实用价值，而不是其深层的人学内涵。所以，吸收其科学理性，借鉴其科学技术、政治经济的管理方法等始终是主要内容，而对西方文化内在的人学内涵关注不够，久而久之，我们不仅误解了我们自己，也误解了资本主义。在人们的心目中，自觉不自觉地认为，资本主义发展的内在动力就是人性中的自私自利，就是无止境地追求感官享乐的物欲，就是人类工具的进步。以上这些作为资本主义发展过程中的外部特征是存在的，但它远不足以反映资本主义精神。正由于我们对资本主义精神理解上的表面化，当我国选择了市场经济体制时，更多看到的是它的资源配置方式对生产力发展的意义；对推进这一体制的建立完善，更多关注的是政治、法律、管理方式的作用。而对市场经济的人学意义以及促进市场经济发展的市场经济精神则关注不够。

第三，为以上两点所决定，即由于忧患意识、民族主义情结与师法西方、推崇西方的价值取向的奇妙结合，在古今关系问题上便出现了悠久的历史与当代人历史感的缺失之间的矛盾现象。这就是许多人所说的历史的断裂。其实，细究起来并不准确。在自发状态中，人与历史的联系是无法割断的。特别像中华民族这样一个具有悠久历史，中国传统文化又是以时间的连续性为特征的文化的民族，割断历史更是不可能。中国传统文化已经内化为中华民族的一种较为稳固的文化——心理结构，渗透在生活的各个方面，每时每刻都在力图占有现代人。从一般意义上说，从文化发展的规律性上说，中国传统文化向现代的转化只有走内在超越之路，即通过心理与文化、"质"与"文"、传统与现实的内在张力，实现传统文化的自我突破、自我扬弃和发展。起码地说，唯有真正做到了这一点，新的民族文化的再造才是可能的。

但是，回到现实中来，我们又时时感到一种历史断割感，同时，又时时感到传统像一只无形的手，鬼使神差地左右着我们。何以如此？这是因为，我们与历史确确实实断裂了，同时我们与历史又确确实实没有割断。所以，接下来的问题应该是进一步考察哪些方面断裂了，哪些方面还在受着历史传统的束缚、作用。

3. 历史与现实的联系是多方面的，历史作用于现实的方式是多种多样的。概括起来，历史与现实的联系可划分为三大层次：①民族心理、习俗的层面；②社会制度的层面；③思想理论的层面。历史作用于现实的方式则可概括为自觉的和不自觉的两种方式。三个层次两种方式之间可以发生不同的组合，如自觉的心理层面，不自觉的心理层面等等。我国近代以来展现出来的古今矛盾是以社会制度的冲突为核心、实质，以理性批判为先导而展开的古今政治、经济、文化等方面的全面冲突。由此决定了古今矛盾解决的道路。中国近代以来的先进分子，在社会现实矛盾的作用下，经过短暂的探索，很快认识到，要想改变中国落后面貌，实现民主共和国代替封建帝国的社会转型，必须彻底清算封建的意识形态，引进西方的民主、科学，等等。古今之争以激烈的反传统、彻底否定历史文化的价值的姿态在思想理论的层面展开了，并且保持这种姿态也成为其后革命的需要。而任何形式的对传统文化的同情都可能成为反革命的口实。在这种与历史决裂的精神鼓舞下，马克思主义迅速取得了指导革命的理论基础的地位。在马克思主义指导下，中国革命取得了胜利，展现在社会制度层面的古今矛盾得到了解决。这似乎又进一步证明了思想理论层面上以激烈反传统的形式解决古今矛盾的合理性。新中国成立后的古今之争似乎就成了如何巩固新型社会制度，如何普及马克思主义，使马克思主义迅速占领各个阵地，成为广大人民群众的思想灵魂。心理文化层面的古今之争上升到了主导地位。古今问题成了造就社会主义新人的问题，灵魂深处实现社会主义化、共产主义化的问题。中国需要一场"文化革命"。"五四"以来的革命经验成了借鉴，所以"文化大革命"采取了更激烈的反传统的形式来解决古今矛盾。其结果适得其反，在感性层面上突出表现为阻碍了经济的发展，拉大了与发达国家的距离。所以，经过了初步的思想解放之后，很快地就把注意力转向政治、经济体制的层面。心理层面的古今矛盾并未解决。持续的反传统，使自觉层面的社会心理感到历史上的东西都是错的，都是不足凭的。对马克思主义的认同也随着"文革"的被否定、计划经济体制的被否定，在人民群众那里变得抽象空洞了。这就是我们经常说的历史感的缺失。但是，在不自觉的心理层面、潜意识层面却为形形色色的封建文化所占有。心理层面的古今矛盾作用于思想理论层面，也导致了理性层面的古今之争不能真正解决。新时期以来的四项基本原则与全盘西化之争就是其表现。中国古代传统哲学资源和西方哲学资源在新的哲学创造中还不能被充分利用就是其危害之一。在改革开放过程中，技术理性与人本主义精神的冲突，后工业文明与农业文明的联姻，道德尺度与历史尺度的碰撞，都说明中西矛盾交错下的古今矛盾还远未解决。如果我们不能在总结近代以来的经验教训的基础上，调整我们的文化心态，培养开放的心灵，树立特立独行的自主创造意识，对这些矛盾做出合理的解释，势必要影响我国的现代化进程。

中国近代以来的古今中西矛盾及对这些矛盾的认识，对中国近代以来的哲学发展的影响是巨大的。归结起来主要有以下几个方面：

第一，中国近代以来的特殊的社会矛盾决定了中国近现代哲学特殊的心态。其集中表现就是忧患意识前提下的激情；民族主义情结下的爱国主义；反传统、民族主义与西化的奇特结合；学习西方与设防西方的心理紧张。以此心态面对中国传统文化，满眼糟粕，去之唯恐不净；面对西方文明，偏爱其有形的物质文明及其具有功利价值的科学技术、管理方法，缺少对其人学根底的深究，更缺乏从人的存在角度发出的"我何以要如此"的追问。这造成了现代化过程中的文化根基的相对贫弱。

第二，中国近代以来特殊的社会矛盾影响了中国近现代哲学特殊的语境。中国社会革命的需要，决定了20世纪初的问题与主义之争必然以后者的胜利宣告结束。科玄论战也必然会显得不合时宜。再加上由苏联引进的哲学原理教科书的形式化的特点，使我国哲学的话语方式带有浓厚的本体论色彩,缺乏自我论证能力,缺少对人的心理的关照。对所有的问题都给一个根本的解决,将所有问题都归结为本体论成了近现代以来中国哲学的基本语境。这就造成了浓厚的体系意识而缺失了问题意识。

第三,中国近代以来的社会矛盾影响了对哲学的社会功能、作用的认同。旧哲学的抛弃、新哲学的引进是为了革命的需要。哲学的意识形态功能几乎成了唯一的功能。其他功能都被遮蔽或弱化了。

第四,中国近代以来特殊的社会矛盾影响了中国哲学研究的操作方式。其中突出的表现是急功近利、粗放式研究和引经据典经学注疏式的研究。而在哲学传播过程中,为了达到普及的目的又有庸俗化之失。哲学向大众传播的方式应该是转化为社会习俗规范和心理引导等形式,而不应以牺牲哲学逻辑的严密性、哲学理论的严肃性为代价。哲学的深刻性离不开哲学话语方式的思辨性和逻辑严密性。

以上种种,都有它的历史的合理性,但随着我国社会发展任务的变化,其局限性是值得注意的。

4. 在古今中西矛盾作用下,中国哲学引向了对人的思考。

古今中西矛盾的一个重要方面就是传统与现代化的矛盾。在现代化已经实现的西方,人们惊异地发现传统的现代化概念是不完备的,高度增长的生产力并没带来人的全面解放,相反却带来了全球问题、环境问题、非人性化问题、精神家园的迷失问题等等。所以,现在人们普遍认为,现代化必须建构在高度发达的生产力、交通电讯网,灵活的企业管理制度,高效的政府等硬件和开放的心灵,丰富的文化生活,健康的精神等软件的有机配合上。实质上这里提出了一个现代化的人的标准,即人的感性物质生活和心灵生活有机统一的标准。西方思想观念的进展,不能不影响中国的哲学工作者。

从我国哲学自身的发展看,从直接性层面上看,哲学发展的要求,是原有的理论和现实之间的矛盾引起的。但稍加反思,我们就会发现,理论和现实的矛盾,只是人的生存矛盾的折射、表征。人的生存矛盾才是理论和现实矛盾的根源。而古今矛盾则无非是人的生存矛盾在时间上的展开形式,中西矛盾无非是人的生存矛盾在空间上的展开形式。人的生存矛盾才是古今中西矛盾的实质。人的生存矛盾总归为心理与文化的矛盾。人的心理生活通过文化创造得以客观化,得以实现;文化一经形成又反过来塑造心理，约束心理，心理必然又要努力冲破文化的束缚。由此构成了心理与文化之间的一种张力关系。这种张力才是人不断发展的人性根源、人性动力。在这种张力的作用下，人在创造物质生活、创造文化的过程中才不断产生"我为什么要这样做?"等等关于人生、关于文化的意义等等的提问。只是由于心理与文化之间的这种张力的存在才保证了人在创造物质财富、满足物质需要的过程中，不返归于动物，不等同于物；同时，在他陶醉于心灵体验时不把它等同于现实。

心理与文化的张力，并不总是协调的，二者的关系需要自觉的调整。对二者关系的理论自觉，在现实生活中便展现为对人物关系和人人关系的调节。哲学从一开始就接触到了这一主题。经过历史的洗礼，人的内外关系问题又成了哲学关注的核心。我国哲学的发展尤其如此。因为，我国所面临的古今中西矛盾更凸显了人的内外矛盾，或者说更容易造成人的内外矛盾的紧张和激化，更容易引发思想和行为的片面性。

（原载《长白学刊》1996年第2期，与孙丽娟合作）

哲学怎样才是合理的

1. 在《建设合理的哲学理性》(《长白学刊》1996 年第 1 期)一文中,我们指出,自 20 世纪 70 年代后期以来,中国哲学正经历着自身的改革。同时,我们还认为,"哲学改革"意识的觉醒,归根结底,表达了中华民族对一种更合理、更有效的哲学理性的要求,表达了对于人的合理的生存方式选择的意义的关注。据此,对体现合理的哲学理论的哲学形态所应具有的基本特征作些预设研究,是非常有意义的工作。通过这一预设研究,最起码能为我们提供一个有关哲学怎样才是合理的总体观念。在这一总体观念的观照中展开哲学研究,有利于哲学沿着不断合理化的方向发展。

2. 在合理的哲学理性基本特征的预设研究中,最基础性的工作莫过于对马克思主义哲学的精神实质和马克思主义哲学革命变革的意义的深入研究。迄今为止,还没有哪一种哲学形态,能像马克思主义哲学那样,对无产阶级和劳动大众来说,在总体上能担当得起合理性哲学的名义。马克思主义哲学是当代合理的哲学。

我们说马克思主义哲学对于无产阶级及广大的劳动大众的生活实践来说,是唯一能担当得起合理性哲学的名义的哲学时,绝不意味着我们通常对马克思主义哲学的理解都是合理的,特别是如果仅仅通过传统哲学原理教科书的媒介来学习马克思主义哲学,就更容易偏离马克思主义哲学的合理性内涵。将马克思主义哲学的传播同我国近现代以来的社会矛盾结合起来考察,我们发现,中国近现代以来的社会矛盾及对这些矛盾的认识,在诸多方面限制了我们对马克思主义哲学的合理性的理解。就其消极影响而言,第一,中国近代以来的社会矛盾,决定了中国近现代哲学特殊的心态。其集中表现就是忧患意识前提下的激情;民族主义情结下的爱国主义;反传统、民族主义与西化的奇特结合;学习西方与设防西方的心理紧张。在这种心态的作用下,我们在将马克思主义哲学整合为中华民族的新的哲学理性时,失去了对中国传统文化全面深入分析批判基础上的民族文化的根基。第二,中国近代以来的社会矛盾影响了中国近现代哲学特殊的语境,本体论的话语方式成了基本的哲学话语方式,并进而影响了日常话语方式,大话、空话、假话泛滥。与此相联系,中国近现代哲学具有浓厚的体系意识而缺失问题意识。第三,中国近代以来的社会矛盾影响了哲学对自身的社会功能、作用的认同。哲学的意识形态功能几乎成了唯一的功能;直接解释经验事实几乎成了哲学的唯一作用。第四,中国近代以来的社会矛盾影响了中国哲学研究的操作方式。其中最突出的表现就是抽象化与庸俗化两种倾向的联姻。[①] 这些都说明,虽然马克思主义哲学是合理的哲学,但绝不意味着我们对马克思主义哲学的理解都是合理的。

对马克思主义哲学的这种不理解状态,近十多年来有了巨大改观。许多学者对马克思主义哲学的实质、理论内容、基本价值态度、理论体系等的新理解,为我们提供了诸多理解、把握马克思主义哲学的新视角。在众多新理解中,我认为,孙利天教授的理解是极富启发性意义的。他在《寻求和建设马克思主义哲学的当代形态》(载《社会科学战线》1996年第2期)一文中指出,马克思主义哲学的实质在于创立了实践观点的思维方式,这种思维方式是对本体论思维方式、还原论思维方式的否定,是对任何先在本质决定的哲学解释模式的否定。实践观点作为哲学思维方式就是马克思主义哲学理论内容的全体,它不仅是概括了人类认识史的认知范畴体系,同时也是表达时代精神的价值原则体系。从较深的理论层次说,马克思主义哲学是生存论的哲学,而不是自然哲学或本体论哲学。对于他的上述观点,我是完全赞成的。在《建设合理的哲学理性》一文中,我们指出:"哲学研究的本文是人的生活。从这个意义上说的'哲学发展研究',其实质是人的生存与发展问题的哲学研究,即把人的生存与发展过程中所遇到的问题提升为哲学问题,并对其作出有内容、有深度的理论阐释。"这一点也正是在对马克思主义哲学与上述理解相同的基础上提出的。

---

① 参见张连良、孙丽娟《当代中国哲学的聚焦点——哲学发展的前提研究》,《长白学刊》1996年第2期。

3. 既然马克思主义哲学是一种生存论哲学，既然它的革命性、它的生命力，在于它的对无产阶级的价值关注，即在于它的无产阶级和劳动人民的自由和解放的基本价值态度，那么，我们也就可以说，人的生存矛盾是合理哲学理性基本特征预设研究的实在基础。是否真切地反映、表达了人的生存矛盾，是否有助于人的生存矛盾的现实有效的解决，应该成为评价一种哲学形态是否具有合理性的一个根本标准。以此为基础，我认为一种合理的哲学理性，起码应具备如下基本特征：

第一，人的历史与现实的矛盾，要求合理的哲学理性应该是历史感与现实感的统一；时间性（历时性）智慧与空间性（共时性）智慧的统一。

人的生存与发展，离不开同"外物"的联系。人的生存过程是在对象化活动中确证自身的过程，即在实际地创造一个对象世界、改造无机自然界，将无机自然界变成属人的自然界的过程。将无机自然界变成属人的世界，只有在社会中才是可能的。"只有在社会中，人的自然的存在才成为属人的存在，而自然界对人说来才成为人。"① 所以，人的生存过程是一个在人人关系即社会关系中的自然过程和在人物关系中的社会过程的统一。这一过程的无限丰富性和无限复杂性，既通过人的存在的自我超越的时间性的历史联系表现出来，又通过人与外物间空间性的同时并存的联系表现出来。当人以这些感性经验为基础，对人自身的本质、本性及人与万物同为物的形上基础作理性的反思时，亦即在寻求人的生存与发展的真谛、建立哲学的人学原理时，便会出现两种不同的可能性：或者从万物在空间上的同时并存性中寻求万物统一性来说明，或者从万物在时间上的历史发展中寻求万物统一性来说明。前者表现为空间性思维方式，后者则表现为时间性思维方式。两种不同的思维方式结晶为两种不同的文明类型：表现空间性智慧的"破裂性"文明和表现时间性智慧的"连续性"文明。这两种类型的思维方式，在中西哲学发展史上都各有不同表现。在中国古代传统哲学中，道家哲学和儒家哲学较有代表性地表现了这两种不同的思维方式。道家哲学以追求人的真实存在、自由存在为归宿。但他们发现，人的真实存在、人的自由必然是一种超越有限和相对的绝对存在，是与天道合一的存在。那么，人应与之合一的绝对的天道是什么呢？道家思想家

---

① 马克思：《1844年经济学—哲学手稿》，刘丕坤译，人民出版社1979年版，第75页。

从反思具体存在的有限性中去体认天道的属性。首先，他们将统一的世界理解为广延上的总和。在这总和中，他们看到任何有规定性的存在都是有限的、相对的、暂时的，都是一个矛盾性，都不足以成为构成人的绝对自由的基础、真人的基础。由此他们认定天道的属性只能是"无"，"无"作为生长发育的原则，只能是"自然而然"。由此，他们认为，真人、自由，只能作为一种心理事实而存在，即作为人的境界而存在。在现实生活中应尽可能地向自然靠拢，不断地超越具体事物存在的有限性、相对性的局限性，自然无为是人行的最高原则。儒家思想家在建立自己的人学原理时，表现出与道家不同的思维方式，他们不仅仅将统一的世界理解为广延上的总和，更把它看成是时间上的历史发展的秩序系统。"生"和"则"（规则、秩序、规律、理）是这一系统的两个基本原则："天生烝民，有物有则"（《诗·大雅·烝民》）、"维天之命，于穆不已"（《诗·颂·维天之命》）。在这生生不已的发展系列中，人是最高环节、最具体的环节。人生虽本于自然性，却不就是自然性。所以，他们一方面说"天命之谓性，率性之谓道"（《中庸》），同时又说"口之于味也，目之于色也，耳之于声也，鼻之于臭也，四肢之于安佚也，性也，有命焉，君子不谓性也"（《孟子·尽心下》）。人之所以为人的根据，在于人的社会伦理规律，而不在于自然本性。社会伦理规律作为天道发展的环节，作为天道的自觉表现，是一等级秩序，此亦即孔子"正名"思想的基础、根据。所以，当墨子从人的自然性出发，宣扬一种"兼爱"思想时，孟子说他的兼爱说是"无父""无父无君是禽兽也"（《孟子·滕文公下》）。以往人们对此不理解，其实，孟子这里说的无非是指自然性并非是人性的本质。人之异于禽兽者在于人的伦理关系。"人之所以异于禽兽者几希。庶民去之，君子存之，舜明于庶物，察于人伦，由仁义行，非行仁义也。"（《孟子·离娄下》）"仁义"是人的本质规定。"仁"的现实性，就是人的社会伦理关系的总和。人的伦理规律基础上的伦理关系，就是天道的表现，就是人性的实现。

由上述可知，儒道两家用不同思维方式解决同一问题时，得出了不同的结论，表现了两种不同的智慧。道家从人与万物的广延关系中，确立起了人的超越性存在的精神境界、心理体验的可能性；儒家从人与万物的历史发展的连续性中，确立起了人的超越性存在的现实伦理生活的可能性。

但由于二者终极关怀的同一性,二者都将"反"作为实现其可能性的途径。道家讲反璞归真,讲"万物并作,吾以观其复"(《老子·第十五章》)。儒家讲"克己复礼",讲"复性",讲"善反",等等。这又都表现了二者共同的历史性智慧。再加上二者实现"哲学的突破"的文化前提的一致性,使二者在历史发展过程中终于走向融合,并共同塑造了中国的"连续性"文明形态。①

与中国文明类型不同,西方一开始就表现出强烈的空间性"破裂性"文明类型。古希腊哲学所追求的是原子式的本原,对对象抱一种共时性的理智分析的态度,追求对对象界限的认识、对形式化的思维形式的认识。在古代西方文化中,虽也有时间性、历时性的描述,但终摆脱不了原子式的界限,比如在《旧约全书·创世纪》中描述的耶稣创造世界万物的过程,并非真正的历时性的发展的观念。西方文明,始终摆脱不掉主体与客体、此岸与彼岸、真理与意见、本质与现象等二元分裂意识的阴影。这种文明的积极性结果,是推动了科学的产生和发展,而其消极影响则易造成相对主义,造成人类精神家园的迷失。与西方不同的中国文明,由于一开始便建立在"天人合一"观念的基础之上,在天道与人道之间保持了良好的张力关系,所以,很难产生西方式的相对主义。(以往人们认为庄子是相对主义者,我认为此为误解,篇幅所限,此不具论。)但其消极结果是很难形成建立在主客二分基础上的逻辑分析的传统,很难发展出理性主义的科学。所以,一旦在生存过程中遭遇到外界阻力,便极易退避于虚灵的精神境界、心理体验之中,通过心理矛盾的消解,代替现实矛盾的解决。

中西两种类型的文明都有优长与缺陷,各有解决人的生存矛盾的独特功能,未来的合理哲学理性的建设,应该是二者的有机综合。

第二,人的心理与文化的矛盾,要求合理的哲学理性应该是知识与境界、解释功能与价值功能、现实生活智慧与形而上学的终极关怀的统一。

人的存在,抽象地看,无非表现为两种经验事实:一是心理存在,一是文化存在。人在生存过程中的人与自然之间的关系,在历史发展中,就表现为这两种存在之间的关系,即心理与文化的关系。这种关系亦可称之

---

① 参见拙作《儒道融合的心路历程》,《长白学刊》1994年第4期。

为人自身生存发展过程中的内外关系,它表现于人的认识,便是直觉与逻辑的关系;表现于实践,便是精神能动性与对象化成果之间的关系。心理与文化是辩证统一的,一方面,文化是人的本质力量的对象化,是人的意志、情感、知识的客观化,是人的心理存在的表征;另一方面,心理作为具体的意志、情感和想象,又是文化占有人的结果。上述文化与心理之间的矛盾运动又进一步表现为文化的形式结构与文化的精神义理作为文化的内容之间的矛盾运动等等。人作为一个有机整体,其实在性就是这诸多矛盾的综合。并且这些诸多矛盾着的两个方面,始终处于相互过渡、渗透的关系中。二者的对立仅仅是知性分析的结果。这样一种辩证关系便决定了人与自然界的相互作用,作为人的生存发展过程,总表现为创造生活与体验生活的统一;指向现实与超越现实而指向未来理想的统一。理想、体验作为批判现实的尺度,时时修正着现实,而现实作为理想的基础也时时修正着理想。人就是这样在即现实即超越、即心理即文化的矛盾运动中实现了超越性的发展,改造了客观对象的同时,改造了主观世界。哲学作为人的生存矛盾的理论表达,必须反映心理与文化之间的这种矛盾运动,为人们消解由知性偏执所带来的心理与文化间的矛盾对立提供理论说明。这就要求哲学理性在心理与文化之间保持必要的张力,既不可将自身等同于纯粹的知识,又不可将自身停留于主观的感受。它既是一种知识,更是一种境界;既是现实的生活智慧,更是人的安身立命之本的终极关系。这种特征,如果在西方意义上理解理性和非理性的概念的话,就是理性与非理性相统一的特征。

第三,哲学自身逻辑形式结构与意义之间的内在张力的自觉建立,是保证合理哲学理性自身发展的基本条件。

以上提出的合理哲学理性基本特征的要求,最终体现在哲学理论形态上,就表现为哲学的概念体系与其精神实质之间的相互关系上。哲学的道理,不能不借范畴体系以彰明,但并不等于范畴体系。人不可没有终极关怀,但又不可将其归结于任何一种具体存在。解释循环的不可避免性,决定了任何建立终极体系的企图必然归于失败。所以真正合理的哲学概念体系,只能是内在包含心理与文化、质与文、内容与形式内在张力的哲学体系。在这方面,中国古代传统哲学和马克思主义哲学提供了良好的范例。

哲学的心理与文化、质与文的内在张力的形成和发展,只能通过不同哲学派别间的对话才能实现。由此我们说合理的哲学理性应该是心胸宽广的、从容的。以此教化出的人、民族也应该是心胸宽广的，从容不迫的，富有同情心的。

（原载《长白学刊》1996年第5期）

当代中国哲学发展所面对的矛盾

我国自70年代后期以来，社会生活的各个方面都发生了深刻的实质性的结构变化。与这种变化相联系，哲学领域萌生了改革意识、发展意识。人们不再满足于已经习惯了的哲学观念、哲学体系以及对哲学的社会功能作用的要求和企盼。哲学改革之旅已经历了从对教科书的反思到从体系意识向问题意识的转换，从一般地理论联系实际到从现实问题出发的发展理论的转换。哲学理论、观念实实在在地进步了。这种进步又推动了更强劲的哲学的发展要求和对哲学发展研究的近乎全面的展开。促进中国哲学的发展有许多事情要做，中国哲学发展的前提研究就是其中基础性工作之一。

对中国哲学发展的前提研究，首要的是对中国哲学发展所面临的矛盾的分析研究。从直接现实性角度看，哲学发展的要求，是以往的哲学不能完全适应人的现实生活需要所致。人的社会生活的进展向理论思维提出了新的更高的要求，要求理论做出积极有效的回应。这一矛盾是理论与现实之间的矛盾，原有理论与当下生活之间的矛盾。但是，我们稍加反思就会发现，理论与现实的矛盾仅是人的生存过程中现实的生存矛盾的一种折射、一种表征。人的生存矛盾才是理论与现实矛盾的实质和根据。从这一角度看问题，不难发现，在以往的哲学观念中，所缺乏的恰恰是对人的生存的亲切关怀、对人的亲切关怀。正因为如此，新时期以来，人的问题最先进入了哲学反思的领域。也正因为如此，许多学者在不断地呼吁：人应该成为中国哲学的核心范畴。由此我们也可以说，人的生存矛盾是中国哲学发展所面对的基本矛盾。

人的生存矛盾并不是无基础、无来由的抽象存在物。人的现实的生存矛盾从对象化的角度说，是以往的文化占有人的结果。人的现实的生存矛盾与人的历史的生存矛盾之间构成一幅错综复杂的矛盾图画。这一图画具体的是由时间的经线和空间的纬线编织而成的，就我国的现实来说，这一组经纬线就是传统文化与现实的矛盾和中华民族的民族文化与世界其他国家、民族的文化之间的矛盾的纵横交错。这些矛盾在现实生活中造成了中华民族当下的既不同于传统又不同于发达国家的复杂的民族心态以及发展道路选择过程中的诸多二律背反。进一步看，古今矛盾、中西矛盾实根源于人的内外矛盾（心理与文化的矛盾），同时又具体规定了现实的人的内外矛盾的内容和样态。中国哲学发展乃至社会发展所面临的矛盾是异常复杂的。但我认为都总归为这三对矛盾——古今、中西、内外矛盾。而实质性矛盾是人的内外矛盾。中国未来哲学发展的可能性选择就在于合理地解决这些矛盾，实现人的内外和谐发展，或为人的内外和谐提供可能性说明。

（原载《吉林大学学报》1996年第2期）

关于文明理论认识误区的辨正

改革开放以来，我国社会主义精神文明建设取得了历史性进步，这是估量精神文明建设形势时，必须充分肯定的主流。但同时也必须看到，我国社会主义精神文明建设还存在着许多问题，关于文明的许多认识还存在一些误区。这些认识误区所涉及的问题虽然近乎文明理论的 ABC，但在两个文明建设实践中所出现的问题，又几乎都与这些认识误区相关联。所以，对这样一些基本的理论问题，仍有进一步辨析的必要。

一 关于文明的本质问题

在关于文明的认识误区中，据我看，最大的莫过于对什么是文明的理解。在通常的理解中，人们往往是从文明存在的范围、特征等外在的方面把握文明，将文明定义为人类在改造世界的实践活动中所创造的成果的总和。文明作为人类实践活动的成果包括物质的和精神的两个方面，即物质文明和精神文明两大类。所谓物质文明就是人类改造自然界的物质成果；所谓精神文明就是人类改造客观世界和主观世界时所体现出来的精神成果。上述理解虽不能说是对文明内涵的唯一理解，但却可以说是最具有广泛影响的理解。现在我们要问的是，如此理解文明准确吗？够吗？还是让我们来作些分析，看看能得出什么样的结论。

首先，我们的分析也从文明存在的直接现实性的层面开始，即从接受上述理解开始。从直接现实性的角度看，文明确实总是表现为一定质量的物质的和精神的成果。从这个意义上说，一定时期的文明的水平，总是由一定时期的生产发展的水平以及标志生产水平的物质成果和精神成果来度量。所以，一定时期的物质的精神的成果是一定时期文明的直接现实的存在方式。从直接现实性角度看文明的特征，最显著的有三点：第一，文明是一个人文概念。被归结为文明范畴的那些物质的精神的成果，总是与人的活动相关联的，总是由人的活动所造成的。在这个意义上，文明是与自然相对的。第二，文明是一个积极概念。被人们视为文明的是那些对人的生存与发展具有普遍的积极意义的成果。而那些消极晦暗的东西，即使是人所创造的，也被理所当然地排除在了文明之外。在这个意义上，文明是与非文明、反文明相对的。第三，文明是一个历史概念。从物质的精神的成果的角度看文明，我们很容易发现，这些成果作为文明的标志具有相对而非绝对的意义。也就是说，被人们看作是文明本身的那些物质的精神的成果，仅仅是人们追求文明旅途中的驿站。这些物质的精神的成果，在取得了文明的属性的同时也便开始丧失了文明的属性，并且唯其如此，它才会不断地被转移到新的文明成果之中，永葆文明之标志的属性、功能和作用。对于这种状况，唯一合理的解释，我认为只能是：一定的物质的精神的成果，仅仅是文明的感性存在形式，是人类在世代追求文明过程中不断消逝着的环节，它们还不足以说明文明的本质。说得极端一点，它仅仅是文明的表现，而不是文明"本身"。

其次，如上分析，一定的物质成果和精神成果，既是文明的现实存在形式，又不就是文明本身。这实际上提示我们，对文明深层本质的分析就是要进一步揭示这些物质的精神的成果作为文明的直接现实的表现方式到底在表现着什么。可以肯定，只要我们揭示了这些物质的精神的成果所表现的实在内容，我们关于文明的实质的认识也便深化了一步。那么，这些成果到底在表现着什么呢？归根结底，这些物质的精神的成果无非是以物质成果的形式和观念的形式表现着人类生产过程中的两种最基本的关系，即人对自然的关系和人对人的关系。物质成果和精神成果作为文明的表现无非是人在一定的社会形式中作用于自然的方式、能力的反映。任何时期的社会文明，如果我们不是将其理解成僵死的完成了的形式的话，那么，它的实在内容就总是生产实践基础上的人人关系、人物关系的实在性。从这一角度看，物质成果之获得文明属性的一个必要条件，是其所内含着的社会伦理属性，或者说是其所内含着的人的社会关系的必然性。这一性质无情地规定了，即使只反映人与自然关系的性质与方式的物质成果，作为文明的标志，也是具体的，并不存在对所有社会成员普遍有意义的所谓绝对的物质文明。至于将精神文明归结为某种物质实体,将精神文明归结为某些现成的具体的观念的做法显然是不足取的。但这却是在社会生活中确立文明建设的目标时最容易发生的一种失误。其实,物质成果如果不内含着社会伦理属性,不内含着精神属性便仅仅是自然物而不成其为文明;精神成果如果不具有物质性,充其量具有单个人的心理感受的意义而也不成其为文明。现实存在的文明成果总是物质文明与精神文明的有机统一体。

再次,全面分析文明的本质,还需进一步揭示文明生产的能动性根源。从文明的能动性根源的角度看,文明是人的本质力量的对象化。不管是将文明归结为它的直接现实的存在形式,还是将其归结为生产这些物质的精神的成果的过程的结构——人的社会关系中的人作用于自然的方式或人与自然关系中的人与人相互联系的方式——其能动性根源都是人的创造性,都是人在生存与发展过程中的基本矛盾。一定的物质成果和精神成果,以及生产这些成果的生产结构、社会形式结构,都是人的本质和人的社会历史规律性表现,它们所确证的都是人的创造性、能动性的客观实在性。所以,文明的最高本质便可归结为它是人的本质力量的对象化。人类创造文明的过程,一方面是人实现自己的本质力量的过程,同时也是人的本质历史生成的过程。从这个意义上说,文明成果的生成和人的生成是同一的。人类创造文明成果无非是人自我创造、自我生成和文明生产之间的同一关系,规定了人的本质的具体性和文明本质的具体性。正是由于人创造文明的过程是人的本质力量的实现(在此我们预设了人的本质的逻辑先在性、普遍性)与人的本质历史生成(在此我们又预设了人的本质的后天性、特殊性、历史性)的统一,才规定了人的无限发展的可能性和文明不断进步的可能性。

综上所述,我们得到如下认识:第一,一定质量的物质成果和精神成果是文明的直接现实的存在方式;第二,一定历史时期的人与自然、人与人相互关系的实在性是文明的实在内容;第三,人的本质力量是文明生产的能动性根源;第四,思维与存在的统一性是文明的最高本性;质与文、文化与心理之间的辩证法是文明的灵魂;第五,历史与现实、不同文明之间的交互作用,是文明灵魂展示出来的时空存在形式。我以为,如欲获得一个较为完整的文明概念,最起码的也要在上述几个方面的综合中来理解。

二　关于认识两个文明相互关系的理论基础问题

在关于文明的理论误区中，对物质文明与精神文明相互关系的误解，恐怕是一个带有普遍性、具有广泛影响的认识误区。这种误区首先来自于解释两个文明相互关系的理论框架的选择。

在通常的作法中，人们喜欢将社会存在与社会意识的相互关系原理作为理解物质文明与精神文明相互关系的理论框架，并表现出直接类比的倾向。这种状况有其历史的原因。其一，文明理论研究是开展得比较晚的领域，且又是一个一展开就需要广泛普及、具体运用的现实性课题。对这样的课题的研究，最稳妥的办法莫过于借助业已形成的意识形态的权威，以取得迅速得到社会成员普遍认同、接受的社会效果。其二，马克思主义哲学，特别是马克思主义的历史唯物主义，是我们分析、解决社会历史问题的理论基础、理论解释框架，自然也是文明理论研究的理论基础。社会存在与社会意识相互关系原理，是历史观中的最基本原理，又是与两个文明有最大相似性的一对范畴。人们以为这两对范畴都是讲物质与精神的关系的。这样，在文明理论建设之初，以往关于社会存在与社会意识相互关系的观念，也便成了我们确立两个文明相互关系观念的前提、借鉴。

需要指出的是，我们不是反对将马克思主义关于社会存在与社会意识的相互关系原理作为文明理论研究的理论基础。如果我们是运用这一基本原理，去分析两个文明的相互关系，而不是将这两对范畴视为相似、接近、同一，用关于社会存在与社会意识相互关系的观念类推两个文明的相互关系的话，这是正确的且必须坚持的原则，也是我们党一贯要求的原则。但问题是在许多情况下，我们偏离了这一原则，流于了类比。比如，中共中央宣传部理论局组织编写、中共中央党校出版社出版的《马克思主义哲学学习纲要》（1989）中有这样的论述："社会存在和社会意识，同物质文明和精神文明既相互区别又相互联系。这两对范畴不是简单等同的关系，它们各自具有不同的内涵和外延。但是又有着内在的联系和本质上的一致性。社会存在和物质文明、社会意识和精神文明，分别属于社会物质生活和精神生活两大领域，可以看作同一序列的范畴。"这样的观点及论述方式后来几乎成了一种定式。这里将两对范畴视为同一序列的根据，仅仅是它们均分属于社会生活的相同领域，其理由显然是不充分的。再者，社会存在与社会意识的相互关系原理对两个文明相互关系问题研究的适用性、指导性，并不取决于这两对范畴是否是同一序列的，而在于前者作为科学的世界观、认识论、方法论的普遍有效性。既然如此，强调其同一序列性的致思倾向便很显然了。客观地说，这种两相对比、类推的致思倾向及由此而得出的某些结论，在深化了的文明理论研究中，得到了必要的纠正，但问题是，这种致思倾向的影响所及并不仅限于思想理论界。所以，就全局而言，这种致思倾向还没有得到完全的纠正。比如，理论上存在的仅将物质文明与精神文明的相互作用视为精神文明发展的最高层次的基本规律的观点；思想上实践上存在的种种直接的、变相的物质文明是第一性的，是决定精神文明的，精神文明是第二性的，是派生的观点、作法；在以经济建设为中心的条件下就不敢想、不敢提一定时期可以以精神文明建设为工作重心的顾虑，等等，都与上述致思倾向犯了一个理论研究上的逻辑定位的错误。社会存在与社会意识的关系问题，是社会历史观中的基本问题，它处于社会历史观范畴体系的最高抽象层次；而两个文明的关系问题则是人的活动中的两个要素、两种功能之间的关系问题。前者使人关注的是社会历史观中的本体论意义；后者使人关注的则主要是人的活动及结果中不同要素间的结构及功能的意义。前者是后者的真理；后者则是前者的具体化环节。它们分属于不同的逻辑层次，并非同一层次、同一序列的概念。所以，两对范畴之间不能作类比研究，而只能合乎逻辑地相互过渡，这也就是说，社会存在与社会意识相互关系原理是两个文明相互关系理论研究的理论基础，而非现成的观念框架。

三 关于两个文明的相互关系问题

两个文明相互关系问题上的认识误区的再一表现就是通常理解上的表面性、片面性。在通常的理解中，两个文明的关系被归结为相互依存、相互渗透、互为目的的关系。分别地看，归结为如下两个观念：物质文明为精神文明提供物质基础和思想理论根据；精神文明为物质文明提供精神动力、智力支持和政治保证。这样的理解并不错，确实抓住了两个文明相互作用中的最基本特征。但是，如果我们的认识仅停留在此水平上，则是远远不够的。这是因为，将认识停留在这一水平上有诸多局限。

第一，这样的理解容易将人的思想引向主观。这是因为两个文明之间的相互依存、渗透，是一个内容丰富、结构复杂的矛盾运动过程，当我们还不能清晰地揭示其内容、描述其结构时，我们头脑中所具有的所谓两个文明相互依存、渗透的观念，便只能是一种抽象的主观观念。至于二者之间的互为目的性，说的本来就是意志活动的方向性。所以，这种目的性理所当然地要受到文明建设主体主观条件的制约和影响。再者，两个文明建设互为目的关系并不是无中介的直接性关系。这种状况也就决定了在现实的文明建设过程中，文明建设主体在自己的直接目的中并不总是必然地自觉关照着两个文明互为目的性的那个总的目的目标。

第二，以往关于两个文明相互关系的观念，遮蔽了两个文明相互作用的方式问题，并且在一定程度上误导了对这个问题的理解。以往关于两个文明相互作用的观念，都是从积极的、肯定性的角度立论，这很容易使人产生两个文明间的相互作用总是直接的、积极的、肯定的误解。事实上，两个文明的统一是矛盾的具体统一，二者相互作用的性质是肯定与否定的统一，二者相互作用的方式本质上是否定性（辩证性、超越性）的，而不是抽象肯定的。

第三，以往关于两个文明相互关系的观念，遮蔽了两个文明相互统一的基础问题。毫无疑问，两个文明是统一的，在各自的成果中必然地包含着对方。这就是说，两个文明分别都构成二者统一的基础。当此之时，二者统一的基础问题完全取决于人的主观上的确定，视人站在哪个立场上而定。这种状况也便很自然地带来了关于两个文明建设的价值、意义说明上的循环论证和二者统一的价值、意义说明上的理论困难。

由于存在上述局限性，对两个文明相互关系的理解还需要深化。深化了的认识应该能够回答：（1）二者统一的基础问题；（2）二者统一的实质问题；（3）二者相互作用的方式问题；（4）两个文明相互作用及二者作用于人的效应问题；等等。

深化两个文明相互关系问题的认识，关键的是找准两个文明统一的原始基础，因为只有找到了这个基础，才能进一步确立分析两个文明相互关系问题的逻辑起点。根据我们对文明本质的分析，我认为两个文明统一的基础是人，两个文明建设归根结底是人的生存与发展的基本矛盾的不同解决方式。两个文明相互关系的说明需要站在人的立场上，以便揭示两个文明矛盾运动、协调发展的人性根源和社会历史根源。从人出发说明两个文明的相互关系是必要的。但是，根据马克思主义关于"人的本质并不是单个人所固有的抽象物。在其现实性上，它是一切社会关系的总和"[①] 的观点，所谓从人出发，并不能从抽象的人出发，而只能从现实的人出发。人的现实性基础是物质生活资料的生产，生产是两个文明相互作用的现实基础，是我们分析两个文明相互关系问题的逻辑起点。两个文明之间的内在的本质的联系，二者相互作用的方式、性质等等，都根源于生产过程中的人与自然、人与人之间的矛盾性。

第一，人类的物质生活资料的生产总首先表现为人与自然的交互作用。在这一交互作用中，规定了人的二重性，即主动性与被动性的矛盾。一方面，生产实践活动总是人的一种主动的目的性活动；另一方面，自然界对人来说，又是存在上优先的。人改造自然的目的性活动又要以自然存在为基础、为前提。人的目的性活动要符合自然的规律性。从这一角度说，人的活动又是受限制的、被动的。但从本质上说，人的活动是能动的、创造性的，这便规定了人在解决其与自然关系中的主动性与被动性的矛盾时，总是人发挥其主动性，克服、消解其被动性，实现其目的性。而要克服、消解其被动性，只有在正确地把握自然的规律性的基础上实施改造自然的活动。认识自然的规律性是克服人的被动性，实现人的目的性的一个必要条件。人类认识自然的任务由此产生。认识自然的结果结晶为各式各样的知识，发展为科学体系。这些知识就是精神文明建设中的教科文的内容。将这些内容放到生产实践中去考察其功能，不难发现，其功能作用归根结底在于对人的以自然为对象的目的要求的规范作用。在科学知识的限制、制约、规范作用下，人对自然的要求变得具体而合理，从而保证了人或者只产生符合自然规律的生产要求，或者过滤掉不合理的要求而只许合理的要求和手段进入生产过程，通过这种调节作用努力保持一种人与自然之间的相对平衡、和谐的关系。

其次，人与自然间的交互作用作为人改造自然界、创造对象世界的过程，只有在社会中才是可能的。"只有在社会中，人的自然的存在才成为

---

① 《马克思恩格斯选集》第一卷，人民出版社1972年版，第186页。

属人的存在,而自然界对人说来才成为人。"① 人类物质生活资料生产过程的这种自然过程与社会过程的内在统一性,规定了人的本质中的自然性与社会性双重属性的矛盾。人的自然性,即人的天然的食色之性,最终表现为避苦趋乐性。人的自然性是人及人类社会生存与发展的原动力,是人的社会关系产生的原始起点。所以,人的社会关系是人为了实现人的自然本性而创造出来的。人的社会性并不根本否定人的自然性。任何社会组织都不能漠视人的自然性。但是,另一方面,人的自然性又是人的否定性条件,如果一个人仅仅剩下了自然性,那么,他也就丧失了人之所以为人的根据。这正如中国古代学者所发现的,人生虽本于自然,"天命之谓性,率性之谓道"(《中庸》),却不就是自然性,"口之于味也,目之于色也,耳之于声也,鼻之于臭也,四肢之于安佚也,性也,有命焉,君子不谓性也"(《孟子·尽心下》)。人之所以为人的根据,在于人的社会伦理规律,而不在于自然本性。"人之所以异于禽兽者几希,庶民去之,君子存之。舜明于庶物,察于人伦,由仁义行,非行仁义也。"(《孟子·离娄下》)"仁义"是人的本质规定。"仁义"的现实性就是人的社会伦理关系的总和。所以,自然性虽然是人及人类社会生存与发展的原动力,而自然法则却不能作为处理人人关系和人人关系中的人与自然关系的准则。因为,按照自然法则处理人际关系和人与自然的关系,其结果只能是物竞天择、适者生存的强力逻辑,只能是人性的普遍丧失。人在社会关系中满足自然情欲需要时,必须用社会法则对这些情欲需要及满足需要的手段加以制约、规范,以保证其合理性。社会法则具体表现为一定社会历史时期的政治的、法律的、伦理道德等观念和设施。这些内容,恰就是精神文明中思想道德建设的内容。据此我们不难发现,精神文明建设中的思想道德建设的功能作用,归根结底表现为对人在社会关系中满足自然情欲需要的方式、手段、目标等的限制、制约和规范作用,通过这种作用使人在社会生活中的自然情欲需要及其满足变得具体而合理,从而表现为政治、法律、思想、道德等对社会生产的巨大的保护、推动作用。

再次,物质生产过程中的人与自然的关系同人与人的关系本是一体的,即这两对关系总是相互制约、相互规定的。这说明精神文明中的教科

---

① 马克思:《1844年经济学—哲学手稿》,刘丕坤译,人民出版社1979年版,第75页。

文的内容与思想道德的内容之间也是有机联系、相互制约的。生产过程中的基本矛盾不仅规定了精神文明与物质文明之间相互作用的性质和方式是辩证否定的，而且也规定了精神文明不同方面间的相互作用的性质和方式也同样是辩证否定的。

进一步讲，生产过程中的人与自然、人与人两对关系的对立统一，总是历史的具体的统一，即在不同的社会历史时期两对关系的统一具有不同的历史内容和方式。这些历史内容和方式的不同最终又规定了物质文明与精神文明相互作用的内容与方式上的历史差别。一般说来，社会形态、人的生存方式与文明状态之间是一种同一关系。一定生产力基础上的经济基础同上层建筑历史的具体的统一样态规定了人的生存方式，也规定了两个文明相互作用的样态和方式。这些都是一些历史的具体性。这也就是说，两个文明的相互关系，总是具体的，总是和一定时期的社会形态、人的生存方式相同一的。历史地看，社会形态经历了奴隶社会、封建社会、资本主义社会和社会主义社会的变化；而人的生存方式则经历了人身依附的存在方式、对物的依赖性基础上的人的独立性的存在方式和建立在生产资料公有制基础上的自由个性的存在方式的历史发展；相应地文明也就相对区分为以等级划分为本质特征的奴隶制、封建制文明，以法权观念上的自由平等而实际上受资本统治为特征的资本主义文明和社会主义的新型文明。这三种文明在内容上、相互作用的方式和性质上，都有实质性的区别。我们强调社会主义精神文明是社会主义社会的重要特征，所强调的主要是内容、性质上的具体性，切不可作抽象的理解。

通过以上分析，可以得到这样几个结论：第一，两个文明统一的基础是人的生存与发展，其现实基础是人类物质生活资料的生产实践。第二，两个文明统一的实质，是精神文明作为物质文明建设的自觉性环节而出现、存在、起作用。精神文明只能建立在理性自觉的基础上。第三，两个文明相互作用的方式是肯定与否定的统一，在本质上是辩证否定的，即是一种具体的有条件的肯定作用，而非抽象的肯定。由于两个文明与人的自然情欲需要的直接性关系不同，当人面对两个文明要求时，发端于自然情欲需要的心理效应是不同的。面对物质文明会使人产生一种自由感、愉快感，会产生一种趋向它的冲动；面对精神文明的要求时，则会产生一种制约感、不自由感、不愉快感，容易产生逃避的冲动，这种冲动的消解需要教化作用和主体的意志努力。第四，两个文明对人的生成所起的作用是不同的。物质文明本质上是解决人与自然的矛盾，它提供的是成人的基础；精神文明所要解决的则是人的自然性与社会性、感性与理性、个人与类的矛盾，是人自己战胜自己的过程。第五，两个文明的相互作用本质上不是两个实体性存在物之间的作用，而是人自我发展过程中两种功能作用间的相互作用。所以，两个文明的相互作用便具体表现为文明同蒙昧、野蛮等非文明之间的矛盾斗争，进一步就表现为精神文明同野蛮落后的生产方式之间的斗争和精神文明同精神垃圾之间的斗争。

文明建设是持续不断的历史任务，关于文明的理论建设同样需要持续不断的开始与发展，这是因为文明的灵魂就在于持续不断的自我否定、自我发展。

（原载《长白学刊》1997年第5期）

心理与文化的关系问题是生存论的基本问题

1. 时代呼唤着合理的哲学理性。合理的哲学理性所应具有的基本特征，我们在《哲学怎样才是合理的》（参见《长白学刊》1996年第5期）一文中曾指出：人的生存矛盾是合理哲学理性基本特征预设研究的实在基础。是否真切地反映、表达了人的生存矛盾，是否有助于人的生存矛盾的现实有效的解决，应该成为评价一种哲学形态是否合理的一个根本标准。在此基础上，我们认为合理的哲学起码应具备以下基本特征：第一，人的历史与现实的矛盾，要求合理的哲学理性应该是历史感与现实感的统一、时间性（历时性）智慧与空间性（共时性）智慧的统一。第二，人的心理与文化的矛盾，要求合理的哲学理性应该是知识与境界、解释功能与价值功能、现实生活智慧与形而上学的终极关怀的统一。第三，哲学自身逻辑形式结构与意义之间的内在张力的自觉建立，是保证合理哲学理性自身发展的基本条件。

2. 然而，仅对合理的哲学理性所应具有的基本特征作些预设研究是不够的，我们认为，建设合理的哲学理性同样需要寻求、确立其基本问题。因为，哲学作为人的生存矛盾的理论表达和人的生存的必要环节，应是生存论的。哲学研究人是生存论的；哲学对自身的理解也应是生存论的；通过哲学知识所表达的人也同样应是生存论的。随着人类理智的进步、科学技术的发展，哲学的生存论性质及哲学对于人作为完善的人的生存所具有的意义作为哲学的独特的功能、意义逐步地彰显出来了。换言之，只有在对人的生存作为完人的生存的意义中，才能发现哲学的意义；离开了对人的生存的终极意义的彰显，几无哲学存在的权力。从这一角度看问题，哲学的基本问题与人的生存的基本矛盾是同一的。人的生存矛盾是哲学基本问题的客观根据；而哲学基本问题则无非是人的生存矛盾的理论表达。进一步看，哲学基本问题与人的生存矛盾的关联并非总是直接的、面对面的，而总是与人对自身的生存矛盾的"理解"相联系的。哲学基本问题意识，既是对人的生存的基本矛盾的理解，同时又以人对自身生存矛盾的理解为基础、前提。在此意义上，我们认为，以往哲学对哲学基本问题的规定，其直接表达的无非是不同时代、不同哲学立场的人对人的生存矛盾的本质方面的"理解"，即对人的生存矛盾的本质式的经验、观念的表达。随着人对自身生存经验、理解的变化，哲学基本问题必然会发生相应的变化。改革开放20年来，哲学基本问题理论研究的重大突破就是将变化观念引入了哲学基本问题研究，哲学基本问题固定不变的观念受到了挑战，思存关系问题作为永恒不变的哲学基本问题的地位受到了质疑。

3. 哲学基本问题与人的生存矛盾及对生存矛盾的理解的同一性，要求我们从人的生存的基本矛盾的角度规定哲学基本问题。从这一角度思考问题，我们感到，将思维与存在的关系问题看成是超历史的、永恒的哲学基本问题是不合适的。这主要是因为，思维与存在的关系并不是对人的存在作为生命存在的基本矛盾的最充分、最集中的概括，它只反映了人的存在作为认识论的存在的基本矛盾。这一点在恩格斯关于哲学基本问题的论述中也可以看出来。在《路德维希·费尔巴哈和德国古典哲学的终结》一书中，恩格斯首先明确指出："全部哲学，特别是近代哲学的重大的基本问题，是思维与存在的关系问题。"[①] 之后，恩格斯在论述这一问题产生的根源、历史发展和基本内容时认为，这一问题在远古时代根源于人对自己身体构造的无知，这种无知使当时的人产生了灵肉分裂意识，灵魂不死成了一种不可抗拒的命运，成了造成人的焦虑的根源。"因此，思维对存在、精神对自然界的关系问题，全部哲学的最高问题，像一切宗教一样，其根源在于蒙昧时代的狭隘而愚昧的观念。"[②] 思维与存在的关系问题在中世纪的经院哲学中，以世界是神创造的，还是从来就有的形式表现出来，到近代哲学中才以其自身的形式被提出，被自觉探讨。关于哲学基本问题的内容，恩格斯指出：一方面，是思维与存在何者为第一性的问题，即谁是本原的问题。这是个本体论问题；另一方面，是思维与存在有

[①] 《马克思恩格斯选集》第四卷，人民出版社1972年版，第219页。
[②] 同上书，第220页。

无同一性的问题，也就是思维能不能认识现实世界的问题。恩格斯指出，绝大多数哲学家都承认二者的同一性；不可知论哲学被自然科学和工业的发展所驳倒；随着自然科学和工业的发展，唯心主义也愈来愈加进唯物主义的内容，"力图用泛神论的观点来调和精神和物质的对立"[①]。基于此，恩格斯认为："黑格尔的体系只是一种就方法和内容来说唯心主义地倒置过来的唯物主义。"[②]

综合上述恩格斯关于哲学基本问题的论述，我们认为有这样几点是值得注意的：第一，思维与存在的关系问题作为马克思主义哲学以前的全部哲学的基本问题，根源于一种身体与灵魂、人与自然界、精神与物质的二元分裂意识；第二，思存关系问题作为哲学的基本问题，是本体论和认识论哲学的基本问题；第三，在二元分裂意识基础上不能合理地说明思维与存在的关系问题，黑格尔超越二元分裂意识，从思存原始统一性出发去解决思维与存在的关系问题，这是合理的。但黑格尔的本体论的哲学立场，最终导致了他的这个合理性仅是就其方法和内容来说的合理性，而他的哲学体系的总体立场和性质则是不合理的。他的本体论、认识论的哲学思维方式不能保证他真正超越思存二元分裂意识。

恩格斯关于哲学基本问题的论述，给我们以如下启示：第一，思维与存在的关系问题，不能说明人的存在作为生命存在的基本矛盾。思维与存在的关系问题，只是人的存在表现为外化自身的对象化活动这一环节上的基本矛盾。这一环节是人的存在的重要环节，离开了这个环节，人的存在也便丧失了现实性。所以，思存关系问题在哲学研究中和解决人的生存矛盾过程中是有意义的。但是，这一环节无论如何重要，毕竟不是生命存在的全部。这也就意味着思维与存在的关系不是说明人的生存矛盾时包容性最大的一对范畴。第二，思维与存在的矛盾，根源于生命存在的原始统一性。思维与存在矛盾的消解虽然以知性的分化为基础、为条件，却不能停留在此。在哲学上消解思维与存在的矛盾，可能性选择之一，是由本体论、认识论的思维方式转向生存论的思维方式，用生存论哲学代替本体论、认识论哲学。顺便我们想重申，马克思主义哲学实质上就是生存论的

[①] 《马克思恩格斯选集》第四卷，人民出版社1972年版，第222页。

[②] 同上。

哲学。那么，人的生存的基本矛盾是什么？生存论的哲学的基本问题又是什么？我们认为，人的生存的基本矛盾是心理与文化的矛盾，生存论的哲学的基本问题是心理与文化的关系问题。

4. 人的存在，抽象地看，无非表现为两种经验事实：一是心理存在，一是文化存在。人在生存过程中的身心关系、人与自然的关系，在历史发展中，就表现为这两种存在之间的关系，即心理与文化的关系。这种关系可称之为人自身生存发展过程中的内外关系，它表现于人的认识，集中表现为直觉与逻辑的关系；表现于实践，便是精神能动性与对象化活动、成果之间的关系；表现于人的生存境界，便是理想与现实、社会结构与个人的关系；等等。总之，这里所用的心理和文化两概念，均是广义的，旨在用此两概念标志人的存在的内外合一的本性。其中心理主要标志人的内在精神方面，由于这里的心理是在文化规范中的心理，所以它并非只是抽象的心理机能、抽象的力，而是内在机能的力与意识内容的统一；而文化则主要标志的是人的感性存在、感性活动的方面和人的存在的现实性层面，既包括以语言为载体的知识，也包括人化的自然、一定历史时期人生活于其间的经济、政治结构，同时也包括创造这些文化存在的现实活动。由于这里的文化是处在心理的作用之下的活动及其成果，所以，它不是已完成的僵死的物化存在和冥顽不化的僵死硬核，而是在精神义理与形式、质与文的张力中展开的成己成物的生生过程。总之，这里所说的文化是内含意向性的行动；是客观化的人工制品；是个人和集体行为的社会性（历史性）规则；是对象化存在欲重新占有人的灵魂的努力等等以感性存在、活动形式表现出来的主客互动过程。关于此，彼得·伯格的文化本质观点是有启发意义的。在伯格看来："人类创造世界的核心是社会地构造的意义。……这些意义与别的东西一起而客观化为意识形态、信念系统、道德规范和制度等等文化人工制品。然后，这些意义本身又作为主观可信的实在定义，作为个人和集体行为的道德上鼓励的准则、社会议论的规则和日常生活的一般方法而被重新吸引到意识之中。因此，文化在基础上是包罗万象的社会地构成的主观与主观际经验意义的世界。"[①]

[①] ［美］R. 沃斯诺尔等：《文化分析》，李卫民等译，上海人民出版社1990年版，第28页。

心理和文化是辩证统一的。一方面，文化是人的本质力量的对象化，是人的意志、情感、知识的对象化、客观化，是人的心理存在的表征。伯格就认为："没有个人的有意向的、主观上有意义的行动，就没有文化这种东西。文化作为人工制品产生于主观意义的原料。"① 沃斯诺尔等在评价将主观性纳入文化分析的优点和困难时认为，其优点有二：一是在分析中容纳了一个重要的社会维度；一是对社会科学家的具体化倾向的隐含性批判。把主观性纳入文化分析之中，提供了一种阻滞力，防止把社会实在僵化成完全脱离行为者的范畴。沃斯诺尔等还指出："伯格本人所以维护这些假设，是因为……他的哲学议题关心的是广泛描述人类条件本身。从这种描述中略去主观性，就是否认了人类的自由，也即文化的社会—心理基础，伯格认为这是人和动物的最明显区别所在。"② 另一方面，心理作为具体的意志、情感和想象，作为具体的意识内容，又是文化占有人的结果，是文化的内化。伯格认为，文化是由于个人与社会文化世界的辩证法才整个地被建构和维持。这种辩证法可以概括为外部化、客观化和内部化这三个同时在一个连续过程中起作用的"要素"的互动。所谓外部化"是个人因生物学发育不充分而必然发生的灵与肉不断向世界的外泄"，是人不得不建构的"能够引导思想和行为的"人类结构。这些外部化的产品从生产它的人那里得到了一定程度的独特性，这就是客观化的过程。通过客观化的过程获得了外部的、"客观的实在"的性质，它不是作为仅仅为个人所相信的实在，而作为与别人共同经验的实在。而所谓的内部化过程则是客观化世界重新被吸收进意识，以至这世界的结构决定了意识自身的主观结构。这样，个人不仅理解了客观的社会文化世界，而且认同它，并被它塑造。内部化通过社会化的过程而发生。"社会正是通过外部化而成为人类的产品。社会正是通过客观化而成为独特的实在。人正是通过内部化而成为社会的产品。"③ 我们认为，人的生存的实在性就是这样一种心理与文化的有机统一。心理与文化的矛盾运动规定了人是一无止境的自我实现、自我生成的过程，同时规定了人的存在始终是一种即先天即

---

① ［美］R. 沃斯诺尔等：《文化分析》，李卫民等译，上海人民出版社1990年版，第28页。
② 同上书，第271页。
③ 同上书，第43—44页。

生成、即现实即超越、即成己即成物、即有限即无限、即心理即文化、即自然即人为、即个体即类、即为学即为道……的辩证存在。这就是人的本性。

5. 人的真实的生命存在就是心理与文化的张力中的辩证性。所以，既不可以完全归结为心理，也不能完全归结为文化；既不能完全归结为抽象的形上本质，也不能完全归结为直接当下的具体现实。人既是一个知识对象，又不是一个知识对象。就人对自身的自我反思活动来说，本质上是一个以形上体验统摄知性知识，消解知性对立，复归于人之所以为人的澄明的形上境界的过程，此过程亦即于成己成物中实现的"诚之者"的过程。诚者，真实无妄之谓也。由于人的生存本质的这种辩证性，也就不难理解孔子何以十分强调"文质彬彬"，何以发出"礼云礼云，玉帛云乎哉？乐云乐云，钟鼓云乎哉？"（《论语·阳货》）的慨叹；也就不难理解《中庸》作者何以强调"君子之中庸也，君子而时中"；同样也不难理解海德格尔在探讨人的本质时何以时时处于既要破除传统形而上学对人的抽象理解而强调人的生成性，又要把人的生成看成是被存在所先验决定的这样一种深深的思想紧张之中；更不难理解现代中国学者在追求哲学上的最高境界时何以许多人强调像"理智的了解，情感的满足"（金岳霖）、"正的方法、负的方法"（冯友兰）、"欲了本心，当重修学"（熊十力）等这样的体悟与知识、直觉与逻辑的统一。像这样的思想观点，经常被人批评为思想理论上的矛盾和不彻底。许多人总想通过文化分析对心理作出充分的、确定的解释，或通过心理分析对文化作出充分的、确定的解释。当他们发现这种解释总是不充分的，总是存在着矛盾的时候，有人便走向心理与文化的根本区别的立场。例如英国的玛丽·道格拉斯、法国的米歇尔·福柯、德国的于尔根·哈贝马斯等人，在看到伯格将主观性引入文化分析存在的困难时，便走向了专注于文化的客观方面的文化分析与主观性相分离的立场。这样的做法从将文化分析作为科学的对象的角度说，是可以理解的，且是必要的。但从生存论的哲学的立场上说，则是片面的。因为作为人的生存的基本矛盾的心理与文化之间，既不能将一方完全归结为另一方（即绝对的同一），也不能将二者的区分看成是绝对的区分（即绝对的对立），二者始终处于即心理即文化、非心理非文化的张力关系中。绝对同一意识和二元分裂意识，都仅仅是固执于知性分析的结果。正是由于心理与文化的张力关系，才规定了哲学运动的奥秘。何以自哲学产生以来，建立形而上学的努力与消解形而上学的努力始终处于相互消长之中？其根源就在于由心理与文化的张力关系所决定的哲学形而上学对人性的彰显与遮蔽的双重作用。

6. 彰显人性，是哲学形而上学的使命；遮蔽人性，又是历史上的哲学形而上学体系难以避免的命运。旨在彰显人性的哲学形而上学何以又充当了遮蔽人性的角色呢？个中原因，从主观方面说，往往在于以往的哲学家过于自信他们自己建立的形而上学观念体系对彰显人性的能力。他们往往将唯有借建设性的哲学形而上学才能彰显的人的本真之性、人的终极意义等同于他们自己的某种具体的哲学形而上学观念，即把人的本真之性、终极意义归结为某种具体观念；而消解形而上学的人，则往往将对某种形而上学观念的消解，等同于对形而上学"本身"的消解。他们没有进一步思考，对哲学形而上学的消解，到底消解的是什么？他们没有看到哲学形而上学本是作为形上意蕴的原创性的内在形而上学与作为文化形态的历史的外在形而上学的统一。其中内在形而上学作为形上意蕴的原创性是不可消解的，可消解的唯有作为历史的外在的形而上学的具体文化形态。

进一步看，旨在彰显人性的形而上学反倒充当了遮蔽人性的角色，并非仅仅具有消极意义。从积极的意义上说，形而上学对人性的彰显只有通过形而上学对人性的遮蔽才能实现。彰显是遮蔽中的彰显，彰显与遮蔽同样处于对立统一的关系之中。这二者的统一性同样根源于人的心理与文化的矛盾。哲学形而上学对人性的彰显，所追求的是对人的至真之性的彻底澄明，所欲达致的是人性的无遮拦、无遗漏的彻底袒露。哲学形而上学之知，所追求的是绝对的知，或对绝对的知。但是，人的求知对象一经指向绝对，便会陷入"道可道，非恒道；名可名，非恒名"的境地。这一结果是一消极的结果，与形而上学彰显人性的宗旨显然是相悖的。避免这一消极结果的途径是将目光从专注于绝对转向具体存在，通过具体存在去彰显绝对。通过具体存在去彰显绝对时，便会发现，具体存在对绝对的彰显总是不充分的。通过具体存在说明绝对，并不能作出肯定的说明，即不能说绝对是什么，而只能说它不是什么。所以，通过具体存在说明绝对时总是或者说只能是辩证否定式的。由此也就决定了哲学对人性的彰显也只能是一个不断建构关于人性之知的同时又不断消解之的遮蔽与彰显的矛盾运动。这一运动表现于哲学发展就是形而上学体系的不断建构与消解，或者说便是形而上学的不断重建。

哲学对人性之知，是遮蔽与彰显的统一，还在于哲学之知作为文化是精神义理与概念范畴形式、质与文的统一。质文关系是心理与文化关系在文化中的表现形式。哲学之知，不能不结晶为概念、范畴体系，但并不就等于概念、范畴体系。这就好比社会的伦理道德关系不能不借一定的礼仪形式以规范人的言行。但伦理道德并不就等于礼仪形式，它是体现在礼仪形式内部的人人关系、人物关系的必然性。哲学之知也是一样，哲学之知的道理是概念、范畴形式内部蕴含着的那个精神实质。对这精神实质的把握固然需要学习语言、概念，但更重要的则是心灵的体悟。概念的产生需要体悟，对概念的学习同样需要体悟。这也就是说，对文化的把握同样要以心理与文化、质与文的相互作用为条件。而哲学概念体系作为对人性的表达，能否胜任，就取决于它所建立的概念体系是否内在具有了心理与文化、质与文、内容与形式之间的张力。有这种张力的概念体系是活的，否则就是僵死的。所以，可以肯定地说，心理与文化的张力是哲学的生命力。从这个角度看，心理与文化的关系作为生存论的基本问题，是由生存论的哲学自身的基本矛盾决定的，是由人的生存的基本矛盾决定的。

7. 以上我们对问题的说明主要集中于逻辑的说明。但这不意味着这一论题没有哲学史及现实生活经验的支持。我们发现中国传统哲学的基本精神、基本原则、历史发展就是一个心理与文化的交互作用辩证法。限于篇幅，本文没涉及这些内容。关于心理与文化的关系作为生存论的基本问题的哲学史支持、生活基础及理论意义，容日后作专文论述。

(原载《长白学刊》1998年第1期，与王天成合作)

中国哲学内在逻辑的历史展开

——"心理与文化的关系问题是生存论哲学的基本问题"的历史见证

在《心理与文化的关系问题是生存论的基本问题》(《长白学刊》1998年第1期)一文中我们提出,哲学基本问题与人的生存的基本矛盾及对基本矛盾的理解是同一的。人的生存的基本矛盾是心理与文化的矛盾。而关于心理与文化的关系问题自然也就成了生存论哲学的基本问题。中国哲学的历史发展正是按照心理与文化矛盾运动规律展开的。中国哲学的历史发展充分地体现了心理与文化的关系问题作为生存论哲学的基本问题的逻辑地位。

一

哲学作为人的生存矛盾的理论表达和人的生存的必要环节,应是生存论的。从生存论的角度看,哲学的基本问题作为哲学活动的基本矛盾与人的生存的基本矛盾是同一的。人的生存的基本矛盾是哲学基本问题的客观根据;而哲学的基本问题则无非是人的生存矛盾的理论表达。

哲学基本问题作为人的生存矛盾的理论表达,也就表明哲学基本问题与人的生存矛盾并不总是直接同一的,而是与人对生存矛盾的理解直接相联系的,也就是说人的生存矛盾是哲学基本问题的最终基础,而人对生存矛盾的理解则是哲学基本问题的直接基础。不同形态的哲学对哲学基本问题有不同的规定,这些不同的规定,只不过是不同的哲学家对人的生存矛盾的不同理解的规定。对人的生存矛盾理解到什么程度,对哲学基本问题的规定就会达到什么程度。

人的生存和发展本身就是一个矛盾。人在生存与发展的过程中无时无刻不处在各式各样的矛盾之中。人自己有愿望与能力的矛盾（自我评价的偏差是这种矛盾的心理表现）；与自然相处有人的欲望与自然条件的矛盾；与他人相处有自己的愿望与他人的愿望、自己的意愿与他人的理解、自己的利益与他人的利益等等的矛盾；……在各式各样的矛盾碰撞中，人不断地改变自己，调整自己的思想和行动。在这种不断的调整中，人一方面改变了自己的精神世界，同时也改变了对象世界，创造出了各式各样的文化。各式各样的矛盾最终都消解在人的内外矛盾中。人类生存的内外矛盾是人的生存的最基本矛盾。其他矛盾都根源于人的内外矛盾；其他矛盾的解决，都归宿于内外矛盾的和解。人的内外矛盾从内容角度说就是心理与文化的矛盾：人总想通过不断的外在的文化创造实现人的超越性本质，而当人面对所创造出来的文化、享受所创造出来的文化时，又发现它们总有局限性；为了克服局限性，就继续更大的文化创造。但这并不能消除文化的局限性，仍然使人免不了"我为什么要创造文化？""文化对我来说就是全部吗？"等等类似的意义追问。这种追问实质上是一种反身内求的追问。所以，我们认为心理与文化的矛盾是人的生存的基本矛盾，而心理与文化的关系问题则是哲学的基本问题。

作为人的生存矛盾的心理与文化两概念，都是广义的。其中，"心理"所标志的是人的内在精神世界。由于这里的心理是在文化制约下的人的精神世界的现实性，所以，它是先天心理机能与后天意识内容的统一；而这里所说的文化则是人的所有感性存在的标志。由于这里的文化是在人的心理作用之下的人的感性存在的方面，所以它本质上不是僵死的物化存在或冥顽不化的僵死硬核，而是一个"成己成物"的生生过程。总之，这里所说的文化是内含意向性的行动；是客观化的人工制品；是个人和集体行为的社会性规则；是对象化存在欲重新占有人的灵魂的努力等等以感性存在、感性活动的形式出现的主客互动过程。

人的真实的生命存在，是心理与文化的辩证运动所构成的实在性。所以，人的生命存在既不可以完全归结于心理，也不可完全归结于文化；既不能完全归结于抽象的形上本质，也不能完全归结于直接当下的存在；人既是一个知识对象，又不仅仅就是一个知识对象。就人对自身的自我反思活动来说，本质上是一个以形上体验统摄知性知识，消解知性对立，复归于人的"人之所以为人的澄明的形上境界"的过程。此过程亦即实现于成己成物的统一中的"诚之者"的过程。这个"诚之者"的过程是一个"诚"——"诚之"——"诚"的辩证否定过程。其中,作为出发点的"诚"是一个心理与文化的原始统一性;作为结果的"诚"则是原始出发点的"诚"的澄明、完成,即原始之诚在文化基础上的回归;"诚之"则是联结二者的中介,这个中介就是实践活动。这个过程作为人的本质实现的过程,是由心理到文化的创造过程;而作为人的本质生成的过程,则是由文化向心理回归的过程。由此可知,心理既是出发点又是归宿,而文化则是中介环节。文化是为心理服务的。我们说文化为心理服务实质上是说文化为人服务而不是相反。人的本质的这种辩证性,也就规定了哲学运动的奥秘:建立形而上学的努力与消解形而上学的努力的相互消长;彰显人的本性与遮蔽人的本性的矛盾冲突;复归于内的心灵境界的追求与完成于外的文化创造的追求之间的相互观照,等等。其中,自由的心灵境界与完善的文化创造之间的矛盾是哲学运动的基本矛盾,是哲学发展的内在逻辑。这一逻辑在时间中的展开往往表现为重视内在境界的学派与重视外在文化的学派之间的交替、融合。这种交替、融合在哲学文化发展中总是表现为一定时期的人性的文化完成与心理的突破之间的矛盾运动。这是因为作为一定的人性之完成的文化一经形成之后,就会在自身基础上不断发展、完善而走向细密、精致。随着细密化、精致化的不断加强,也就不断地走向了烦琐,逐渐地由生命的形式变成为生命的桎梏;由彰显生命的形式变成了遮蔽生命的屏障,这时,就需要一种心理上的突破,即人性的解放。突破之后又是新的文化创造,……由此循环往复既推动了哲学的发展又实现了人性的进步。

二

心理与文化的关系问题作为哲学发展的内在逻辑,在中国哲学的开端时期,就逻辑说,表现为对人作为超越性存在的精神境界、心理体验的可能性的寻求和对人作为超越性存在的现实伦理生活的可能性的寻求两类问题的互补;就哲学思维方式说,表现为空间性思维方式与时间性思维方式两种思维方式的互补;就学术派别说,则表现为道家哲学与儒家哲学两个派别的互补。儒道两家相互关系的逻辑内涵就是人作为超越性存在的精神境界、心理体验的可能性与现实伦理生活的可能性之间的内在关联；时间性思维方式与空间性思维方式之间的内在关联。这两个内在关联，即孔子所谓的"文质彬彬，然后君子"的"成人"逻辑，亦即中国古代哲学发展的内在逻辑。

所谓时间性思维方式或空间性思维方式，是指人的存在的自我超越既通过时间性的历史联系表现出来，又通过空间性的同时并存联系表现出来。当人以这些感性经验为基础，对人的自身本质、本性及人与万物同为物的形上基础作理性的反思时，亦即寻求人的生存与发展的真谛、建立哲学的人学原理时，便会或者从万物在空间上的同时并存性中寻求万物的统一性的说明，或者从万物在时间上的历史发展中寻求万物统一性的说明。前者表现为空间性思维方式，后者表现为时间性思维方式。在空间上的同时并存关系中寻求万物的统一性，由于观察事物时缺少了一个事物自身发展的时间性维度，所以，在这种条件下所能寻找到的万物的统一性，只能是属性上的统一性，而不能是存在上的统一性。属性上的统一性只能是属性上的无差别性，最高的无差别性只能是"无"。而在万物的时间性的历史发展中寻求万物的统一性，由于已经预设了事物自身属性的同一性，所以，它所寻求的万物的统一性就只能是存在上的统一性。最高的存在上的统一性只能是事物自身发展最高阶段上的存在。但是，在时间性反思中的事物自身属性的同一性是预设的，是潜藏在思维活动背后的，所以，这种反思往往容易遮蔽形而上学问题，缺失了形上思辨的色彩而给人以"事物主义"的外观。这是时间性思维方式所建立的文化在形态上的一个缺陷。在中国古代哲学中，道家哲学和儒家哲学较有代表性地表现了这两种不同的思维方式。

道家学者以追求人的真实存在、自由存在为归宿。他们发现，人的真实存在、自由存在必然是一种超越了有限性、相对性的绝对存在，是与天道相同一的存在。那么，人应与之统一的、绝对的天道是什么呢？道家思想家从反思具体存在的有限性中去体认天道的属性。他们将统一的世界理解为广延上的总和。在这总和中，他们看到任何有规定性的存在都是有限的、相对的、暂时的，都是一个矛盾性，都不足以成为构成人的绝对自由的基础、真人的基础。由此他们认定天道的属性只能是"无"。只有

"无"才能将"异质""异价"的多样性存在化解成"同质""同价"的统一性存在。"无"作为生长发育的原则，只能是"自然而然"。由此，他们认为，真人、自由只能作为一种心理事实而存在，即作为人的境界而存在。

儒家思想家在建立自己的人学原理时，表现出与道家不同的思维方式，他们不仅仅将统一的世界理解为广延上的总和，更把它看成是时间上的历史发展的秩序系统。"维天之命，于穆不已"的"生"的原则和"天生烝民，有物有则"的"理""物"原则是这一秩序系统的两个基本原则。在这生生不已的发展系列中，原本"同质""同价"的存在在其自身发展的不同阶段就表现出了不同的性质和价值。而人和人类社会则是这一发展系列的最高环节、最具体环节。人生虽本于自然性，却不归结于自然性。所以，他们一方面说"生之谓性"，又说"天命之谓性"（《中庸》），进而说"口之于味也，目之于色也，耳之于声也，鼻之于臭也，四肢之于安佚也，性也，有命焉，君子不谓性也；仁之于父子也，义之于君臣也，礼之于宾主也，知之于贤者也，圣人之于天道也，命也，有性焉，君子不谓命也"（《孟子·尽心下》）。也就是说，人性既不是一个单纯的自然性，也不是一个单纯的社会性，而是一个自然性制约下的社会性和社会性制约下的自然性的合一体。在这一合一体中，天道自然本性是社会伦理本性的原始依据；而社会伦理本性则是天道自然本性的最高环节和最具体环节。社会伦理规律作为天道的自觉表现，是一等级秩序。所以，当墨子从人的自然性出发，宣扬一种"兼爱"思想时，孟子说他的"兼爱"说是"无父无君是禽兽也"（《孟子·滕文公下》）。孟子这里说的无非是指单纯的自然性并非人性的本质。人之异于禽兽者，就在于人能用社会性制约自然性。"人之异于禽兽者几希。庶民去之，君子存之，舜明于庶物，察于人伦，由仁义行，非行仁义也。"（《孟子·离娄下》）"由仁义行"就是自然而然地按照人的"仁义"规律行事，这里的"仁义"是人行的"本原"意义上的规律性。"仁义"的现实性，就是人的社会伦理关系的总和。

从上述分析可知，道家学者用空间性思维方式集中探讨了天道本体的属性；儒家学者则运用时间性思维方式集中探讨了天道本体的具体存在。道家学者从人与万物的广延关系中，确立起了人的超越性存在的精神境界、心理体验的必要性和可能性；儒家则从人与万物的历史发展的连续性中，确立起了人作为超越性存在的现实伦理生活的必要性和可能性。这样两家在思维方式上的互补和在思想观点上的互补就建立起了比较完整的心性学说，比较全面地揭示了人的存在作为超越性存在的可能性。儒道两家的互补并不仅仅是逻辑推导所得出的结论，而且有大量的事实做根据，可注意者有以下几点：（1）近几年的考古发现显示出：第一，道家文献与儒家文献（思孟学派）同出于长沙马王堆汉墓和郭店楚墓；第二，以往在通行本《老子》中的绝仁弃智的思想在郭店楚墓竹简中已不复存在，而代之以绝伪弃诈。以往人们认定儒道两家是对立的，往往根据这条史料，现在看，这条史料已不确切。（2）先秦道家，特别是庄子在其著作中大量地引证了儒家孔子的思想以论证自己的主张，这一点以往的人们或出于不理解，或出于门户之见，不认为庄子引证的孔子是真孔子，而认为庄子或者是歪曲孔子或者是假借孔子。我认为不能这样看。我们看庄子引孔子的话基本上都是关于人的内心境界的言论，而儒道两家在先秦时期的一致性恰恰最集中地表现为心灵境界的相通，即当儒家学者将其自己的思想指向自己的内在心灵境界时，这个境界不能不是道家学者所阐发的境界。所以，我认为庄子所引的孔子是真孔子而不是假孔子。（3）先秦时，儒家针锋相对的对象主要是墨家和杨朱学派；而秦汉时期的文化更表现出黄老儒法的综合，只是到了汉武帝时才有所谓的"罢黜百家，独尊儒术"，而这更多又是儒学神学化造成的。只是从这时及其后才有所谓的儒道或儒道释的正统与异端之争。而在思想学术上，中经魏晋玄学对儒道两家关系自觉的认识论的反思，到宋明时走向了真正的融合。

儒道两家思维方式的内在关联和学术思想的内在关联，就思想文化发展的逻辑说，就是思想文化的内在的精神义理与外在的文化形式之间的内在关联，亦即儒家哲学最早阐发的"质"与"文"的辩证法。孔子说："质胜文则野，文胜质则史，文质彬彬，然后君子。"（《论语·雍也》）"质""文"两范畴，由于中国哲学范畴"三位一体"的总特征，同时具有本体论、认识论、修养论的意义。二者作为一事物的内外两个方面，应该保持在一种和谐的张力关系中。其中，"质"作为内，是事物存在的根据；"文"作为外，是质得以显露的形式。质文两方面对事物存在来说都是不可或缺的。但是，在二者的必然关联中，质作为事物的内在方面，毕竟是决定文的，文是为质服务的。离开了质的规定性的文，便是"贼"。同时，离开了文的质也会走向自己的反面。事物就是在质文的张力关系中确立起来的——"质"创造"文"以彰显自己；"质"被"文"彰显的同时也受到"文"的遮蔽；"质"反过来突破原有的"文"的限制，创造新的"文"。由此循环往复推动了"事物"的发展。所以，质文的矛盾运动是事物发展的内在逻辑。质文矛盾运动在文化发展的时间上的表现就是强调文化的倾向和强调心理的倾向的交替。在不理解质文的矛盾运动是思想发展的内在逻辑的情况下，很难从两种倾向的互补中求得对事物、人生的确解，而往往陷入二元分裂的片面性。这在儒家学者看来，就是"过"或"不及"的"反中庸"。

总之，表面上看似截然相反的时间性思维方式与空间性思维方式、自由的精神境界和心理体验的追求与和谐的社会伦理秩序的追求、崇尚形上思辨的道家与崇尚格致诚正修齐治平的儒家，实质上并不是根本对立的而是互补的，二者的互补恰恰是人性的辩证法，恰恰是哲学文化发展的内在逻辑，特别是中国古代哲学发展的内在逻辑。儒道两家的关系无非是这一逻辑的空间化表现方式。

三

心理与文化的辩证法作为中国古代哲学发展的内在逻辑，在时间上的表现就是儒家与道家的历史融合过程及儒家内部的"理学派"与"心学派"的交替、消长过程。秦汉之后，这两条线索实交织在一起。为叙述方便计，下面将分为两条线索分别论述。

第一条线索即儒道两家融合的历史。这段历史大致可以分为三期。第一期为先秦诸子百家时期。这一时期，主要表现为两家的创始人除了面对时代主题的一致性、文化背景的一致性外，就两家心性上的内容言，两家创始人在内在精神体验上的一致性、人格境界上的相通性和感情上的同情。他们关注同一问题时思维方式的不同，使他们的理论呈现出不同的外观。但当他们同归于学术之宗旨且同归于内在体验时，便产生了共鸣，即两家心性相通。心相通者，心理感受一致也；性相通者，二者人性本质一致也。心性两相通的合一，即学术文化宗旨之殊途同归也。诚所谓"天下同归而殊途,一致而百虑"(《易·系辞下》)。关于此,前面已有所涉及,不再赘述。第二期为魏晋玄学时期。这一时期是儒道关系自觉反思期。这一时期儒道关系表现在实质内容上是名教与自然的关系问题;表现在哲学本体论基础上是有无关系问题。解决这些问题的认识论基础是言意之辨。言意之辨、有无之辨、自然与名教之辨最终都为会通孔老服务。就此而言,我不同意魏晋玄学是新道家的说法。魏晋玄学家大都是儒家道家化、道家儒家化互动过程中的新儒家。第三期为宋明理学时期。魏晋玄学时期,人们试图通过言意之辨、有无之辨、名教自然之辨,实现儒道整合。但事实上在理论建设上并未完成。到了宋明理学时期,在理论内容上实现了儒道融合,但理学家出于维护儒家正统地位的需要,却不愿承认这一点,反而表现出强烈的排斥所谓释、老异端的姿态。对上述三个阶段可以描述为:第一阶段是感情上、态度上相通相容,理论内容上不同;第二阶段是表现出强烈的会通孔老的愿望,且对儒道关系进行了自觉的认识论的反思,但并未在理论上完成儒道融合的任务;第三阶段是实现了儒道(还包括释)在理论上的整合,却表现出了态度上的对立。这个过程恰恰表明了理论活动是心理活动与文化活动的统一;心理与文化的矛盾运动是思想理论发展的内在逻辑。

第二条线索是中国哲学表现为儒家学派吸纳、整合其他学派的合理思想基础上的儒家哲学内部不同学术倾向,主要是"理学"倾向和"心学"倾向之间的消长、整合。这条线索实际上也开始于先秦的战国末期。思孟学派与荀子的区别就具有"理学"与"心学"相区别的意义。战国末期与政治上由分封领主制向封建中央集权制转化相对应,思想文化上也表现为一种整合的文化建设倾向。而思孟学派的重视心理作用的倾向则受到了抑制。这时在文化上的表现就是出现了类似《吕氏春秋》这样的杂家。秦亡后,汉王朝出于"过秦"的需要,不能不求助于老子;而出于"宣汉"的需要,又不得不求助于黄帝。"黄老之学"成了汉初的显学。黄老之学与先秦老庄为代表的重视人的自由境界的心理根据的道家有本质的区别,它本质上属于"术",属于"文化"。所以,在黄老之学作为显学的前提下的思想文化发展仍然表现为一种文化遮蔽心理的"文化"的发展。这表现为,一方面,杂家现象仍然是当时的突出的文化现象;另一方面,思想文化,特别是儒家文化向神学化方向发展。这两个方面,杂家势力从汉初开始由强而弱；而神学化倾向则由弱而强，到董仲舒的"天人感应论"，儒家学说中的活泼泼的文化精神几乎完全被笼罩在神学的形式中了。随着董仲舒的"罢黜百家，独尊儒术"政策的推行，到汉代末期心理与文化、自然与名教发生了尖锐的矛盾冲突。这一矛盾冲突的实质是文化遮蔽了心理；名教遮蔽了自然；名教的形式遮蔽了名教的精神实质。随之而来的魏晋玄学就是心理对文化的突破。通过心理对文化的突破，实现向自然的回归、向名教的精神实质的回归，并进而消解心理与文化的矛盾、自然与名教的矛盾、名教的精神实质与名教的外在形式的矛盾。魏晋玄学中的有无之辨、言意之辨、名教自然之辨从开始的"贵无论""言不尽意论""任自然而越名教论"，中经反题的否定，几乎都不例外地走向了第三期的综合论。如在郭象那里有无之辨综合为有无统一的"独化论"、自然名教之辨综合为"名教即自然论"，等等。

　　随着魏晋玄学心理对文化突破的完成理应实现一种儒家基础上的新的文化建构。但这个过程在魏晋玄学结束时，并未马上实现，而是又通过隋唐时期儒释道之争继续了心理与文化的复杂辩论，直到韩愈、李翱提出"道统论"和"复性论"才开启了新儒学的文化建设，心理与文化的关系问题的争论在文化形态上才回到儒家自身内部来。这就是以小程、朱熹为代表的"文化"派与以陆王为代表的"心理"派之间的斗争中的互补、互补中的斗争。小程、朱熹一系在开始时虽有陆象山的心学与之争论，但其所处时代毕竟是文化建设时代，所以，陆象山在与朱熹的斗争中或争论中，理上说虽有道理，但时代是需要文化建设的时代，注定了陆派需假以时日，即文化建设之途显示出无能为力时心理的突破才有可能。历史恰恰是如此展开的。这就是后来的王学对朱学的突破。朱学与王学的关系就是文化与心理的关系。王学对朱学的批判就是心理对文化的突破。

　　综上所述，中国古代哲学的历史发展充分说明了，中国古代哲学的发展就是按照心理与文化的矛盾运动规律展开的。这也就进一步证明了心理与文化的关系问题在哲学中的基本问题的地位。并且，不仅仅哲学的发展是按这一规律展开的，而且所有的文化都是按这一规律展开的，因为人的生存过程就是这样展开的，且只能这样展开。

（原载《长白学刊》2000 年第 3 期）

中国哲学的本体观念及建立本体观念的方法

中国古代传统哲学的本体观念与西方哲学的本体观念有着本质的区别，这种不同不只具有本体自身的意义，而且对整个哲学系统都具有巨大意义，使中国哲学与西方哲学成为不同的哲学系统。中国哲学的本体与西方哲学的本体最大的区别、最本质的区别就是虚与实的区别，即中国古代哲学的本体是虚位，西方古代哲学的本体则往往是实辞。

一

中国哲学产生于先秦春秋战国时期，按传统的说法，产生于先秦诸子百家争鸣时期。这一时期，作为中国哲学产生期，作为中国文明的轴心时代，对其前说，是对其前此时期的文化发展的"哲学突破"或称之为"超越性的突破"；对其后说，则是其后哲学及其文化的奠基。所以，要说明中国哲学的发展、中国哲学的内在的基本精神和中国哲学历史发展的内在逻辑，抓住先秦这一时期是一个关键环节。就中国哲学的本体观念说，其形态就是由其前的文化所决定的，并且规定了整个中国哲学本体观念的发展道路的可能性。

先秦诸子哲学产生以前的中国文化，经历了长期的发展变化，最后演变为夏商周三代的礼乐典章制度及其思想基础——天道观念。这成为先秦诸子哲学产生的直接的文化基础和文化前提。号称百家的诸子学，不管其形态表面上看来有多么大的区别，其实质都是对这一历史文化前提的不同反思，所以，都具有内在的本质的联系。诸子百家在现实生活矛盾的作用下，对夏、商、周三代文化的反思，实质上是对礼乐典章制度作为社会伦理原理自身所具有的形式与内容的关系问题的反思。但这种反思在哲学层面上，则是以对天道观念的反思的形式间接地表现出来的。

中国先民的天道观念在先秦诸子百家之间的发展，大体上经历了三个不同的阶段。

第一阶段，是与原始宗教观念相统一的原始的天道观念。原始宗教产生于原始人未分化的原始思维的整体性。未分化状态下的原始思维面对世界时，必然以一种物活论的方式去把握，即总是以拟人化方式想象世界，总以为在可见世界的背后有一个主宰者在支配着这个可见世界，就像人的形体背后有一个灵魂支配着一样。这样便产生了中国早期的朦胧的天道观念。这种天道观念就其内容说，大体有两个方面：（1）"天道是什么的观念"，在天道是什么的观念中大体上蕴涵着两种模糊的意义，一种是世界与人的活动背后的必然性，即规律性的意义；一种是被拟人化了的主宰，即人格神的意义。这两种意义，在原始的天道观念中是浑然一体的。（2）"天道作用的观念"，认为天道是世界和人存在的根据，是人法天象地的原则。人要仰观天文，俯察地理，中观人和以窥测天意。窥测天意行为的发展，便是所谓的卜筮之术。《易·系辞下》："古者包羲式之王天下也，仰则观象于天，俯则观法于地，观鸟兽之文，与地之宜，近取诸身，远取诸物，于是始作八卦，以通神明之德，以类万物之情。""太史公曰：'洋洋美德乎！宰制万物，役使群众，岂人力也哉？余至大行礼官，观三代损益，乃知缘人情而制礼，依人性而作仪，其所由来尚矣。'"（《史记·礼书》）

第二阶段，是神道的天道观念。由于在原始天道观念中内含着客观规律性与人格神两种意义，随着人类社会分工的发展、阶级的出现，原始天道观念中的人格神的内容不断加强，逐渐发展成神道的天道观念。原始天道观念被神道天道观念代替后，人与天的沟通便由直接沟通变成了间接沟通，天人沟通变成了神人沟通。天人直接沟通成为不合理、不合法的事情。这便出现了中国历史上的两次"绝地天通"。《国语·楚语下》记载，楚昭王问于大夫观射父："《周书》所谓重、黎实使天地不通者，何也？若无然，民将能登天乎？"观射父答曰："非此之谓也。古者民神不杂。……民神异业，敬而不渎……及少皞之衰也，九黎乱德，民神杂糅，不可方物。……颛顼受之，乃命南正重司天以属神，命火正黎司地以属民，使复旧常，无相侵渎，是谓绝地天通。其后，三苗复九黎之德，尧复育重、黎之后，不亡旧者，使复典之。""绝地天通"这一历史事件具有重大的历史文化意义，一方面，表明颛顼时代社会分工存在并发展到了一定的阶段，社会分工已经得到了政治的承认；另一方面，这一事件反映了当时的政治制度是等级制度。

第三阶段，是具有哲学意义的天道观念。这一天道观念，实质上是神道观念向人道观念的回归，是对原始天道观念中模糊的规律性含义的积极发展和对模糊的意志含义的扬弃。哲学意义的天道观念，其核心是将天道视为客观的规律系统。这里的天是自然之天，而不是人格神之天。天道不是冥冥之中的有意志的主宰者，而是规定万事万物存在和发展的客观规律。天道作为规律系统，内在包含两个子规律系统：一个是自然规律系统；一个是人伦规律系统。这两个规律系统实质上是浑然一体的。

春秋战国时期，已有的礼乐典章制度受到了冲击，出现了所谓的"礼坏乐崩"的局面。当时的思想家面对着这一矛盾，不能不对以往的礼乐典章制度进行反思，以寻求礼乐典章制度作为当时的社会伦理制度的最高根据。这实质上说明当时的主要问题是一个实践理性的问题。实践理性问题的实质是人的本质是什么的问题。这一问题也叫"人如何实现其本性"的问题。故而有人将实践理性问题的实质说成是人的自由问题；实践理性的核心问题则是人类社会的伦理制度的合理性的问题，即社会伦理制度的最高根据问题；而理论理性的问题，则只是实践理性问题的一个认识基础。这些思想家以先民的天道观念为文化基础，对当时的社会伦理制度加以反思，具体地展现为对社会伦理制度原理的形式与内容的相互关系问题的反思。在这种反思中确立起了中国哲学的本体观念。由于他们所面对的问题的实质是实践理性的问题，而其直接性形态又是一个天道问题，很自然地使先秦诸子的本体观念倾向于规律系统的观念，倾向于天人合一的观念。这样两个倾向既规定了中国哲学本体论的形态，也预示了中国哲学建立本体观念的方法。

二

中国哲学的本体观念从其"轴心文明"时代开始，就奠定了倾向于规律系统观念和天人合一观念的基础。所以，先秦诸子百家哲学的本体观念基本上是以实践理性为核心的规律系统观念。其后的两千多年的发展，基本上是对这一观念的丰富、补充和完善。这个丰富、补充和完善的过程，构成了中国哲学内在逻辑发展的历史过程。

首先，中国哲学的本体观念作为天人合一观念基础上的规律系统观念，其本体概念是一"虚位"概念。将本体概念看成是一虚位概念，几乎是中国古代哲学家的共同特点。道家哲学往往被看成是最抽象的哲学。既然是最抽象的哲学，也就自然是最没内容的哲学，尤其是道家哲学的本体概念"道"，更被认为仅是一抽象的无。当我们说道家哲学的本体概念"道"是抽象的无时，自然也就意味着"道"是没有内容、没有结构的。"道"之为"无"作为本体，就成了万事万物背后的一个冥冥之中的主宰。以往人们正是这样理解的，所以才有"道"是物质还是精神之争。如果将"道"视为存在论中的一个概念，难免将其视为与具体的事物一样的某种实存。"道"之作为实存，自然就有是物质性的还是精神性的问题发生。在此基础上争论道家哲学是唯物的还是唯心的就不足为怪了。但实际上这种争论对道家哲学来说是不恰当的，因为道家哲学的"道"本来就不是实辞，而是虚位。《老子》说："道之为物，唯恍唯惚。惚兮恍兮，其中有象。恍兮惚兮，其中有物。窈兮冥兮，其中有精。其精甚真，其中有信。自古及今，其名不去，以顺众父。"（据《马王堆汉墓帛书·老子》甲、乙本校改。凡下引据甲、乙本校改者不再说明。）又说："有物混成，先天地生。寂兮寥兮，独立而不改，可以为天下母。吾未知其名，字之曰道。吾强为之名曰大。"这里都提到道之为"物"，这似乎是在说道是一独立的存在物。实际上，这里只是肯定了道作为本体的客观实在性，而不是说道是与万物并列的具体存在物。这在老子那里说得很清楚，即道是万事万物之所以是万事万物的所以然者。这个"所以然"是客观的，所以它是真实的；但它作为万事万物的普遍性根据又不能用任何具体的性质去规定，即对道不能运用表诠的方法去说明、去规定，而只能用遮诠的方法去透析。所以它又是一无任何具体规定性的万事万物的根据。这实质上表达了道仅是一万事万物的统一性基础的实在性的思想。这样既承认了本体的客观性、实在性，又避免了用有限性去说明无限性的错误。道之作为本体，在道家那里就是这样一种有无统一、虚实统一的规律系统的观念。在庄子哲学那里，"道"作为本体，更成为本体之道与境界之道的统一，这就更不能视为实体性的本体了。

儒家哲学的本体观念，同样地也是一规律系统的观念。《易·系辞上》："是故形而上者谓之道，形而下者谓之器，化而裁之谓之变，推而行之谓之通，举而错之天下之民，谓之事业。"这是说道作为本体与具体的万事万物是不可分的，道器之别，只在形上形下说。形上之道离开了行下之器也就不成其为道了。同样，行下之器也离不开形上之道。形上之道与形下之器是一体之两面的关系。这里的形上之道仅是万事万物存在与发展的内在规律。儒家哲学的本体观念到了子思、孟子那里，更引向了人的自觉性。《中庸》通过生存论的反思的方法，确立了"中"的本体地位。《中庸》作者说："喜怒哀乐之未发，谓之中；发而皆中节，谓之和。中也者，天下之大本也；和也者，天下之达道也。"这里的"中"之为本体也是虚位而非实辞。"中"是对本体的自然、本真状态的确认、摹状。并且这种确认是通过人对自我的纯粹意识的反思得到的。对于《中庸》之"中"之为本体是虚位而不是实辞的实质，晚明刘宗周有较充分的论证。孟子进一步继承《中庸》的思想和方法，从忠恕之道出发，强调通过对本心的自觉达到对天道的体认。他说："尽其心者，知其性也。知其性，则知天矣。"（《孟子·尽心上》）天之本性、人之本性与人之纯粹意识之本性是同一个本性，这样的本性作为本体，只能被理解为是天人统一的基础的实在性，不能理解为是一独立的实体。儒家哲学的本体观念到了宋明理学那里得到了更全面的发展。宋明理学中的三派张王气学派、程朱理学派、陆王心学派虽有以气、以理、以心为本体的区别，但他们的本体都不是独立的实体或抽象共相，而是一套道理构成的观念系统。所以，宋明理学的本体都不是实辞，而是虚位。虚位的本体并不是没有实在性，它就是万事万物之所以是万事万物的那个"所以是"，故其是实在的；但它又没有自己独立的、自满自足的存在方式，它以万事万物的存在方式为自己的存在方式，所以，它没有任何具体的规定性。就此而言，它又是无，是虚位。

其次，中国哲学的本体观念作为规律系统观念，其本体是由不同层次的内容有机统一构成的一个理道系统。这一点在习惯于知性分析，习惯于在万事万物之外寻找"唯一者"的哲学传统中是很不好理解的。而这又恰恰是中国哲学独特的地方。道家哲学的本体无疑是道，我们说过道家的

"道"的观念实质上是一有无统一、虚实统一的规律系统观念。"道"作为规律系统,第一,从存在论的角度说,"道"是有无的统一。《老子》第一章:"无名,万物之始也。有名,万物之母也。故恒无欲也,以观其妙;恒有欲也,以观其所徼。两者同出,异名同谓。玄之又玄,众妙之门。"第二,从"道"的属性的角度说,"道"是物质性与精神性的统一。上引第二十一章:"道之为物,唯恍唯惚。惚兮恍兮,其中有象。恍兮惚兮,其中有物。窈兮冥兮,其中有精。其精甚真,其中有信。"道的物质性,在于它的客观实在性;道的精神性,则指的是道的能动性。第三,"道"内在地包含着不同的逻辑环节于自身而构成一动态的过程。第四十章:"道生一,一生二,二生三,三生万物。万物负阴而抱阳,冲气以为和。"这里所说的道生万物的过程,是从逻辑上说的,而不是在生成论意义上说的。"生"是比况。"道生一"的"一",指道本身是一原始的统一性;"一生二"的"二",指道本身内在地包含着阴阳两种要素、两种趋势、两种功能、两种作用。"二生三"的"三",则指的是作为原始统一的道,在自身内在具有的阴阳两种要素、两种趋势、两种功能的作用下,自身发展而成为一具体存在。"三生万物"则是指道作为万物,作为具体存在,是多,是无限,道作为一将多统摄于自身之中。道本身就是一多样性的统一性。"冲气以为和"则明确地肯定了道的物质性。第四,"道"的普遍性规律是"反者道之动"的对立统一规律。以上诸方面的有机统一作为社会伦理规律就是"道"与"德"的统一。这多方面内容的内在关联构成道家哲学本体观念的整体性。后来道家哲学的发展并未改变老子哲学本体论的方向,而是进一步发展了道之作为本体是一规律系统的观念。

儒家哲学因其起源于礼乐教育的需要,所以,从一开始所集中关注的问题就是如何将人教化成标准的人的问题,这就是我们常说的儒家哲学的根本问题是成人的问题。"标准的人"自有其标准。这标准虽然指向的是人,但其实质却是本体论问题。因为任何的所谓标准,如果想获得绝对的意义,或者说所谓确定性的意义,必然是具有本体意义的标准。事实上,只要我们仔细地想一想,就会发现,只有具有本体意义的标准才能保证对所检验的对象的意义确认。这说明一事之所以为一事的标准必同时是其根据。这就是哲学问题了,或者说是哲学意义上的标准问题了。儒家哲学从其创始人孔子开始所重的就是具有本体意义的圣人标准问题。本体意义的圣人标准问题同时也是普遍意义的本体问题。孔子对本体问题很少直接论述，所以，子贡才说："夫子之文章，可得而闻也；夫子之言性与天道，不可得而闻也。"（《论语·公冶长》）庄子说"六合之外，圣人存而不论"。孔子也说："吾道一以贯之。"但这"一以贯之"之道乃"忠恕"之道。"忠恕"之道乃一方法论原则统摄本体论、认识论、伦理学的一个方法论的整体性。所以，其直接性形态是方法论，而非本体论。这些似乎都在表明孔子缺乏哲学本体论思想。其实不然。这些恰恰规定了儒家哲学本体论被实践理性所统摄的特征。

孔子从诗、书、礼、乐、易、春秋六艺中汲取营养，创造性地运用六艺中的资源表达自己的思想。他也认为天道或天命是世界的本体。天道或天命作为本体是一个大全。这一大全在不同的领域会有不同的逻辑内容。第一，就天道或天命作为整个宇宙的本体说，其最高的德性是仁与义。天道之仁，即所谓"维天之命，于穆不已"，这是天道的"生"的原则。天道之义，即所谓的"天生蒸民，有物有则"。这说的是天道的物质性原则和规律性原则。仁与义的统一构成天道规律系统的最基本原则。第二，天道本体在自然环节上，表现为阴阳五行化生万物的生生不已的过程。第三，天道本体在人的环节上，是仁义礼智信的统一。第四，天道本体自身作为内外统一体，是质与文即内在的精神义理与外在表现形式的统一。第五，天道本体的作用是有为与无为的统一，等等。总之，本体在孔子那里是一个内在包涵丰富内容的规律系统的观念。

孔子的这些思想在子思、孟子那里得到了进一步的发展。《中庸》首章即提出了性、道、教的统一，"天命之谓性，率性之谓道，修道之谓教"。《中庸》还明确地将天道与人道统一起来，《中庸》说："诚者，天之道也；诚之者，人之道也。"又说："自诚明，谓之性；自明诚，谓之教。诚则明矣，明则诚矣。""诚者，自成也；而道，自道也。诚者，物之终始，不诚无物。是故，君子诚之为贵。诚者，非自成己而已也，所以成物也。成己，仁也；成物，知也；性之德也，合外内之道也，故时措之宜也。"这些都是说天道作为本体，本身就是一个天道展现为人道、人道实现着天道的合外道于内道为一道的整体性。这些思想为孟子所继承、所发展。孟子进一步将本体引向心、性、道的统一性，他说："万物皆备于我矣。反身而诚，乐莫大焉。"（《孟子·尽心上》）从《中庸》和孟子的论述看，思孟进一步将本体引向天人合一、主客合一的观念。

本体作为规律系统的观念，到了宋明理学得到了全面的展开。理学奠基人周敦颐的《太极图说》就建立起了一个本体观念的系统学说。《太极图说》："无极而太极。太极动而生阳，静而生阴，静极复动。一动一静，互为其根。分阴分阳，两仪立焉。阳变阴合，而生水火木金土。五气顺布，四时行焉。五行一阴阳也；阴阳一太极也，太极本无极也。五行之生也各一其性。无极之真，妙合而凝。"这里所说的就是本体观念的内在结构。"无极而太极"讲的是本体作为原始的统一性，是一结构中的能动性、动变性中的结构性的时空统一性。所以，本体的运动就表现为阴阳五行交互作用化生万物的过程。"无极而太极"作为本体，本身就是一个本体作为规律系统统摄阴阳二气化生万物的过程。一阴一阳交互作用化生五行，五行生四时。这是生成论的观念。但他马上又消解了生成论。"五行一阴阳也，阴阳一太极也，太极本无极也。"无极、太极、阴阳、五行之间的关系，是逻辑关系，而非时间关系。阴阳、五行都是本体自身的内在构成。无极是一，二五是多，本体本身就是一与多的统一。周敦颐的这一本体观念，从两方面规定了本体的基本原则：一个是物质性支点的原则，一个是生生不已的"根据"统摄万事万物的原则。之后，所有宋明理学家的本体观念都没有脱离这一框架，都是一个本体是由不同的内容有机统一构成的理道系统的观念。这种观念达到了中国古代哲学本体论的最高峰，是对道家系统、《周易》传统、孔孟系统真正意义上的综合发展。

三

中国哲学的本体观念，就其主流系统说，如上所述，虽然不同的哲学派别、不同的哲学家对本体内容理解不同，但有一点，且是根本的一点则是相同的，那就是都认为本体不是某种具体存在，也不是脱离具体存在的抽象共相，而是一规律系统。中国哲学本体观念的独特性与中国哲学建立本体观念的方法是一致的。

中国哲学建立本体观念的方法，最根本的一点，我认为是具有现象学意义的生存论反思的方法。胡塞尔的现象学要通过现象学的还原，清除经验中的不确定性因素、相对主义因素，为哲学研究确立一个确定性的基础，以保证人类认识的科学性并进而建构科学的形而上学。胡塞尔最终认为保证认识真理性的确定性基础是纯粹意识。中国哲学从轴心时代开始所关注的就不是一个真理性知识问题，而是一个人的生存根据、方式问题。所以，实践理性的问题始终处于核心位置。这是与胡塞尔不同的。但另一方面，中国古代哲学同胡塞尔一样，也反对历史主义的相对主义，追求历史发展的确定性、绝对性。所以，中国古代哲学家一方面具有将思想观点建立在确定性基础上的自觉；另一方面又不把这确定性支点安放在知性分析的基础上，而是安放在人的情感体验的真实性上。以情感体验的真实性为基础实现对万物之真的认识，这一过程，是以情类物的过程；这一方法，是以情类物的方法。这样的方法，这样的过程，成为中国哲学认识论的基本原则，自然也就是中国哲学建立本体观念的基本方法。

孔子最早自觉到了这一方法，这就是孔子"一以贯之"的"忠恕之道"。忠恕作为孔子的"一以贯之"之道是具有最大普遍性意义的方法论原则。忠恕之道是："己欲立而立人，己欲达而达人"的肯定环节与"己所不欲，勿施于人"的否定环节的统一。"己欲立而立人，己欲达而达人""己所不欲，勿施于人"，表面看，其出发点都是我思、我欲或不欲，都是私人性。其实不然。因为，这里的我思我欲是在与人的关系中的，是与他人之思、之欲同一的。也就是说，这里的我思我欲并不是我的一个随意性，而是一个在他思他欲的制约中的我思我欲。所以，这里的我欲立、我欲达是一个人的自主性前提下的人性的普遍性。这样的我思我欲作为我的本性的真实性自然也是普遍人性的真实性；普遍人性的真实性自然也是天道本性的真实性。孔子理解到了这一点，深深地为这一逻辑所征服，故而，他将忠恕之道自觉地作为自己的"一以贯之"之道。这一点，他的许多弟子不理解，只有曾子理解到了这一点。后来，曾子对孔子自己坚持的这一原则从理论上加以阐发，加以传播，形成了思孟学派的建立在本体论、认识论、修养论三位一体基础上的哲学体系。《中庸》讲："喜怒哀乐之未发，谓之中；发而皆中节，谓之和。中也者，天下之大本也；和也者，天下之达道也。"这就明确地指明了通过人的情感的本真状态的自觉建立哲学本体观念的道路。孟子讲"万物皆备于我矣，反身而诚，乐莫大焉"；讲尽心知性而知天，等等，也都是在继续深化这条道路。人同此心，心同此理；人心之理同于天之理、物之理。从此出发，通过人对自身本性的理解达到知人、知物，这成了中国哲学的一般的方法论原则。

儒家哲学集中阐发、运用了这一生存论反思的方法论原则。道家等其他学派的哲学则突出探讨了如何保证这一方法论原则有效运用的前提条件，那就是虚心，使人心始终保持在无私、无欲的本真状态。老子讲虚心，讲无为，讲为学日益，为道日损；庄子讲"心斋"，讲"坐忘"；《管子》讲"静因之道"；荀子讲"虚壹而静"等等，实质上都是对中国哲学方法论的前提条件的强调。这些思想构成中国哲学方法论思想不可或缺的内容。它们与儒家哲学所强调的有为、学思、格物致知等恰构成一矛盾的统一体，二者谁也离不开谁，任何一方都只有在对方的制约、规定中才有真理性。

中国哲学建立哲学本体的上述方法，内在包含的方法论意义必然地是一个直觉与逻辑统一的方法论原则。在这一原则基础上建立起来的思想学说，也必然地是一个知识与境界相统一的意义整体，最终都归本于人的生存智慧、生存价值。理解了这一点就可以有效地防止独断论、相对主义、不可知论等的发生，对防止无限张扬理性的唯科学主义也具有重大意义。

（原载《吉林大学社会科学学报》2000年第5期）

学术史研究应成为 21 世纪中国
文化研究的一大重点

近现代以来，我国的学术史研究相对落后，存在着片面化、表面化和分散性、盲目性等问题，给我国未来的文化学术发展带来了严重的消极影响。这些影响，主要表现为：制约合理的学术观念的形成发展；影响对学科水平的正确评价；影响学术发展战略的制定等。所以，在 21 世纪应加强学术史的研究。

张岂之先生在《21 世纪关于传统文化应该深入研究的几个话题》（《中国政协报》1999 年 6 月 16 日）一文中提出，研究 20 世纪人文科学学术史是在即将来临的新世纪里推动祖国传统文化研究的具有宏观意义的长期课题。我非常赞成这一看法。同时，我认为学术史研究不仅对祖国传统文化研究来说是具有宏观意义的课题，对任何科学文化研究来说，都是必不可少的前提。学术史研究必将是 21 世纪科学文化研究的一大重点。

一 学术史研究的滞后已带来了严重后果

学术史研究的成果不仅仅意味着对历史的准确描述，更意味着对学术精神的合理的逻辑理解。自中国学术实现了由传统形态向现代形态的转型以来，其发展历程基本上是西方近现代学术知识的系统引进、传播、消化、发展。从学术理念到学术内容，基本上是一个与世界接轨、认同、一体化的过程。所以，百多年的中国学术的发展，主要表现为内容的扩张，而非系统的整理。这也就规定了我国近现代的文化学术史的研究必然是不发达的。回顾近百年的文化学术发展，我们看到，我国的学术史研究，除了具有与近现代的学术转型相适应的开创性、科学性等进步因素外，就其局限性方面来说，我认为一是片面，二是表面化，三是分散，四是盲目。

所谓片面，就是近现代以来我国的学术史研究往往局限于人文社会学科，诸如法律思想史、经济思想史、哲学思想史、政治思想史等等。从王国维的《论近年之学术界》、梁启超的《中国近三百年学术史》，到胡适的《中国哲学史大纲》（上）、冯友兰的《中国哲学史》；从郭湛波的《近五十年中国思想史》，到侯外庐的《中国思想通史》，所涉及的内容几乎都是哲学社会学科的。我认为完整系统的学术史，绝不仅仅是人文社会学科一个方面，同时还应该包括自然科学、技术科学以及各学科之间的相互作用和社会应用研究的发展。

所谓表面化，就是我国近现代以来的学术史研究，往往是描述性的，而缺乏系统的、内在的逻辑的分析。学术史研究的根本任务在于为学术思想的发展提供实证基础上的规律性的认识基础。这要求学术史的描述要完整全面；对学术史的认识要准确科学。而描述的完整准确，依赖于认识的准确科学；认识的准确科学又依赖于描述的完整准确。

所谓分散，一是缺乏不同学科之间的统筹；二是缺乏系统的专题内容的统筹。学术史研究的力量处于分散的状况。学术史研究的课题也处于分散的状态。这样的研究成果很难形成学术史研究的整体优势和团队力量。

所谓盲目，一是缺乏明确的学术史研究理念；二是缺乏深入反思基础上的学术史研究的理论框架；三是缺乏有效的课题统筹和研究力量统筹。

学术史研究的滞后已经给我国的学术研究和发展带来了许多消极影响。主要表现为：

1. 学术史研究的滞后，影响了合理的学术观念的形成和发展。学术发展史既是一种学术观念的实现过程，同时也是一种学术观念形成和发展的过程。学术史的研究，作为学术发展历程的经验教训的总结，实际上是对一种学术观念是否合理的检验。只有通过学术史的研究，才能自觉提出学术观念反思的任务。虽然任何学术研究都是在一定的学术观念的支配下进行的，但在一种具体的学术研究过程中，由于关注的主要是研究对象的内容，所以，引导学术研究的学术观念并不总是自觉地呈现于研究者的自觉意识中，往往是作为背景不自觉地制约着具体的学术研究。而当我们以学术发展的历史过程为对象时，学术观念合理与否的问题便成了必须回答的问题。

2. 学术史研究的滞后，影响对学科学术水平的正确评价。对一个学科的学术水平及一个学科的学术发展对社会发展所起的作用的正确评价，是建立在学术史的深入研究的基础上的。没有学术史的研究就谈不上准确的评价。例如，马克思主义哲学在中国的发展已经有近百年的历史，在近百年的发展中马克思主义哲学对我国的自然科学的发展所起的作用是怎样的？对这个问题的回答，只能建立在翔实的学术史研究的基础上，而不能凭感觉臆断。有人讲："由于历史条件的限制，马克思主义哲学在中国自然科学领域内没有发挥其应有的作用。"我认为这样的评价根据不足。马克思主义哲学对自然科学的发展发挥没发挥其应有的作用，只有系统的自然科学学术史研究才有发言权。而我国近现代的自然科学学术史研究是不系统、不全面的。在这种条件下很难对马克思主义哲学的作用作出公允的评价。仅就此而言，加强各学科的学术史研究就是刻不容缓的。

3. 学术史研究的相对滞后，使我们对我国的学术水平的估计常常陷于一种语焉不详的尴尬境地，并由此带来了对学术本质理解上的偏差和学术发展战略制定上的随意性。本来，对一个国家的学术水平的估计，既是一个学术研究工作者的个人行为，更是一个国家的国家行为。这就要求一个国家要通过必要的行政行为对本国的学术史研究加以有效的策划和组织。这样既可保证学术研究上的经费投入，又可保证学术研究队伍的有效组织和学术研究成果的权威性及资源的共享，从而为进一步的学术发展提供一个坚实的基础。但近现代以来我国大规模的有组织、有计划的系统学术史研究的开展是很不力的。由于学术史研究的相对落后，我们对学术本质的理解往往处于一种自发状态中，这主要表现为，在许多人那里，一提学术研究往往就理解为思想、观点的理论研究。另有一些人，当谈到何为学术时，很赞成梁启超和严复从体用统一、知行统一角度把握学术的实质的观点，但具体到对某段学术史的总结时，又落入了仅仅从学的角度把握学术的窠臼。要避免这种片面性，只有通过有组织的大规模的学术史研究才是可能的。

4. 学术史研究滞后的直接后果，就是对学术史研究的对象、内容、结构及方法等问题缺乏明确的自觉意识。对这些问题如果缺乏明确的自觉意识，就很难形成明确的学术史研究的"问题"，就很难将学术史研究引向持续不断的深入发展。

二 加强学术史研究要切实解决几个问题

第一，国家要加强对学术史研究的引导和管理。

保证这一点的落实，有效的形式就是通过社科立项，对学术史研究课题加以引导和资助，这样既可有效地组织研究队伍，又可保证研究工作的顺利进行，也可保证研究问题的落实。

首先，要重视学术史研究工作。各学科的基本理论研究和现实实践问题研究固然重要，但学术史研究同样不可或缺。基本理论研究、现实问题研究、学术史研究应该成为鼎足而立的有机整体。在这一有机整体中，学术史研究恰恰是联结基本理论研究和现实问题研究的纽带。这是因为，学术的本质是知行统一、体用统一。所以，它是从历史的角度总结基本理论研究与现实应用研究结合得如何的检验性工作。就此而言，我认为前一阶段，国家在科研立项上，对学术史研究的引导力度还不够。试想，没有坚实的学术基础的现实问题研究能达到什么水平？没有学术史研究对学术资源的系统整理为基础的学术研究又如何有效避免学术研究的低水平重复？

其次，对研究课题要加以充分的论证、系统的设计。就课题内容说，既要有各学科的专门史，又要有综合史；既需要事件编年，也需要思想理论的逻辑整理；既要有近期规划，又要有中、远期规划。要将学术史研究作为一个长远的系统工程加以建设。在课题论证上特别要避免一提学术史就是人文社会科学史，一提学术史就是思想文化史的片面性。作为系统工程的学术史，应该是理论与实践统一，自然科学与人文科学、社会科学统一的一个整体。

最后，在立项主体上，要鼓励多层次。在国家保证立项的同时，要支持和鼓励地方及各高等院校、科研院所对学术史研究的投入。这样既可保证学术史研究的开展，又可发挥地区优势、特色优势，促进学术史研究的繁荣。

第二，要提倡和鼓励科学、公正、实事求是的学风。

首先，对国家和学术研究管理部门来说，要以学术研究的科学态度管理学术史研究。这就需要充分地尊重学术研究的独立性、自主性。学术研究的根本要求是科学性。学术研究唯真理是从。其次，要给那些貌似没有任何直接现实价值的研究课题以充分的理解。学术史研究的价值往往不是通过其直接的现实作用表现出来的。它的根本作用在于对学术研究的推动。最后,对学术史研究工作者来说,要有一种为学术而学术的精神,要具有特立独行的风骨,要有一股为历史负责的热忱,要有一颗实事求是的平常心。

无论是对前者说,还是对后者说,克服短期行为和浮躁心理都是必要的,从某种意义上说是当务之急。

(原载《长白学刊》2002年第1期)

从《中庸》看中国哲学范畴"三位一体"的特征

中国哲学范畴同西方哲学范畴、印度哲学范畴相比有自己的特点。了解这一特点,对把握中国哲学的内容、理解中国哲学历史发展的内在逻辑、揭示中国哲学的精神实质,都有重要意义。中国古代传统哲学范畴的基本特征,我认为就是本体论、认识论、修养论的统一。这一点,在《中庸》中有比较充分的体现。

一

《中庸》首章:"天命之谓性,率性之谓道,修道之谓教。道也者,不可须臾离也;可离,非道也。是故君子戒慎乎其所不睹,恐惧乎其所不闻。莫见乎隐,莫显乎微,故君子慎其独也。喜怒哀乐之未发,谓之中;发而皆中节,谓之和。中也者,天下之大本也;和也者,天下之达道也。致中和,天地位焉,万物育焉。"这一章是《中庸》的总纲,也是儒家哲学的总纲。如何理解这一章,直接关系着对《中庸》的理解,也关系着对儒家哲学的理解,并进而关系着对中国古代传统哲学的理解。这一章首先确立了一个"中和"本体。朱熹注曰:"大本者,天命之性。天下之理皆由此出,道之体也。达道者,循道之谓,天下古今之所共由,道之用也。"那么,何谓"中"?"喜怒哀乐之未发,谓之中。"何谓"和"?"发而皆中节,谓之和。"可见,这里的"中""和"都是就情感而说的,其区别仅仅在于未发、已发。现在的问题是:作为人的情感未发状态的"中",何以能成为"天下之大本"?情感已发状态的"和",何以能成为"天下之达道"?这一点,如果仅站在本体论或认识论的立场上来看的话,是很难理解的。那么，到底应该如何理解？

第一，我们看"中也者，天下之大本也；和也者，天下之达道也"的立论前提、角度。我认为此立论之前提、角度，乃是反思的。所谓反思的，是说"中"作为本体，只能在其中介物中被把握。这是因为，"中"作为本体，作为万事万物的客观规定，乃是一自然天命、自然天成。而自然天命、自然天成的本真状态是一种非对象性的存在。因为，对象性的存在总是有偶然性因素、人为因素参与其间的。而"中"的本真状态的非对象性，同时也就意味着它不能成为人的直接性知识，人不能在感性中直接把握到它，而只能感受到它的存在。所以，人需在中介中把握"中"，通过中介物的明证性确立"中"的实在性。

第二，人只能在中介中把握"中"，这只是其最基本的要求，或者说，在中介中把握"中"仅仅是把握"中"的一个必要条件，而不是充分必要条件。在中介中能不能把握到"中"的本真状态，还取决于所选取的中介物是否合适。那么，什么样的中介是合适的呢？合适的中介应该满足两个条件：其一，它是本真的，这一点使它与本体的同一性得到保证；其二，它是在认识中的，这一点使它及"本体"的自觉性得到保证。这也就是说，这一中介应该是自意识中的、与本体同一的本真状态。关于此，中国古代学者认为，天命在人为人性，即"天命之谓性"，人性即天命，人性是天命的中介。从人性的自我反思中把握"中"，是认识"中"的唯一途径和关键。作为中介的人性，应该保持于自然天成的纯真状态中。这种状态中的人性，既是喜怒哀乐之情的意识，又不是喜怒哀乐之情的无节制的放纵和片面的专擅。此种状态从自在的角度看就是"喜怒哀乐之未发"的状态。"喜怒哀乐"言其"有"；"未发"言其"无"。既言其"有"，又言其"无"，那么，"有"何指，"无"又何指？"有"，有什么？"无"，无什么？"有"，指人的喜怒哀乐之情，即人性的实在性，也就是天命的实在性。所以，这里所说的"喜怒哀乐"，指的是其一般性质；而这里的"无"，指的则是没有具体规定性的对象性意识。"喜怒哀乐之未发"的状态，指的就是这样一种状态：既具有人性即天命的实在性，又无人欲之私、对象之扰的具体性意识的人性之本真状态。"中也者，天下之大本也者，言情欲未发，是人性初本"（孔颖达）。这种状态是人性的本真状态，当然也是"中"作为本体的本真状态。因为，中国哲学的所谓本体指的就是万有存在者的那个本真。"喜怒哀乐之未发"在自在性上与天道本体保持了统一性。但它仍是一个非对象性的存在，还需要寻找一个与天道本体的本真状态同一的对象性存在的对象。《中庸》的作者坚持中国哲学的将本体视为一个规律系统，将本体与万物的关系理解为本体作为规律统摄万物而使万物各得性命之正的立场，认为符合人性规律的喜怒哀乐之情，即"发而皆中节"的喜怒哀乐是与"喜怒哀乐之未发"、天道本体是同一的。"发而皆中节"的喜怒哀乐是具体的喜怒哀乐意识，是可以直接呈现给人的意识的，这样就可以满足对"中"的自觉性要求。

第三，人性的本初状态是把握天道本真状态的中介。人性本初状态可以通过内省直观得到。所以，它对人说具有自明性。对人性本真状态的内省直观所得到的观念，对对象说，是对象的本然；对人性说，是人性的本真；对认识说，是真理性知识。此即是"中"。这个"中"，作为"天下之大本"，既是对对象说的本体意识，又是对人性说的自我意识，也是对认识说的真知识。它是一个"三一体"，或称之为"三位一体"的实在性。

这样的一个"三位一体"意识，实质上意味着一种哲学立场。"哲学立场"一词，是一综合概念。所谓"哲学立场"，实指人的一种哲学生活，或者说，是指人在其日用平常生活中随时随地立于哲学自觉之地，在日用平常之事中窥得哲学意，在言行语默之事中赋予哲学意。窥得，非于外寻得；赋予，非由内施加于外。所以，说窥得、说赋予仅意味着人生达于哲学境界，无时不哲学，无事不哲学。"哲学立场"一词实包括哲学之知、哲学之活动、人行之哲学属性、对象之知的哲学层面、对待事物的哲学态度等等在内的全部内容。

这样的"哲学立场"，就是生存论的反思立场。["中"（作为本体）——中介（人性的本初状态）——"中和"（被把握、被实现着的"中"）] 这就是所谓"喜怒哀乐之未发，谓之中；发而皆中节，谓之和。中也者，天下之大本也；和也者，天下之达道也"的逻辑结构。"大本"，最最本然之谓也，非本原派生关系中的本原意，亦非生成论中的根源意。由此看来，郑玄注："中为大本者，以其含喜怒哀乐，礼所由生，政教自此出也"，朱熹注："大本者，天命之性，天下之理皆由此出，道之体也；

达道者，循性之谓，天下古今之所共由，道之用也"，似皆有疑义。因为，在这些解释中，"本"均有本原意、根源意，即都仅从本体论或生成论意义上立论，所以无法解释、说明人的情感未发状态何以能成为天下万物的本原、万物的根源。譬如朱熹，就只能采取曲折迂回的办法，先将未发状态的情感归结为天命之性，再归结为理，理成为万事万物的本原，由此实现"中也者，天下之大本也"的合理性。这就难免独断了。颜元就发现了朱熹注的矛盾，对之作了很机智的诘难。颜元说：

> "致者，推而极之也"，解字最好。到底实讲处却说"自戒惧而约之，以至于至静之中无少偏倚，而其守不失，则极其中"，"自谨独而精之，以至应物无少差谬"云云。世有至静之中不失其守而天地便位者乎？有应物无差谬而万物便育者乎？几何而不以吾道之至诚等于仙释之空寂妄诞也！况春秋之天地不位、万物不育，将谓孔子至静之守犹有失、应物之处犹有差谬乎？抑致中致和而位焉育焉，子思竟为不验之空言乎？理之不通，明矣。且字义之训诂，亦自相矛盾焉。夫推者，用力扩拓去，自此及彼、自内而外、自近及远之辞也。推而极之，则又无彼不及、无处不周、无远不到之意也。曾可云"约之"乎？曾可云"精之"乎？曾可以至静之守不失，应物之处无差，而谓之"致中和"乎？中庸何以称天下之"大本"、天下之"达道"乎？盖吾人之中和与天地万物一般大，致吾一心之中、一身之和，则钦明温恭是也；推而致一家之中、一家之和，则一家仁、一家让是也；推而致一国之中和、天下之中和，则调燮阴阳，协和万邦，三百三千之礼、《韶》《英》《濩》《武》之乐是也。夫然而清宁还之天地，咸若还之万物，斯真修道之极功，而吾人尽性至命之能事毕矣。《注》乃云"修道之教，亦在其中"，是致中和还不是修道乎？真梦语也。（《颜元集·四书正误卷二》）

颜元对朱熹的诘难是机智而又有见地的。但其正面立论还欠火候，他还没有将"中"的本体论、认识论、修养论三统一的特征明晰地提升到文化层面上来，"三位一体"的观念对他还是一种模糊的观念。但我们从他的论述中还是可以明显地看出，他已经很强烈地意识到了本体、认识、修养三者之间的联系，已经意识到了本体观念、认识观念只能建立于修养实践之中。

"中"作为"三位一体"之意义整体性，是一"成己"与"成物"相互制约、相互规定的实在性。这个实在性，在《中庸》中被规定为"诚"。"诚者，真实无妄之谓"也。"中也者，天下之大本也"的"大本"作为"诚"，作为"三位一体"的意义整体，即本体即认识即境界。对物说是"诚"，对人说是"诚"，对知识说亦是"诚"。"诚"的概念也同时兼具本体、认识、境界的意义。此"中"此"诚"是无时不诚，亦是无时不是思之诚，无时不是行之诚；此"中"此"诚"，又是无处不诚。无时无处不诚，即本体之"维天之命，于穆不已"和"天生烝民，有物有则"的实在性。这种实在性，亦即"成己"与"成物"相互制约、相互规定的实在性，故可言之"天地位""万物育"。这是因为，无时无处不诚亦即"发而皆中节"之"和"，此为"天下之达道"。"达道"仍是本体、知识、境界"三位一体"的整体性。

二

依据上述理解，回过头来看"天命之谓性、率性之谓道、修道之谓教"三命题，看"君子慎其独也"之命题，可知也都是本体、认识、修养"三位一体"之意义整体性命题。并且，只有从这种"三位一体"的特征中才能理解其意义，把握其精神实质。若单从本体论或认识论，抑或修养论的角度理解这些命题的含义，皆不成理。关于性、道、教的三命题，很明显地就可以看出三者是相互规定的，其各自的意义都取决于他者，都在他者中得到根据或规定。而我们现在说"君子慎其独也"也是"三位一体"的整体性命题，怎么理解？"慎独"是否也是本体论和认识论概念？我认为，在《中庸》中，"慎独"作为修养论的同时就是本体论概念和认识论概念。

"慎独"是儒家哲学中重要的修养论概念。如果说"慎独"是儒家最最重要的修养方法、手段、工夫，是不为过的。因为，儒家，特别是自孔子、子思、孟子所传的儒家一系，所主张的是自内圣开出外王，内圣是外王的根据。所以，其修养工夫必指向修养主体的内心世界。《大学》中讲

"慎独"就是从这一角度讲的。《大学》:"所谓诚其意者,毋自欺也。如恶恶臭,如好好色,此之谓自谦。故君子必慎其独也。""小人闲居为不善,无所不至。见君子而后厌然,掩其不善,而著其善。人之视己,如见肺肝然,则何益矣!此谓诚于中,形于外,故君子必慎其独也。"这里讲的"慎独",都是从人的独居闲处时诚心正意的修养工夫意义上讲的。这成为"慎独"的基本解,或者说是日常语言中的基本解。但在《中庸》中,却超越了修养论的界限,而具有了本体论、认识论的意义。《中庸》中讲慎独是根源于"道"的客观必然性,是对"道"的摹状。《中庸》说:"道也者,不可须臾离也;可离,非道也。是故君子戒慎乎其所不睹,恐惧乎其所不闻。莫见乎隐,莫显乎微,故君子慎其独也。"这里的"独"不仅仅是指闲居独处,而且也是指谓着本体和对本体的认识。关于此,晚明时的刘宗周有较深入的探讨。

刘宗周是王学殿军,但他对王学又有所改造。王阳明的学术思想最终归结于"致良知",刘宗周则改以"慎独"为宗。其弟子黄宗羲在《明儒学案·蕺山学案》中说:

> 先生之学,以慎独为宗,儒者人人言慎独,唯先生始得其真。盈天地间皆气也,其在人心,一气流行,诚通诚复,自然分为喜怒哀乐,仁义礼智之名,因此而起者也。不待安排品节,自能不过其则,即中和也。此生而有之,人人如是,所以谓之性善,即不无过不及之差,而性体原自周流,不害其为中和之德。学者但证得性体分明,而以时保之,即是慎矣。慎之工夫,只在主宰上,觉有主,是曰意,离意根一步,便是妄,便非独矣。故愈收敛,是愈推致,然主宰亦非有一处停顿,即在此流行之中,故曰"逝者如斯夫!不舍昼夜"。盖离气无所为理,离心无所为性。

刘宗周反对程朱理学将诚意与致知割裂开来,只将慎独看作诚意工夫的观点。他以"慎独"为本体,发展王阳明的心外无理说。首先,他将"独"规定为本体。他说:"隐微之地,是名曰独。……独者物之本,而慎独者,格物之始事也。""独之外,别无本体;慎独之外,别无工夫。此所以为中庸之道也。"进一步,他又从"心外无性"的观点出发,将慎独归结为工夫与本体的合一。他说:"人心道心,只是一心,气质义理,只是一性。识得心一性一,则工夫亦可一。静存之外,更无动察;主静之外,更无穷理。其究也,工夫与本体亦一,此慎独之说也。"其次,"慎独"作为本体,即"维天之命,于穆不已"之天,即四象二气。他说:"君子仰观于天,而得先天之《易》焉。'维天之命,于穆不已',盖曰天之所以为天也。是故君子戒惧于所不睹闻,此慎独之说也。至哉独乎?微乎微乎?穆穆乎不已者乎?盖曰心之所以为心也,则心一天也。独体不息之中而一元常运,喜怒哀乐四气周流,存此之谓中,发此之谓和,阴阳之象也。"再次,"独"作为本体并不是独立存在的实体性的本体。他认为,所谓"独"作为本体,是说它是万事万物的统一性基础,因其"维玄维默,体乎太虚。因所不见,是名曰独"。所以,"独"作为本体,不是实辞。他说:"独字是虚位,从体性看来,则曰莫见莫显,是思虑未起,鬼神莫知也;从心体看来,则曰十目十手,是思虑既起,吾心独知时也。""隐微之地,是名曰独。其为何物乎?本无一物之中而物物具焉,此至善之所统命也。"(以上引文俱见《明儒学案》)统命,即统名。

我认为,刘宗周对"慎独"的理解抓住了其本体论、认识论、修养论相统一的"三位一体"的特征,所以是准确而又深刻的。他的关于"慎独"是人心与道心、气质与义理、诚意与致知、动与静、本体与工夫相统一的思想,给我们以启示;他的关于"独"作为本体,不是独立存在的实体性本体,而是万物的统一性基础的实在性,"独字是虚位"的观点,更给我们以深刻启示。中国古代传统哲学本体论中的本体范畴,从一开始就不同于古代西方哲学本体论中的本体范畴。中国古代哲学中的本体,就其主流说,既不是某种具体物质,也不是万物的抽象共相,更不是人格神,而是一规律系统的实在性。这一规律系统的实在性作为本体,存在于万事万物之中,作为万事万物的根据、万事万物统一的基础而起作用,所以,它是实在的,是"有";同时,它又不是某种独立的具体实存,所以它又是"无",是虚位。本体的这种"有无"统一的性质,即即体即用的性质,使中国古代哲人对本体往往采取"六合之外,存而不论"的态度,但并不取消本体的意义。当他要建立本体的意义时,往往不是抽象地预设一个本体,而是将其建立于某种中介之中。而这种中介又往往是具有胡塞尔现象学意义上的自明的确定性特征的纯粹意识。如《中庸》

的"中",如孟子的"尽其心者,知其性也。知其性,则知天矣",等等。这就使本体论范畴具有了主观意识的特征。对此,以往人们往往批评其为唯心主义,我认为,这是不确切的。正是这种建立本体观念的方式,使中国哲学范畴获得了本体论、认识论、修养论相统一的特征,从而避免了独断论的发生,也避免了西方哲学建立在知性分析基础上的相对主义的发生。中国古代传统哲学范畴的这种"三位一体"的特征,正是其高明之处,正是其具有现代意义之处,需要我们好好地领会。西方哲学中的知性分析传统的哲学发展,始终受着认识的真理性之确定性基础的困扰,特别是关于形而上的真理之确定性基础的困扰。在这一关于真理的确定性基础问题的困扰下,有人主张拒斥形而上学;有人主张悬置本体;有人主张非理性主义的信仰,等等,莫衷一是。我认为,形而上学是不能拒斥的,拒斥了形而上学,也就取消了人的存在和认识的最高根据;但同时又不能对形而上学问题采取独断论的态度或知性的态度,而应该通过哲学的活动建立起来。怎样建立起来?通过怎样的哲学活动建立起来?中国古代哲学生存论反思立场的哲学活动方式,提供了很好的经验。正是基于此,我说中国古代哲学范畴的三位一体的特征是其具有现代意义之处。

三

《中庸》站在本体论、认识论、修养论"三位一体"的立场上论证了,或者说确立了"中"的本体地位。之后,《中庸》又从不同方面或继续申明或进一步深入论证了这一"哲学立场"。如第六章:"舜其大知也与!舜好问而好察迩言",从智的角度;第十章:"子路问强",从"强"这一具体德目的意义的角度;第十二章:"君子之道,造端乎夫妇,及其至也,察乎天地",从道的至高明至平易、至精微至浅显的统一的角度;第十九章从礼的具体规定的意义的角度;等等,继续申明了这一立场。而第二十一章、第二十二章、第二十五章、第二十六章等,更直接从理论上深入论证了这一"三位一体"的"哲学立场"。

第二十一章:"自诚明,谓之性;自明诚,谓之教。诚则明矣,明则诚矣。"这直接讲的就是本体论、认识论之合一而成就的境界论。"自诚明,谓之性",讲的是认识的本体论根据;"自明诚,谓之教",讲的是人的由认识而达于诚,即认识本体、实现本体的本性。前者讲的是本体论,后者讲的是认识论;前者表达的是由认识的规律性根据到具体的现实的认识实现过程;后者表达的是由具体的现实的认识到人之本性(同时也是天之本性)的实现、完成的过程。这两个过程同时又都是修养过程。"诚则明矣,明则诚矣",进一步申明了二者的统一性。同时,"诚"和"明"这两个概念又都是境界论概念,"诚"之作为本体和"中"之作为本体一样,也是虚位。所以,"诚""明"范畴也都同样地是"三位一体"性范畴,故朱熹说这一章是"子思承上章夫子天道、人道之意而立言也"(《四书集注》)。

第二十二章:"唯天下至诚,为能尽其性;能尽其性,则能尽人之性;能尽人之性,则能尽物之性;能尽物之性,则可以赞天地之化育;可以赞天地之化育,则可以与天地参矣。"第二十五章:"诚者非自成己而已也,所以成物也。成己,仁也;成物,知也。性之德也,合内外之道也,故时措之宜也。"至此,本体论、认识论、修养论已完全合一了。本体、认识、境界还可分乎?不可分矣。第二十六章讲天地之道的生生不已之德,第二十七章则紧承第二十六章以人道结之。第二十七章说:"大哉圣人之道!洋洋乎!发育万物,峻极于天。优优大哉!礼仪三百,威仪三千。待其人而后行。故曰苟不至德,至道不凝焉。故君子尊德性而道问学,致广大而尽精微,极高明而道中庸,温故而知新,敦厚而崇礼。"这里总结性地揭示了天道与人道、道与德、内在价值与外在价值、广大与精微、高明与平易等等的一系列的张力关系。这一系列的张力关系构成了《中庸》的内在辩证法。《中庸》的这一内在辩证法正是其范畴内在具有的本体论、认识论、修养论"三位一体"的辩证法。

通过以上的分析,我认为完全有理由说《中庸》中的基本范畴都是本体论、认识论、修养论"三位一体"性的范畴。这构成了《中庸》哲学的基本特征。这一特征同时也是中国古代传统哲学的基本特征,是中国古代哲学作为人学的自然表现。从本质上说,中国古代传统哲学是关于人如何成就人的学问,而不单纯是知物知人的学问。成就人的问题,实质上是实践理性的问题;而知物知人的问题,实质上是理论理性的问题。人的理性原本是理论理性与实践理性的一个统一性。这种统一性在知性环节上处于分裂状态,不是人的理性的真理性状态,而是人的理性的否定性环节。这种分裂状态在更高的环节上,即实践的环节上达到了统一。这种统一,实质上是实现于实践之中的实践理性以理论理性为基础,实践理性统摄理论理性的知行合一的实在性。

(原载《人文杂志》2003年第3期)

中国古代哲学对合理哲学
文化形式的有益探索

中国古代哲学不仅在哲学的精神义理，即哲学的内容方面对合理的哲学理性作了积极有益的探索，为中华民族乃至于全人类贡献了宝贵的精神财富；同样地，在哲学的文化形式方面也进行了积极有益的探索，为知识形态的哲学，或者说知识形态的形而上学何以可能的问题的解决提供了有价值的借鉴。

一

关于中国古代传统哲学的成就与价值问题，近二十多年来，积极肯定的呼声渐高。在此呼声中，有志于弘扬中国古代传统文化的学者对中国古代传统哲学从研究方法论到具体问题全方位地展开了深入细致的研究，取得了诸多共识。尽管如此，只要我们稍加留心就不难发现，肯定中国古代传统哲学价值的思想观点往往是就中国古代哲学的内容、中国古代哲学的基本精神而言的，人们心里向往的是中国古代哲学中高明的境界和博大的内容，而对中国古代哲学的文化形式方面则多持保留的态度。中国古代哲学的文化形式的方面仍为绝大多数人所诟病。其中，最为人们所诟病的莫过于所谓的中国哲学缺乏逻辑性，缺乏概念的明晰性和体系的严密性。

只肯定中国哲学内容而诟病中国哲学形式的思维模式，由于将哲学思想内容与哲学文化形式做了割裂的理解，所谓中国哲学内容上的合理性就成了无合理形式为载体的潜在的合理性。在此基础上谈论中国古代哲学的成就及对当代乃至于对未来合理哲学理性建设的价值时，就难免发生这样或那样的不尽合理的现象。诸如，脱离开中国哲学的整体而析出某几个所谓的合理的观点而加以肯定的做法；背离中国哲学"体用不二"的精神而一味用西方哲学的框架整理中国哲学史，使中国哲学资源成了西方哲学观点的一个印证的做法；离开中国哲学所固有的立场、形式整理中国哲学史而使中国哲学丧失了自己独立的文化形态的做法，等等，都和不能在内容与形式的统一中把握中国古代哲学有关。

本来中国古代哲学是有自己的文化形式的。并且，这种文化形式在承载中国古代哲学内容及基本精神、推动中国哲学的发展等方面，在历史上是起了积极作用的，对未来哲学建设也是有积极的借鉴意义的。那么，它何以会遭受诟病？其合理价值何以不被人所理解？除了社会历史的原因及中国古代哲学形式自身所具有的辩证性不易为知性所把握的原因之外，对合理的哲学理性所应具有的基本特征缺乏必要的预设研究恐怕也是一个重要原因。我认为，一种合理的哲学理性，起码应具备如下基本特征：

第一，人的历史与现实的矛盾，要求合理的哲学理性应该是历史感与现实感的统一；这种统一性的要求，落实到哲学思维上来，就是要求时间性思维方式与空间性思维方式的统一。本来人既生活在时间中同时也生活在空间中，所以，以人的空间存在形式为参照系或者以时间存在形式为参照系思考人物关系、人人关系是人的最基本的两种思考模式。前者会凝结成空间性思维方式，而后者则会凝结成时间性思维方式。

空间性思维方式中的宇宙整体是一个广延上的总和，所以，在空间性思维方式中的宇宙本体，在西方哲学中或者是抽象共相，或者是某种实存；在中国道家哲学那里则将本体概念转换成了属性概念，成了无任何具体规定性的"无"。道家学者在建立自己的人学原理时，表现出了明显的空间性思维方式的特征。道家哲学以追求人的真实、自由存在为归宿。他们认为，人的真实存在、自由存在必然是一种超越了有限性、有待性的无限的绝对的存在。这种无限的绝对的存在也就是"道"的存在状态。所以，真人应是与"道"合一的存在。人在自己的生命历程中应不断地向"道"靠拢。"致虚，极也。守静，督也。万物并作，吾以观其复也。夫物芸芸，各复归于其根，曰静。静，是谓复命。复命，常也。知常，明也。不知常，妄。妄作凶。知常，容。容乃公。公乃王。王乃天。天乃道。道乃久。没身不殆。"（《老子》，据马王堆汉墓帛书校改。）那么，"道"是什么？道家思想家从反思具体存在的有限性中去体认天道的属性。他们看到，在广袤的宇宙中，任何有具体规定性的存在都是有限的、相对的存在，都是一个矛盾性的存在，都不足以成为人的绝对自由的基础、真人的基础。由此他们认为，"道"的属性只能是"无"，"无"作为生长发育的原则，只能是"自然"，即"自然而然"。由此我们看到，道家所讲的"真人"、自由，由于没有任何一种具体的存在形式可以作为载体，所以只能作为一种心理事实而存在，即作为人的精神境界而存在。而其在对道的追问中所建立起来的解构式文化则保持了一种对现实、对具体存在的批判态度。

在时间性思维方式中的宇宙整体首先呈现为一个历史发展的系列，是一个秩序系统。所以，时间性思维方式中的宇宙本体是宇宙秩序系统中的最高环节的最具体的存在。这在中国儒家哲学那里表现得最为突出。儒家学者在建立自己的人学原理时，表现出了一种强烈的时间性思维方式。他们将统一的世界不仅仅看成是一个广延上的总和，更把它看成是时间上的历史发展的秩序系统。这个系统作为天道系统，"维天之命，于穆不已"（《诗·颂·维天之命》）的"能生性"原则和"天生烝民，有物有则"（《诗·大雅·烝民》）的物质性、规律性原则是其两个基本原则。在这生生不已的发展序列中，人是最高环节、最具体环节。"万物生生而变化无穷焉。惟人者，得其秀而最灵，形既生矣，神发知矣，五性感动，而善恶分、万事出矣。圣人定之中正仁义而主静，立人极焉。故圣人与天地合其德，日月合其明，四时合其序，鬼神合其吉凶。"（周敦颐：《太极图说》）人作为宇宙秩序系统中的最高环节和最具体环节，人性虽本于自然性，却不就是自然性。所以，虽然他们也说"生之谓性"，但更强调"天命之谓性"；他们虽然不否定"食色，性也"的自然性，但更强调社会性对自然性的统摄作用下自然性与社会性的统一作为人性整体性的实在性。孟子讲："口之于味也，目之于色也，耳之于声也，鼻之于臭也，四肢之于安佚也，性也，有命焉，君子不谓性也；仁之于父子也，义之于君臣也，礼之于宾主也，智之于贤者也，圣人之于天道也，命也，有性焉，君子不谓命也。"（《孟子·尽心下》）这分明是在强调自然性与社会性之间的相互规定性。"人之所以异于禽兽者几希。庶民去之，君子存之，舜明于庶物，察于人伦，由仁义行，非行仁义也。"（《孟子·离娄下》）这分明是在强调人性整体性中的自然性与社会性之间的相互规定性是社会性统摄自然性基础上的相互规定性。人的社会伦理存在是天道本体的最高存在、最具体的存在。所以,在儒家那里,他们所关心的是天道本体的存在形式。在对天道本体的最具体的存在形式的肯定中,儒家思想家也就充分肯定了日用平常的现实生活实践与成人、成圣的统一性意义。在儒家思想家看来,日用平常即道。

从儒道两家哲学思维方式及所取得的成果看,道家哲学引领了对本体之道的属性的思考,其积极成果一是为批判具体的现实存在的有限性提供了一种哲学本体论的根据;一是为人提供了一种超越性存在之所以必要和可能的形式——精神境界性、心理体验性存在形式。但其积极成果若被超限运用,则会带来否定文化、逃避现实等消极后果。而儒家哲学则引领了对本体之道的存在形式的思考,其积极成果一是为本体之道的存在形式提供了一种具体的、肯定性的说明;一是为人提供了另一种超越性存在之所以必要和可能的形式——具体的社会伦理生活实践的形式。但同样地,如果儒家哲学的这些积极成果被超限运用,则会带来以具体的有限的存在代替超越性存在的消极后果。由此看来,儒道两家哲学的合理性只存在于两家互补的整体性之中。这也意味着合理的哲学思维方式理应是时间性思维方式与空间性思维方式的内在互补。

第二,人的心理与文化的矛盾,要求合理的哲学理性应该是知识与境界、解释功能与价值功能、现实生活智慧与形而上学的终极关怀的统一。人的生存矛盾是哲学的本原基础,哲学无非是人的生存矛盾的观念表达。哲学以人的生存矛盾为操作"本文",以人的生存矛盾的解决为其自身的实现。而人的生存矛盾,从现实性角度而不是从抽象的角度看,就是心理与文化的矛盾。这里所说的心理与文化,都是广义的。其中,"心理"所标志的是在文化制约下的人的精神世界的现实性,所以,它是先天心理机能与后天意识内容的统一;而这里所说的文化则是在人的心理作用之下人的感性存在的方面,所以它本质上不是僵死的物化存在,而是一个"成己成物"的生生过程。在人的生存过程中,心理与文化是内在统一的;心理是内在包含着文化的一个整体性,而文化则是内在包含着心理的一个整体性。心理与文化始终处于内在张力关系之中。一方面,心理总要通过文化创造对象化自身,实现自身;另一方面,文化又总要通过重新占有人的心灵的努力而使自己成为人的文化。心理对文化的创造,表现出的是对人的原有界限的超越性突破作用；而文化对心灵的占有，表现出的则是限定作用。借用中国古代哲学观念，前者为生物之"生"的作用，而后者则为成物之"成"的作用。这两种作用力的方向是相反的，一为辟，一为翕。哲学作为人的生存矛盾的理论表达，必须反映心理与文化之间的矛盾运动，为人们消解由知性偏执所带来的心理与文化的对立提供理论说明。哲学的这一任务要求哲学自身在心理与文化之间保持必要的张力：既不可将自身等同于纯粹的知识，又不可将自身只停留于主观的感受。它既是一种知识，更是一种境界；既是现实的生活智慧，更是人安身立命之本的终极关怀。

第三，上述对哲学的要求，体现在哲学文化上，就表现为哲学的概念体系与其精神实质、内容与形式的关系上。哲学的内容、精神实质要具有辩证性，决定了哲学的概念体系与精神实质、内容与形式之间的关系也要具有辩证性。并且，这种辩证性的要求还不仅仅是指概念体系与精神实质、内容与形式之间必须保持一种内在的、良性的互动关系，而且还意指哲学的概念、范畴、体系等形式的方面也要具有辩证性的特征。概念、范畴、体系等形式方面的辩证性，是指概念、范畴的确定性和体系的合理性是通过其自身内在包含着的不同内容、不同环节间的必然联结实现的。这样的概念、范畴、体系，往小了说，自身都可以说是一个小系统；往大了说，概念、范畴即体系，是体系的高度概括，体系是概念、范畴的展开。具有这种辩证性特征的形式，初看起来是朦胧的、不够明晰的，往往给人以一种不确定性的印象。但一旦发现了它的奥妙，所得到的就将是哲学思想、哲学道理上的深刻的明晰性而不仅仅是形式的明晰性。中国古代哲学在文化形式方面为人所诟病的原因，我想可能与中国哲学概念、范畴、体系所具有的辩证性有关。深入探讨中国哲学我们发现，不仅中国哲学精神、内容具有一种辩证性的圆融性，而且中国哲学的文化形式方面也具有一种辩证性的圆融性。对以"为天地立心，为生民立命，为往圣继绝学，为万世开太平"（张载：《张子全书》卷十四）为"为学"宗旨的中国哲学来说，它所具有的天人通、古今通、上下通、内外通、人物通、人人通等圆融精神正是通过中国哲学所特有的具有强烈的辩证性、圆融性的哲学文化形式实现的。中国哲学文化形式上的这种辩证的圆融性，我把它概括为本体论、认识论、修养论的"三位一体"性。

二

中国哲学文化形式上的辩证圆融性，首先体现在哲学文化的基本单元——概念、范畴上。中国哲学概念、范畴的基本特征，我认为就是本体论、认识论、修养论的"三位一体"性。中国哲学的概念、范畴，无论其是本体论概念、范畴，还是认识论概念、范畴，抑或方法论概念、范畴，其内涵都是本体论、认识论、修养论的统一，或者说都内在地包含着本体论、认识论、修养论的意义。进一步说，所谓的概念、范畴都包含着本体论、认识论、修养论的意义，并不是说在一个概念、范畴中无内在关联地分别含有不同的意义，而是说三重意义的内在关联、内在的相互规定性才成就了这一概念、范畴的内涵。也就是说，中国哲学概念、范畴中的三重意义各自担负着成就这个概念、范畴的内涵的特定功能作用，三者构成一个思想的整体性的意义链。这样一来，当我们面对中国哲学的某个概念、范畴时，如果单从某一方面去把握，很难把握它的确切的内涵，只有在三重意义的相互规定中才能理解其意义。这样的概念、范畴本身就是一种思想，就是一套道理。中国哲学概念、范畴的这种"三位一体"性，是整个中国古代哲学的传统。

《周易》号称群经之首，是诸子百家共同的文化资源。"易"无疑是一个基本概念。那么，"易"的内涵是什么？西汉《易纬·乾凿度》发明"易，一名而含三义。所谓易也。变易也。不易也"之说，为绝大多数解《易》者所承袭。宋儒在三义基础上又增加"交易"一义，实则变易含有交易。易一名而含简易、变易、不易三义是从古至今的基本理解。"易一名而含三义"的明确说法虽始于《易纬》，但"三义"思想却不是《易纬》作者所发明的，而是古已有之的，最迟也不会晚于孔子。《系辞上》："天尊地卑，乾坤定矣。卑高以陈，贵贱位矣。动静有常，刚柔断矣。方以类聚，物以群分，吉凶生矣。在天成象，在地成形，变化见矣。……乾道成男，坤道成女。乾知大始，坤作成物。乾以易知，坤以简能。易则易知，简则易从。易知则有亲。易从则有功。有亲则可久。有功则可大。可久则贤人之德。可大则贤人之业。易简而天下之理得矣。天下之理得，而成位乎其中矣。"这可以说表达了"易一名而三义"的思想，并且这里还是从本体论、认识论、修养论三位一体的角度对"三义"思想的说明。在《系辞》中与"三义"思想相关的说法还有许多。由此我们说,"三义"思想是古已有之的。"三义"中的"不易"关乎本体;"变易"关乎发展、过程及"不易"的存在方式;"简易"关乎"不易"的本性及人的知行,所以,"一名而含三义"实乃是"三位一体",这个"三位一体"本质上还是一个本体论、认识论、修养论的"三位一体"。

"道",无疑是中国哲学中的一个最基本的概念、范畴。那么,"道"的内涵是什么?南宋朱熹的高弟陈淳对"道"的解说为我们理解"道"的概念、范畴提供了一些信息。从"道"的原意和引申义角度看,"道,犹路也。当初命此字是从路上起意。人所通行方谓之路,一人独行不得谓之路。道之大纲,只是日用人伦事物所当行之理。众人所共由底方谓之路"(《北溪字义》卷下)。从"道"的本原角度看,"论道之大原,则出于天"。"若推原来历,不是人事上划然有个道理如此,其根原皆是从天来。故横渠谓'由太虚,有天之名;由气化,有道之名',此便是推原来历"(《北溪字义》卷下)。从道的存在方式、实现方式及人求道的工夫的角度看,"道无所不在,则理无所不通。其盛著见于造化发育,而其实流行乎日用人事,千头万绪。人生天地之内,万类之中,全具是道,与之具生,不可须臾离。故欲求道者,须是就人事中尽得许多千头万绪当然之理,然后可以全体是道,而实据于我。非可舍吾身人事,超乎二气之表,只管去穷索未有天地始初之妙为道体,则在此身有何干涉?……学者求道,须从事物千头万绪中磨炼出来"(《北溪字义》卷下)。在这里引用陈淳对道的解说,意在说明"道"的内涵的"三位一体"性。

如果说上述的两个概念所具有的"三位一体"性还略显外在的话,那么,《中庸》中的"中""和"概念,王阳明哲学中的"致良知"的概念所具有的"三位一体"性则完全是内在逻辑性的。我们仅以"中""和"概念为例做些说明。

《中庸》首章:"天命之谓性,率性之谓道,修道之谓教。道也者,不可须臾离也;可离,非道也。是故君子戒慎乎其所不睹,恐惧乎其所不闻。莫见乎隐,莫显乎微,故君子慎其独也。喜怒哀乐之未发,谓之中;发而皆中节,谓之和。中也者,天下之大本也;和也者,天下之达道也。致中和,天地位焉,万物育焉。"在这里《中庸》作者首先确立了一个

"中和"本体。那么,何谓"中"?"喜怒哀乐之未发,谓之中。"何谓"和"?"发而皆中节,谓之和。"可见,这里的"中""和"都是就情感而说的,其区别仅仅在于未发、已发。现在的问题是:作为人的情感未发状态的"中",何以能成为"天下之大本"?情感已发状态的"和",何以能成为"天下之达道"?这一点,如果仅在本体论或认识论的立场上来看是很难理解的。那么到底应该如何理解?

第一,我们看"中也者,天下之大本也;和也者,天下之达道也"的立论前提、角度。我认为此立论之前提、角度,乃是反思的。所谓反思的,是说"中"作为本体,只能在其中介物中被把握。这是因为,"中"作为本体,作为万事万物的客观规定,乃是一自然天命、自然天成。而自然天命、自然天成的本真状态是一种非对象性的存在。因为,对象性的存在总是有偶然性因素、人为因素参与其间的。而"中"的本真状态的非对象性,也就意味着它不能成为人的直接性知识,人不能在感性中直接把握到它,而只能感受到它的存在。所以,人需通过中介把握"中",通过中介物的明证性确立"中"的实在性。

第二,人只能在中介中把握"中",这仅仅是把握"中"的一个必要条件,而不是充分必要条件。在中介中能不能把握到"中"的本真状态,还取决于所选取的中介物是否合适。那么,什么样的中介是合适的呢?合适中介应该满足两个条件:其一,它是本真的。这一点使它与本体的同一性得到保证;其二,它是在认识中的。这一点使它及"本体"的自觉性得到保证。这也就是说,这一中介应该是自意识中的、与本体同一的本真状态。关于此,《中庸》作者认为,天命在人为人性,即"天命之谓性"。从人性的自我反思中把握"中",是认识"中"的唯一途径和关键。作为中介的人性,应该保持于自然天成的纯真状态中。这种状态中的人性,既是喜怒哀乐之情的意识,又不是喜怒哀乐之情的无节制的放纵和片面的专擅。此种状态从自在的角度看就是"喜怒哀乐之未发"的状态。"喜怒哀乐"言其"有";"未发"言其"无"。既言其"有",又言其"无",那么,"有"何指,"无"又何指?"有",指人的喜怒哀乐之情,即人性的实在性,也就是天命的实在性。所以,这里所说的"喜怒哀乐",指的是其一般性质;而这里的"无",指的则是没有具体规定性的对象性意识。"喜怒哀乐之未发"的状态,指的就是这样一种状态:既具有人性即天命的实在性，又无人欲之私、对象之扰的具体性意识的人性之本真状态。"中也者，天下之大本也者，言情欲未发，是人性初本。"（孔颖达）这种状态是人性的本真状态，当然也是"中"作为本体的本真状态。因为，中国哲学的所谓本体指的就是万有存在者的那个本真。"喜怒哀乐之未发"在自在性上与天道本体保持了统一性，但它仍是一个非对象性的存在，还需要寻找一个与天道本体的本真状态同一的对象性存在的对象。《中庸》的作者坚持中国哲学的将本体视为一个规律系统，将本体与万物的关系理解为本体作为规律统摄万物而使万物各得性命之正的立场，认为符合人性规律的喜怒哀乐之情，即"发而皆中节"的喜怒哀乐是与"喜怒哀乐之未发"、天道本体是同一的。"发而皆中节"的喜怒哀乐是具体的喜怒哀乐意识，是可以直接呈现给人的意识的，这样就可以将不能直接直观的本体诉诸直观。

第三，人性的本初状态是把握天道本真状态的中介。人性本初状态可以通过内省直观得到。所以，它对人说具有自明性。对人性本真状态的内省直观所得到的观念，对对象说，是对象的本然；对人性说，是人性的本真；对认识说，是真理性知识。此即是"中"。这个"中"，作为"天下之大本"，既是对对象说的本体意识，又是对人性说的自我意识，也是对认识说的真知识。它是一个"三一体"，或称之为"三位一体"的实在性。这样的一个"三位一体"意识，实质上意味着一种哲学立场。所谓"哲学立场"，实指人的一种哲学生活，或者说，是指人在其日用平常生活中随时随地立于哲学自觉之地，在日用平常之事中窥得哲学意，在言行语默之事中赋予哲学意。窥得，非于外寻得；赋予，非由内施加于外。所以，说窥得，说赋予，仅意味着人生达于哲学境界，无时不哲学，无事不哲学。"哲学立场"一词实包括哲学之知、哲学之活动、人行之哲学属性、对象之知的哲学层面、对待事物的哲学态度等等在内的全部内容。这样的"哲学立场"，就是生存论的反思立场。["中"（作为本体）——中介（人性的本初状态）——"中和"（被把握、被实现着的"中"）] 这就是所谓"喜怒哀乐之未发，谓之中；发而皆中节，谓之和。中也者，天下之大本也；和也者，天下之达道也"的逻辑结构。由此我们看到，"中和"本体是一个内在包含着本体论、认识论、修养论的综合概念。在这样的综合概念中，"本体"以本体之知、人伦实践为自身的内在规定;"知"以对象的本质和"能行"为自身的内在规定;同样地,人伦实践也以本体和对本体的自觉为自身的内在规定。这样的内在规定,实际上也就意味着本体观念、认识观念只能实现于修养实践之中的逻辑的必然性。

三

通过分析,我们有理由说中国哲学概念、范畴本质上是本体论、认识论、修养论"三位一体"性的。与中国哲学概念、范畴的"三位一体"性相呼应,中国古代哲学的体系特征也是"三位一体"性的,这种体系的"三位一体"性贯穿整个中国哲学史的传统。限于篇幅,在此仅以中国古代哲学的完成形态——宋明理学为例做简略的说明。整个宋明理学虽然其内部存在着哲学立场、思想观点上的种种区别,但就其学说体系的结构说,却有着相当的一致性,那就是以"为学之方"为核心,向前追寻出一个"天道"本体论,向后引申出一个"复性"修养工夫论,由此构成一个本体论、认识论、修养论"三位一体"的完整体系。这样的体系结构,由周敦颐创其规模,由程朱等丰满其内容,而由王阳明以"致良知"概念概括了"三位一体"的实质。

中国古代哲学文化形式的这种"三位一体"的辩证性,不仅保证了中国古代哲人表达哲学思想内容的辩证性、具体性的需要,同时也使中国古代哲学具有了开放性的可能。以往有许多人批评中国古代哲学研究总是在解经模式下运作的研究方法,认为这是中国哲学僵化的表现。从事实角度说,在解经模式下运作的中国古代哲学研究,并未阻碍思想的创新。从学理上说,中国哲学概念、范畴所具有的辩证性决定了思想创新研究可以在解经模式下运行。而中国古代解经模式长期存在的事实又可反证我们关于中国古代哲学概念、范畴"三位一体"的辩证性的认识。

我们研究中国古代哲学文化形式的特征,绝不仅仅是为了说明这种研究对解说中国古代哲学的意义。这种研究对推进当代中国哲学理论研究也具有积极的借鉴意义。我认为,中国古代哲学内容上的辩证性与形式上的辩证性相一致的经验,对推动哲学理论研究起码具有如下积极意义:

第一,对知识形态的形而上学何以是可能的问题的解决具有积极的借鉴意义。对这个问题的解决，关键的是一个哲学立场问题。在西方哲学中，为解决这个问题，曾经历过本体论立场、认识论立场、人本主义立场、拒斥形而上学的立场等等的尝试，但都不能说很好地解决了这个问题。马克思主义哲学所开辟的实践观点的思维方式应该说为解决这个问题提供了合理的哲学立场，惜后人囿于本体论或认识论思维方式而不能充分理解马克思主义哲学革命变革的意义。中国哲学概念、范畴、体系"三位一体"的特征，实际上也是在说明，合理的哲学立场只能是生存论的立场。因为，所谓的三位一体所表达的是：作为修养论的实质的人的社会伦理实践是本体论、认识论的存在方式，而本体论、认识论则只是人的社会伦理实践所必需的两个环节。脱离了修养论的本体论也就丧失了明证性的前提；不内在地包含着"行"的品格的"知"并不是"真知"。知识形态的形而上学的必要性和可能性只存在于人的生存意义中。形而上学的需求，是人的超越性本性的要求；合理的知识形态的形而上学观念只能于生命直觉中产生；形而上学的澄明只能实现于人的生存实践。

第二，对探讨合理的哲学概念体系具有积极的借鉴意义。哲学的道理，不能不借助于概念、范畴体系以彰明，但不就等于概念、范畴体系。人不可没有终极关怀，但又不能将其归结于任何一种具体存在。解释循环的不可避免性，决定了任何建立终极体系的企图的不合理性。所以，终极关怀对人来说，始终是以一种现实存在的批判尺度的形式存在着。具体的现实存在唯其有了这种批判尺度，才使有限的、具体的现实存在获得了超越性的意义：在形上尺度的作用下，具体存在一方面获得了自身之为自身的与他物相区别的规定性；一方面也获得了不断发展自身的超越性。所以，合理的哲学概念体系只能是内在包含心理与文化、质与文、内容与形式内在张力的体系。中国古代哲学概念、范畴、体系所具有的"三位一体"性所表现的就是这种张力关系。

中国哲学文化形式所具有的价值绝不止于此。但我认为这两个方面是最重要、最突出的。同时，我们说中国古代哲学文化形式具有积极的意义，也绝不意味着它就是完满的形式，中国哲学文化形式的意义本来就是在历史发展的动态过程中形成、展开的；更不意味着不经创造性转化将其运用于现代学术之中，本来，它的所谓的合理性很重要的一个理由就是它提供了创造的可能性。我们挖掘中国哲学文化形式的合理性旨在为哲学的发展研究寻求有利的文化资源。

（原载《吉林大学社会科学学报》2004年第4期）

周敦颐"人极"标准思想的哲学意义

周敦颐以其本体论、认识论、修养论"三位一体"的哲学立场，提出了"圣人定之中正仁义而主静，立人极焉"的"人极"标准的思想。这一思想往往被把握为是周敦颐对"人极"标准是什么的直接规定。其实不然。我认为，这不是"人极"标准是什么的直接规定，而是对如何确立"人极"标准方法论原则的规定。他不是在告诉人们什么是"人极"标准，而是在告诉人们应怎样建立具有真理性的"人极"标准。周敦颐的这一思想，对解决"知识形态的形而上学何以是可能"的问题具有借鉴意义。

周敦颐是宋明理学的奠基人，其人品、学问及学术地位自宋始即已为人所称道、肯定。胡宏序《通书》曰："孔子述三五之道，立百王经世之法；孟轲氏辟杨、墨，推明孔子之泽，以为万世不斩。又谓孟氏功不在禹下。今周子启程氏兄弟以不传之学，一回万古之光明，如日丽天，将为万世之利泽，如水行地。其功盖在孔、孟之间矣。"（《五峰集·周子通书序》）朱熹称周敦颐之《通书》为"近世道之源"，"比《语》、《孟》较分晓精深，结构得密，《语》、《孟》较说得阔。"（《朱子语类》卷九十四）朱子作《伊洛渊源录》以周为之首，开《宋史·道学传》之先。黄百家则直认周敦颐为继孔、孟心性之学的破暗者，他说："孔、孟而后，汉儒只有传经之学，性道微言之绝久矣。元公崛起，二程嗣之，又复横渠诸大儒辈出，圣学大昌。故安定、徂徕卓乎有儒者之矩范，然仅可谓有开之必先。若论阐发心性义理之精微，端数元公之破暗也。"（《宋元学案·濂溪学案》）自宋以来，虽或有认周子之《太极图说》源于道家而疑其纯儒者，如九韶、九渊兄弟；有疑周子于宋明理学之开山地位者，如冯友兰先生在其《中国哲学史新编》中说："在《伊洛渊源录》中，他（朱熹——引者注）第一个提出的是周敦颐，给人们一种印象，认为周敦颐是道学的创立者，这是一种误会。"然亦皆不能不承认周子之学对宋明理学之奠基价值。如冯友兰先生在总评周敦颐时亦不得不说："总的看起来，周敦颐对于道学的主题，都已提出来，并且作了初步的解决。道学家们推崇他为前辈，这不是出于偶然。"然而，周敦颐哲学的意义仅仅是对宋明理学而言历史地存在吗？如果我们站在从历史到当代乃至于未来哲学发展向度的角度，如果我们站在"合理的知识形态之形而上学何以是可能"的这一问题意识的角度上透视周敦颐的哲学思想，特别是他的"圣人定之以中正仁义而主静，立人极焉"的确立"人极"标准的思想，我们就会发现，周敦颐的哲学思想具有一种超历史的、普遍的意义。本文即是基于"合理的知识形态之形而上学何以是可能"的这一哲学"焦虑"，借现象学问题而展开的对周敦颐哲学的一种解读。

一

周敦颐哲学是以"为学之方"为核心的哲学人学体系。这一人学体系是一以本体论、认识论、修养论"三位一体"为基本特征的整体体系。为了说明对周敦颐哲学思想这一总体性把握的意义内涵，我想先对以上两判断中的"为学之方"和"三位一体"作些预设性的说明。

首先，"为学之方"，本是朱熹与陆九渊"鹅湖之会"上争论的核心问题。"鹅湖之会"上的"为学之方"之争，其直接意义往往被理解为关于为学方法问题的方法论之争。《象山年谱》记载："朱亨道书云：'鹅湖讲道切诚当今盛事。伯恭盖虑陆与朱议论犹有异同，欲会归于一，而定其所适从，其意甚善。'……又云：'鹅湖之会论及教人，元晦之意欲令人泛观博览而后归之约。二陆之意欲先发明人之本心而后使之博览。朱以陆之教人为太简；陆以朱之教人为支离，此颇不合。先生更欲与元晦辩，以为尧舜之前何书可读。复斋止之。'"（《象山全集·卷三十六》）依此记载说，"为学之方"确是一方法论之争。但在朱陆之争中"为学之方"绝不仅仅是一为学方法问题，实关联着理学与心学的哲学立场及哲学思想、观点之不同。这从朱陆鹅湖三诗可以看出。陆九龄诗云：

孩提知爱长知钦,
古圣相传只此心。
大体有基方筑室,
未闻无址忽成岑。
留情传注翻蓁塞,
著意精微转陆沉。
珍重友朋相切磋,
须知至乐在于今。

于此诗之心学立场,九渊基本同意,然又觉"古圣相传只此心"句"微有未安",遂于赴会途中和诗云:

墟墓兴哀宗庙钦,
斯人千古不磨心。
涓流滴到沧溟水,
拳石崇成泰华岑。
易简工夫终久大,
支离事业竟浮沉。
欲知自下升高处,
真伪先须辩只今。

以"斯人不磨心"修正了"古圣相传心"的心学不彻底性。此二诗是陆氏兄弟赴"鹅湖之会"前,就自家的哲学立场展开充分讨论后所得到的关于"哲学立场"的认识结果。陆象山曾回忆说:"吕伯恭为鹅湖之集,先兄复斋谓某曰'伯恭约元晦为此集,正为学术异同,某兄弟先自不同,何以望鹅湖之同?'先兄遂与某议论致辩,又令某自说,至晚罢。先兄云:'子静之说是。'次早,某请先兄说。先兄云:'某无说。夜来思之,子静之说极是。方得一诗'"(《象山全集·卷三十四》),即举上诗。于此可见,陆氏兄弟二诗本为表明自家学术立场而作。朱熹于二陆诗,一谓其"早已上子静船了",一则"失色"乃至于"大不怿"而不能予以相应的回应,别后三年,才和前诗云:

德业流风夙所钦，
别离三载更关心。
偶携藜杖出寒谷，
又枉蓝舆度远岑。
旧学商量加邃密，
新知培养转深沉。
只愁说到无言处，
不信人间有古今。

从三诗可以看出，"为学之方"之争，首先是心学与理学的立场之争，而后才有方法之争，而其实质则是为人之方之争。我于此处亦以一种扩展的理解使用"为学之方"一词。所谓扩展的理解，是说宋明理学真正关心的是"人怎样成为人"的问题。"成人之方"才是宋明理学的核心问题。分析地看以"成人"为核心、为实质的"为学之方"内在包含着三个环节：

1. "为学之方"作为以"为人之方"为实质的方法，不能以单纯的求知方法而存在。它一方面关联着认识上的自觉性——此为知，一方面关联着践履上的实践性——此为行，同时还关联着知行统一意义上的客观真理性——此为本体，所以，以"为人之方"为实质的"为学之方"，本质上是一本体论、认识论和修养论"三位一体"的整体性。

2. "为学之方"作为本体论、认识论、修养论"三位一体"的整体性，如果将其降等，在其"三位一体"的整体性上等而下之地视其为一个关于理性存在及其活动的知识体系的话，这一知识体系，乃是一以理论理性为基础，实践理性统摄理论理性的实践理性的整体性。这个整体性中内在地包含着一个伦理实践之所以可能的先天根据的内容，这个先天根据即为学之"方"。这个"方"字，是个本体概念，是伦理实践本身所具有的客观规定性、规律性，即"道"。《易·恒》象辞："雷风，恒。君子以立不易方"，孔颖达注曰："方，犹道也。"

3. "为学之方"作为本体论、认识论、修养论"三位一体"的整体性，如果再将其安放于现实的考量中，则其又必内在地包含着成人、成圣的现实可能性、规律性的道路、途径等问题及关于此等问题的观念。在此意义中的可能性、规律性的道路、途径及观念亦是为学之"方"。这个"方"字，则是个方法论概念，即具有实践的规律性意义的为人方法论。

以"为学之方"为核心的哲学人学体系中的"核心"一词，兼有内容与形式两方面的意义。就内容说，作为以"为人之方"为实质的"为学之方"是宋明理学也是周敦颐哲学的核心问题。而就形式说，"为学之方"恰构成周敦颐哲学及宋明理学哲学体系中连接天道本体论和修养功夫论的核心环节。如果以"为学之方"问题为致思起点建构哲学人学体系，则必会向前追问出一个天道本体论的内容，向后开发出一个修养功夫论的内容。对天道本体论说，必潜藏着一个本体之知何以可能的前提性问题；而对修养功夫论说，则又潜藏着一个修养功夫的客观必然性问题。本体之知何以可能的问题是以人统天的人的本体问题；修养功夫的客观必然性问题是以天统人的人的本体存在方式问题。所以，无论从何角度说，"人"恰居于核心位置。周敦颐及宋明理学的哲学人学体系，恰恰是这样一个逻辑体系：天道本体论——为学之方——修养功夫论。这一体系在周敦颐那里则是："无极而太极"的天道本体论——"中正仁义而主静，立人极焉"的人极标准——"诚之"的修养功夫论。

其次，关于本体论、认识论、修养论的"三位一体"问题，我们说周敦颐的哲学人学体系是集本体论、认识论和修养论为一体的哲学体系，这不是说在周敦颐的哲学体系中分别地存有这三个方面的内容，也不是说周敦颐既讲本体论，又讲认识论、修养论，而是说三者的内在关联及相互规定所构成的哲学立场、哲学性质才是周敦颐哲学的根本性质和总特征。其实，周敦颐哲学体系的"三位一体"性是中国哲学概念、范畴"三位一体"性的总特征在体系上的表现。

中国哲学，特别是中国古代哲学的概念、范畴与西方哲学的概念、范畴有所不同。总体上说，西方哲学的概念、范畴分类清晰明确，意义确定。从亚里士多德的范畴表到康德的范畴表都在做着通过概念、范畴的确定性实现思想的确定性的努力。反观中国古代哲学则缺少这样的范畴表及制定范畴表的工作。相对于分类清晰、意义确定的西方哲学的概念、范畴，中国古代哲学的概念、范畴更多地表现出通用性、混合性，一个"仁"，既可表示天德，也可表示人德。由此，有人就认为中国哲学的概念、范畴是不确定的、不成熟的。但这样看中国哲学的概念、范畴是表面性的，是不确切的。实际上中国哲学概念、范畴以其本体论、认识论、修养论的"三位一体"性的内在逻辑性实现着中国哲学思想的辩证圆融性。中国哲学的概念、范畴，无论其是本体论的抑或认识论的、方法论的，其内涵都是本体论、认识论、修养论的统一，或者说都内在地包含着本体论、认识论、修养论的意义。但这并不是说在一个概念、范畴中无内在关联地分别含有不同的意义，而是说三重意义的内在关联、内在的相互规定性才成就了这一概念、范畴的内涵。也就是说，中国哲学概念、范畴中的三重意义各自担负着成就这个概念、范畴的内涵的特定的功能作用，三者构成一个思想的整体性的意义链。在三者中，本体论、认识论是修养论的两个抽象环节，修养论则是本体论、认识论的存在形式。由此说，人自身的自觉完成活动及过程，才是天道本体和知识的存在形式。天人合一、知行合一、情景合一即从此而来。周敦颐哲学体系的"三位一体"性就是这个意义上的"三位一体"性。

二

周敦颐哲学体系的"三位一体"性在其《太极图说》中有集中的体现。《太极图说》虽仅有二百几十个字，但其思想内容却很丰富。

无极而太极，太极动而生阳；动极而静，静而生阴，静极复动。一动一静，互为其根。分阴分阳，两仪立焉。阳变阴合，而生水、火、木、金、土。五气顺布，四时行焉。五行一阴阳也；阴阳一太极也；太极本无极也。五行之生也，各一其性。无极之真，二五之精，妙合而凝，乾道成男，坤道成女，二气交感，化生万物。万物生生而变化无穷焉。惟人者，得其秀而最灵，形既生矣，神发知矣，五性感动，而善恶分、万事出矣。圣人定之中正仁义而主静，立人极焉。故圣人与天地合其德，日月合其明，四时合其序，鬼神合其吉凶。君子修之吉，小人悖之凶。故曰：立天之道，曰阴与阳；立地之道，曰柔与刚；立人之道，曰仁与义。又曰：原始反终，故知死生之说，大哉，易也，斯其至矣。

按内容说可分四个部分：第一部分："无极而太极……万物生生而变化无穷焉"，讲本体论；第二部分："惟人者，得其秀而最灵……万事出矣"，讲人性论；第三部分："圣人定之以中正仁义而主静，立人极……小人悖之凶"，讲"人极"标准；第四部分：综述"三位一体"的哲学宗旨。这样异常丰富而高明的哲学思想，给后人提供了广泛的理解空间。

《太极图说》第一句"无极而太极"自宋以来就存在着本体论与宇宙论的理解争论。关于这句话，最早发现问题的是朱熹。朱熹在《记濂溪传》中说：

> 戊申（孝宗淳熙十五年）六月，在玉山邂逅洪景卢（洪迈）内翰，借得所修国史。中有濂溪、程、张等传，尽载《太极图说》，盖濂溪于是始得立传。做史者于此为有功矣。然此说本语首句但云"无极而太极"，今传所载乃云"自无极而为太极"。不知其何所据而增此"自""为"二字也。夫以本文之意，亲切浑全，明白如此，而浅见之士犹或妄有讥议。若增此字，其为前贤之累，启后学之疑，益以甚矣。谓当请而改之而或者以为不可。（《晦庵集》卷七十一）

当代学者中也有许多人以《太极图说》是讲宇宙生成论的为理由，认为应做"自无极而为太极"，如侯外庐等主编的《宋明理学史》就是这样认为的。冯友兰先生则基本上坚持朱熹的观点，认为无极是形容词，而太极是名词，只有作"无极而太极"才是符合周敦颐的思想实际的，因为《太极图说》是对《易·系辞传》的解释，《系辞》说"易有太极，是生两仪……"如果在太极之上再加一个无极就不符合《易·系辞传》的思想了，所以，有无"自""为"这两个字，关系很大。

我认为，在无法找到直接证据证明孰是孰非的情况下，是承认"无极而太极"，还是承认"自无极而为太极"，主要表现的是解释者对周敦颐哲学的"理解"。在以往的解释者的理解中，我认为主要是宇宙论与本体论两种理解。朱熹、冯友兰之所以认为有无"自""为"这两个字，关系很大，就在于他们坚持从本体论的角度理解周敦颐，而非从宇宙论的角度理解周敦颐。事实上，张载、程颢、程颐、朱熹、陆象山、王阳明等宋明理学家的哲学本体观念，都秉承了周敦颐的"无极而太极"这一本体观念的基本精神。就此而言，朱熹、冯友兰对有无"自""为"这两个字的关注，是一种思想性的真正关注，意义重大。但他们在本体论的理解中将"无极而太极"理解为偏正词组，以期保证"无极而太极"作为一个本体的合理性的做法，则又说明他们并未真正理解周敦颐，也未真正理清中国哲学本体观念的真精神。我赞成将"无极而太极"理解为一个本体的观点，但我不赞成在将"无极而太极"解释为偏正词组的基础上来理解"无极而太极"作为一个本体的做法。我想提出"无极而太极"是一个词，是以词组形式作为一个词而表达出周敦颐的哲学本体观念。实际上，"无极而太极"作为本体观念，其意义为：

1. 用"无极而太极"的形式表达本体，凸显了关于"本体"是一个动态系统的逻辑结构，而不是某种具体物质或物质的最小单位或万物的抽象共相的理解。这种理解是不是周敦颐的理解？我们可以存疑。进一步需追问和回答的则是：①周敦颐以前及中国古代如何理解所谓的"本体"问题？②周敦颐思考本体问题时离没离开他对古人的理解？关于①，我认为中国古代思想家对于本体的理解始终是一个"规律系统"的理解①。关于②，我们未见周反传统的倾向。由此，合理的理解是周敦颐在传统中更进一步地将这一传统加以文化化的表达。"无极而太极"的词法，是符合传统理解的形式，又是表达这一理解的很好的文化形式。由此，我们说周敦颐用较好的形式表达了中国古代人对本体的理解。

2. "无极而太极"这个逻辑结构作为本体，必然赋予本体能生性的能动属性，本体的能生原则，通过文化形式来表述，其本体概念也只能是一种结构性的语式的表述。所以，在"无极而太极"的语式结构中，凸显了，或者说强调了本体的能生（动）性原则。

3. "无极而太极"作为本体，同时承认本体是万事万物统一的实体性基础，这一实体性基础从属性上说没有任何具体规定性，是"无"；但它作为万事万物的统一性的基础又是实在的，是"有"。"无极而太极"作为本体其根本属性就是有无统一。"无极而太极"作为本体，其自身所具有的"有无统一"的矛盾性是其运动的根源。这一本体的运动，表现

---

① 见拙作《中国哲学的本体观念及建立本体观念的方法》，《吉林大学社会科学学报》2000 年第 5 期。

为"太极动而生阳,动极为静,静而生阴,静极复动。一动一静,互为其根。"这表明"无极而太极"作为本体,本身就是一个本体作为规律系统统摄阴阳二气化生万物的过程。这个过程从顺序上看,是阴阳二气的互动作用生成五行,五行生四时。这是一个宇宙生成论的观念,这个顺序就成了时间顺序。但周敦颐并不满足于宇宙生成论,他马上就消解了宇宙生成论,而对太极、阴阳、五行作了一个逻辑的理解。他说:"五行一阴阳也,阴阳一太极也,太极本无极也。""无极而太极"本身内在地就包含着阴阳、五行,阴阳、五行、太极、无极的关系不是时间关系,而是一个逻辑关系。所以,"分阴分阳,两仪立焉。阳变阴合,而生金木水火土。五气顺布,四时行焉。"都是逻辑上的,本质上,它们都是本体的内容,太极是一,阴阳五行是多;多要为一所统摄,要复归于一。这样的一多统一的本体,便是一个由两个环节构成的统一体:一个环节是天地未分之前的混元之气的物质性环节;一个环节就是贯彻于混元之气之中统摄着这混元之气的先天根据的环节。在最普遍的意义上,这是精神性环节。这两个环节作为一整体性是"无极而太极"本体的整体性。这个本体在自身发展到万物的环节上,就展现为万物生生不已的无穷变化,即"无极之真,二五之精,妙和而凝,乾道成男,坤道成女,二气交感,化生万物。万物生生而变化无穷焉"。

第二部分,讲太极本体化生万物到人的环节,"无极而太极"本体作为物质性与精神性统一的整体性,就表现为人的形神关系,本体作为一个规律性统摄物质性的整体性就表现为人的精神性调节人的物质性的人性整体性。这样的整体性就是所谓的"诚","诚"是人之所以为人的规律界限,是圣人的基本规律。人生而有心,有情,有欲,即"形既生矣,神发知矣,"有心、有情、有欲,就会有作为,就有人为之事,就难免有善恶之分,即"五性感动,而善恶分,万事出矣。"周敦颐论性,在《太极图说》中有:"五行之生也,各一其性";在《通书》中有:"性者,刚柔善恶中而已矣"。按周敦颐的想法,只有圣人能先天地得"中"之性,而"希圣""希贤"的"志学者"及同于物的不知学者,则需要后天的学习、教化,这就需要圣人为之立一个标准,即"立人极",这个人极就是"诚",即人之所以为人的根据、界限。当人的自然属性能接受"诚"的制约、规范时,就是善;否则就是恶。人之所以为人之道就在于用

"诚"的规律制约、规范人的自然本性，复归于天道本体的"正命"，即"乾道变化，各正性命"的"命"。那么，"人极"标准应如何建立？这就进入到了《太极图说》的第三部分。

在《太极图说》中，周敦颐将其"人极"标准的思想明确地表述为"圣人定之中正仁义而主静，立人极焉。"以往对这句话，往往将其理解为这是周敦颐对"人极"标准的直接规定，即将"中正仁义"理解为是周敦颐所规定的"人极"标准。在此前提下，争论的问题便成了"人极"标准是"中正仁义"还是"礼智仁义"，"中正"在什么意义上就是"礼智"。其实这种讨论的根本缺陷在于将周敦颐关于"人极"标准的思想理解成了周敦颐关于"人极"标准的直接规定。我认为周敦颐的"中正仁义而主静，立人极焉"并不是对"人极"标准的直接规定，而是对确立"人极"标准的方法论原则的说明。所以，其意不在具体"人极"标准之观念，而在其主体确立"人极"标准的方法论意义和在什么样的原则下确立起来的"人极"标准具有确定性的哲学方法论意义。把握周敦颐的"人极"标准思想，不能只取"中正仁义"而遗忘"主静"，也不能将其看成是"中正仁义"和"主静"两个标准。"中正仁义而主静"是一句，是一个统一体，这个统一体是要每一个主体自己在此原则下生成"人极"标准。在"中正仁义而主静"原则中，"中正仁义"是对确立"人极"的客观条件的规定；而"主静"则是对确立"人极"的主观条件的规定。"中正仁义"作为"人极"的客观条件、客观规定，是人的本体意义上的人道内容和规定。它对人的作用具有客观必然性的性质和超验的性质。圣人定之以为人极就是将这一客观的、超验的、自发的对人起作用的人道内容、人道规定建立于人的自觉之中，将人自发的受"中正仁义"的制约转化为自觉的践履，即要把客观的、超验的、自发的"人极"内容、"人极"规定建立于主观自觉的基础之上，使超验的"人极"内容成为意识的内容。

将超验的"中正仁义"建构为意识的内容，包含两层含义：一是知的含义；一是行的含义。知的要求是我的"人极"之知确确实实就是那个客观的"人极"标准；行的要求是人的所有的言行语默都合于那个"人极"标准。这就出现了两个问题：

1. 如何建立本体意义上的"人极"真知？

2. 如何才能做到真正的按"中正仁义"而行？

在《太极图说》和《通书》中，周敦颐似乎没这样提出问题和回答问题，但我们如果联系周敦颐思想的文化前提和他的"人极"思想以及《通书》中关于圣人境界、学圣之要等的说明，可以说在周敦颐的思想中是存在着这两个问题的。①周敦颐的思想文化前提是《中庸》和《易传》；②《太极图说》中的人极思想是"中正仁义而主静"；③《通书》中规定的圣人境界是"诚"；学圣之要是"无欲"。《通书》和《太极图说》中的思想与《中庸》中的思想是一致的。《中庸》讲："喜怒哀乐之未发，谓之中；发而皆中节，谓之和。中也者，天下之大本也；和也者，天下之达道也。"《中庸》建立"中和"本体的方法就是生存论反思的方法。① 周敦颐的"中正仁义而主静"所表达的就是《中庸》的方法。这种方法也可以说是符合现象学要求的合理方法。通过这种方法所建立起来的"人极"之道是与天道合一的。所以，"中正仁义而主静"的哲学意义，就在于他提出的是一个定立具有确定性意义的"人极"标准如何才是可能的方法论原则问题，而不是对"人极"标准的直接规定。

三

周敦颐哲学具有多方面的意义。

周敦颐的"无极而太极"的天道本体论——"中正仁义而主静，立人极焉"的人极标准——"诚之"的修养功夫论的哲学体系结构开创了宋明理学哲学体系的先河。在其后的宋明理学家的哲学体系都没有超出这个体系结构。周敦颐的"无极而太极""中正仁义而主静"等命题成了宋明理学讨论的对象，为宋明理学家展开自己的思想提供了资源，提供了前提。周敦颐几乎提出了宋明理学的所有问题，为宋明理学发展提供了多方面的可能性。在这个意义上，完全可以认定周敦颐是宋明理学的开创者、奠基人，并且是全部宋明理学的开创者、奠基人。

周敦颐哲学的意义又绝不仅仅是历史的。中国哲学乃至世界哲学中未

---

① 参见拙作《从〈中庸〉看中国哲学范畴"三位一体"的特征》，《人文杂志》2003 年第 3 期。

解决、有待解决的问题很多，但我以为"知识形态的形而上学何以是可能？"的问题，是最为基础性的问题。每个哲学家不一定都要去解决这个问题，但在解决其他哲学问题之前，有没有对这个问题的自觉提问和反思，解决其他问题的方式及结果的合理性程度将是大为不同的。在"知识形态的形而上学何以是可能的？"问题中，最直接性的困难可能是有关本体观念的真理性问题，周敦颐哲学的意义就在于为解决这个问题提供了宝贵的资源。在周敦颐的"人极"标准问题中，"人极"标准，归根结底是一个本体论问题，从这个意义上说，周敦颐提出的确立"人极"标准的方法论原则，为我们提供了现象学解释的空间，为我们探讨"知识形态的形而上学何以是可能的"提供了资源。周敦颐哲学的意义绝不是仅为宋明理学而历史地存在的，它具有一种超历史的、普遍的意义。

（原载《人文杂志》2006年第6期）

中国哲学背景下的哲学发展

中国哲学是成熟于过去的未来哲学。中国哲学始终保持着与人生存在的直接内在的相关性。正因为此，中国哲学具有了多方面的合理性的优越性。中国哲学的生存论立场，是知识形态的形而上学之所以可能的一个合理的立场；中国哲学的本体观念及建立本体观念的方法具有明证性的合理性；中国哲学发展的内在逻辑保证了中国哲学统一的、持续稳定的发展及无限的发展可能性的空间。这些合理性的优越性，对马克思主义哲学的发展具有多方面的价值。中国哲学也有其自身的弱点，中国古代哲学短于语言逻辑分析的操作平台的自觉建构。对此，马克思主义哲学会给中国哲学带来革命性变革。发展的马克思主义哲学是成熟于未来的中国哲学。

中国传统哲学既为马克思主义哲学在中国的传播与存在提供了深厚的文化背景，也为马克思主义哲学的未来发展提供了宝贵的经验与资源。无论是从哪个角度把握马克思主义哲学在中国的命运，中国传统哲学都是不可或缺的"背景"。本文只想从中国传统哲学与西方哲学相比较中所显现出来的优长与局限的角度，谈谈中国传统哲学对推进马克思主义哲学的发展的意义、作用。

中国哲学是成熟于过去的"未来"哲学，或者说是形成、发展于过去的未来哲学。这一判断是从中国哲学与人生存在的直接内在的真实关联性角度作出的。正因为中国哲学始终保持了这种与生命存在的直接正相关性，所以无论是从内容方面还是从文化形式方面，也无论是从其存在与发展的内在逻辑方面，还是从把握哲学问题的基本方式方面，都有其原点意义上和终极意义上的合理性的优越性，对马克思主义哲学的发展具有多方面的价值。

一 中国哲学的生存论立场，是知识形态的
形而上学之所以可能的一个合理的立场

哲学所面对的对象是"大全"，所追求的是"绝对真理"。而人又不具有直接观察"大全"与"绝对"的官能，无论是感性的、知性的抑或理性的。同时，既然是"大全""绝对"，人就不能置身于其外而观察之。如此一来，哲学岂不成了无本文的操作？但哲学既不能是无本文的操作，也不可能是无本文的操作。哲学——真正的哲学也从未无本文操作过。问题只在于被某种形态的哲学操作着的那个"本文"与哲学的真正本文之间的同一性程度如何而已。哲学史的经验表明，哲学的操作本文只能是人自身生存与发展的内在矛盾。哲学的操作本文之所以只能是人的生存矛盾，乃在于，对"大全"说，在人的能知范围内人是"大全"自身系统中的最高环节。这一点使人的最高本性与"大全"具有了最高的同一性；同时，人的生存矛盾对人说，具有内在性，是人可直接观察的对象。这一点又保证了人对人自身之知的自明性。根据现象学的观点，哲学之知之为真理的第一前提即是明证性——第一概念既是自明的又是客观的。人的生存与发展的内在矛盾，对人说既是内在的，又是客观的，同时又保持了与"大全"的最高的关联性。以之为哲学的操作本文，可以最大限度地满足哲学之知之为真理的第一前提的要求。以人的生存与发展的内在矛盾为哲学的操作本文与其他"本文"相比较，具有最大的优越性。正是在这个意义上，我们说人的生存与发展的内在矛盾是哲学的操作本文。人的生存矛盾是哲学问题，特别是哲学基本问题的本原基础；而哲学问题，特别是哲学基本问题则无非是人的生存矛盾的观念存在方式。由哲学的操作本文所决定，哲学的合理立场应该是生存论的。

"生存论"一词，是一很不确定的词，在不同人那里，对其理解不仅不同甚至大相径庭。我们无意辨析其曲直，但需表明我们的用法。我们所说的"生存论立场"，其所指是：站在"人"的生存意义的角度，以人的生存与发展的内在矛盾为操作本文，反思人的存在作为超越性存在之所以必要和可能之理，建构知识形态的形而上学的哲学致思活动及其成果。它的知识形态无疑是一个集本体论、认识论、修养论为一体的整体性学说体

系。但更重要的，它本质上不是一个知识体系，而是一种生存智慧；一种把握"绝对"的哲学立场、思维方式；人实现"人"的存在本性的存在方式。

中国哲学在其产生期就不期然而然地站在了生存论的立场之上并奠定了整个中国传统哲学的生存论的基本立场。

中国哲学产生于先秦子学时期，先秦子学时期所面临的时代课题及先秦诸子解决时代课题所从出发的文化前提规定了中国哲学的基本形态和哲学思维方式。先秦诸子所面临的课题是作为社会礼乐典章制度的"周礼"的合理性根据何在的问题。而这一问题的现实根据则是"礼坏乐崩"的现象所表达的生活对礼乐典章制度的挑战。所以，当时的思想家（无论哪家哪派）都必会根据自己的生活经验对这一礼乐典章制度原理展开自己的独特反思。但不管这种反思如何独特，最终都必会指向社会礼乐典章制度原理作为人行的真理的最高根据问题，即社会礼乐典章制度原理的形上根据问题。这是因为，社会礼乐典章制度原理包含两个方面：一个是作为其精神实质、核心和实在内容的伦理观念；一个是作为其外在实现形式的礼仪规范。对社会伦理制度原理的反思，真正让人关心的是其精神实质、核心和实在内容的合理性问题。然而，这一问题的实质，或者说这一问题的实践意义的实质是一个如何用社会伦理的形式原理统辖社会伦理的生活内容的问题。这样，所谓的合理性问题便不能不是一个社会伦理生活的先天伦理根据问题，即关于人行的本体论问题。对中国哲学说，就是一个关于人行的天道本体问题。而在先秦诸子学前，礼乐典章制度的先天根据主要是由中国先民的天道观念承担着的。所以，中国先民的天道观念自然也就成为既是先秦诸子解决时代课题的直接的文化前提，又是其进一步反思的对象。先秦诸子的天道观念是中国先民的天道观念的哲学总结，是先秦诸子哲学立场的集中体现。那么，为先秦诸子所总结的天道观念是一种什么样的观念？这一观念主要由三个基本观念所构成，即天道是万物同为物的统一基础的观念；天人相通的观念；天道是人道的根据，人道是天道的最高环节，天道即人道的观念。在这一天道观念的作用下，一方面形成了中国哲学对天道的最高本性是自然性与社会伦理性的统一的基本理解；另一方面也形成了中国哲学不离开自然去看人，也不离开人去看自然的基本思维方式。更为重要的是形成了通过人道，反思、把握天道，进而为人提供人的存在作为超越性存在之所以必要与可能的说明的哲学立场，即通过人道自觉建构人学形而上学的基本的哲学立场。孔子说："未能事人，焉能事鬼？""未知生，焉知死？"（《论语·先进》）《中庸》讲："喜怒哀乐之未发，谓之中；发而皆中节，谓之和。中也者，天下之大本也；和也者，天下之达道也。致中和，天地位焉，万物育焉。"孟子讲："尽其心者，知其性也。知其性，则知天矣。存其心，养其性，所以事天也；夭寿不贰，修身以俟之，所以立命也。""万物皆备于我矣，反身而诚，乐莫大焉"（《孟子·尽心上》）等等，所表达的都是这样的生存论的哲学立场。

二 中国哲学把握本体的方法具有优越性，中国哲学的本体观念及建立本体观念的方法具有明证性的合理性

与西方哲学不同，中国哲学不把本体存在与经验存在看成是两个不同的存在，而是看成一个统一的存在。本体即事物自身存在的本然之体。本然之体作为事物自身存在与发展的根据，即所谓的道。道或者说天道作为本体并不是存在于经验事物之外的另一个独立的存在，而就是经验事物自身内在结构所规定的客观规律。天人合一、体用不二、本末一如、日用平常即道是其对所谓的本体存在与经验存在之间的相互关系的基本理解。既然本体存在与经验存在是一个相互规定的统一的存在，就不能脱离本体看经验，也不能脱离经验看本体。即体即用、即本即末既是把握本体的基本方法，也是把握经验事物的基本要求。

既然本体存在与经验存在是一个统一的存在而非两个不同的存在，所以，中国哲学的本体观念也就不可能是一个实体观念。中国哲学的主流本体观念既不是物质性实体的观念，也不是万物的抽象共相观念，更不是人格神的观念，而是一规律系统的观念。中国哲学的本体概念是虚词而非实词，是"称"而非"名"。"名也者，定彼者也；称也者，从谓者也。名生乎彼，称出乎我。"（王弼：《老子指略》）在中国古代哲学家中直接而明确地说出本体概念是虚词的是晚明哲学家刘宗周。刘宗周反对程朱理学将诚意与致知割裂开来，只将慎独看作诚意工夫的观点。他以"慎独"

为本体,发展王阳明的心外无理说。首先,他将"独"规定为本体。他说:"隐微之地,是名曰独。……独者物之本,而慎独者,格物之始事也。""独之外,别无本体;慎独之外,别无工夫。此所以为中庸之道也。"进一步,他又从"心外无性"的观点出发,将慎独归结为工夫与本体的合一。他说:"人心道心,只是一心,气质义理,只是一性。识得心一性一,则工夫亦可一。静存之外,更无动察;主静之外,更无穷理。其究也,工夫与本体亦一,此慎独之说也。"其次,"慎独"作为本体,即"维天之命,于穆不已"之天,即四象二气。他说:"君子仰观于天,而得先天之《易》焉。'维天之命,于穆不已',盖曰天之所以为天也。是故君子戒惧于所不睹闻,此慎独之说也。至哉独乎?微乎微乎?穆穆乎不已者乎?盖曰心之所以为心也,则心一天也。独体不息之中,而一元常运,喜怒哀乐,四气周流,存此之谓中,发此之谓和,阴阳之象也。"再次,"独"作为本体并不是独立存在的实体性的本体。他认为,所谓"独"作为本体,是说它是万事万物的统一性基础,因其"维玄维默,体乎太虚。因所不见,是名曰独"。所以,"独"作为本体,不是实辞。"独字是虚位,从体性看来,则曰莫见莫显,是思虑未起,鬼神莫知也;从心体看来,则曰十目十手,是思虑既起,吾心独知时也。""隐微之地,是名曰独。其为何物乎?本无一物之中而物物具焉,此至善之所统命也。"(《明儒学案·蕺山学案》)统命,即统名。其实,刘宗周所说出的是中国古代哲学本体观念的基本特征。不管是道家的"道",还是儒家的"天命""心""理""气",作为本体概念本质上都是虚位概念。老子说:"有物混成,先天地生。寂兮寞兮,独立而不改,可以为天下母。吾未知其名,字之曰道。吾强为之名曰大。"《易·系辞上》说:"是故形而上者谓之道,形而下者谓之器,化而裁之谓之变,推而行之谓之通,举而错之天下之民谓之事业。"又说"易与天地准,故能弥纶天地之道。仰以观于天文,俯以察于地理,是故知幽明之故。原始反终,故知死生之说。精气为物,游魂为变,是故知鬼神之情状。……范围天地之化而不过。曲成万物而不遗。通乎昼夜之道而知。故神无方而易无体。一阴一阳之谓道。继之者,善也。成之者,性也。仁者见之谓之仁,知者见之谓之知,百姓日用而不知,故君子之道鲜矣。"中国哲学的本体概念是一虚位概念,并不意味着是没有内容的抽象概念。中国哲学的本体观念是一规律系统的观念。所以，中国哲学的本体观念本身就是一个由一系列的不同方面、不同层次的内容的有机统一所构成的理道系统。在中国哲学那里，一个词（当然是哲学上的基本词）就是一套道理。反之也只有明白了那套道理才理解了那个词。中国哲学的本体观念作为规律系统的观念，其本体是由不同方面、不同层次的内容有机统一所构成的理道系统，这一点在习惯于知性分析、习惯于在万事万物之外寻找"唯一者"的哲学传统中是很不好理解的。有内容规定、有结构的非纯粹的存在怎么能是无限的、绝对的本体呢？而这又恰恰是中国哲学独特的地方。这样的理道系统作为本体之所以可能，就在于中国哲学的立场是生存论的；中国哲学对本体存在与现象存在的理解是统一的；中国哲学把握本体的方式是即体即用、即本即末、体用一如的。

"理道系统"作为本体，对人说则是一"道理系统"，即为人的思维所把握、为人的语言所表达的思想观念。在中国哲学家的观念中，客观的天道既不因人的知识而增，亦不因人的无知而减。孔子说："天何言哉？四时行焉，百物生焉，天何言哉？"但生知安行以下之人，不知"道"则无以"成人"。知"道"对人成为人是必要的。知"道"即是使言说的"道理系统"与"理道系统"达到统一。这个问题也就是一个人的认识的真理性问题。对本体说就是建立一个合理的本体观念的问题。本体观念作为本体之知，是对"绝对"之知，是绝对之知。中国古代哲学家与西方哲学家一样也有对绝对之知的追求，也有要将这绝对之知建立于确定性的基础之上的自觉。但与西方哲学家不同的是，中国哲学家不把这确定性支点安放在知性分析的基础之上，而是安放在人的情感体验的真实性上。以情感体验的真实性为基础实现对万物之真的认识，这一过程，是以情类物的过程；这一方法，是以情类物的方法。这样的方法，这样的过程，成为中国哲学认识论的基本原则，自然也就是中国哲学建立本体观念的基本方法。

孔子最先意识到了这样的方法的普遍性的方法论意义，将其作为自己的"一以贯之"之道。孔子一以贯之的就是"忠恕之道"。"忠恕之道"是中国哲学建立本体观念的基本的方法论原则。忠恕之道是"己欲立而立人，己欲达而达人"的肯定环节与"己所不欲，勿施于人"的否定环节的统一。"己欲立而立人，己欲达而达人""己所不欲，勿施于人"，表面看，其出发点都是我思、我欲，都是私人性。其实不然。因为，这里的我思我欲是在与他人的关系中的，是与他人之思、之欲同一的。也就是说，这里的我思我欲并不是我的一个随意性，而是一个在他思他欲制约中的我思我欲。所以，这里的我欲立、我欲达意识是一个立足于人的自主性前提下的人性的普遍性意识。这样的我思我欲作为我的本性的真实性自然也是普遍人性的真实性；普遍人性的真实性自然也是天道本性的真实性。孔子理解到了这一点，深深地为这一逻辑所征服。故而，他将"忠恕之道"自觉地作为自己的"一以贯之"之道。后来，曾子对孔子坚持的这一原则从理论上加以阐发、传播，形成了思孟学派的建立在本体论、认识论、修养论"三位一体"基础上的哲学体系。《中庸》讲："喜怒哀乐之未发，谓之中；发而皆中节，谓之和。中也者，天下之大本也；和也者，天下之达道也。"这就明确指明了通过人的情感的本真状态的自觉建立哲学本体观念的道路。孟子讲"万物皆备于我，反身而诚，乐莫大焉"；讲尽心知性而知天；等等，也都是在继续深化这条道路。人同此心，心同此理；人心之理同于天之理、物之理。从此出发，通过人对自身本性的理解达到知人、知物；通过"成人""成物"实现"成己"，这成了中国哲学的一般的方法论原则。这一方法论原则的确立，保证了中国哲学的本体观念的明证性，有效避免了独断论与相对主义。

三 中国哲学发展的内在逻辑保证了中国哲学统一的、持续稳定的发展及无限的发展可能性的空间

中国哲学经先秦子学、秦汉哲学、魏晋玄学、隋唐佛学、宋明理学、清代实学等不同发展阶段，各个阶段皆有其鲜明的时代特点、时代主题及文化形式。统观中国古代哲学的历史，似乎漫无系统，缺乏逻辑的一贯性发展，其实不然。整个中国古代哲学是以自身发展的内在逻辑为根据的统一过程。中国哲学发展的内在逻辑与人的生存与发展的内在逻辑是统一的。人的生存与发展的内在矛盾即人自身生存与发展的内在逻辑，是哲学文化的内在逻辑的本原基础，哲学文化的内在逻辑是人的内在逻辑的观念形态。人的生存与发展是心理与文化的统一；心理与文化的辩证法是中国哲学发展的内在逻辑。这一内在逻辑表现为文化，必然促使文化倾向于心

理或倾向于文化两面发生；这一内在逻辑表现为文化的历史发展，必然使文化表现出倾向于文化建设（人行的规范性要求）与倾向于心理突破（思想解放的要求）两种倾向、两种要求的张力运动。两面发生及张力运动表现于空间形式，就是倾向于心理的学派和倾向于文化的学派的同时并存；表现于时间形式，就是倾向于心理的学术阶段与倾向于文化的学术阶段的交替。但心理与文化的辩证法作为人的基本矛盾是内在于人的，作为中国哲学的内在逻辑是内在于各家各派之中的，所以表面上的学派及学术阶段的区分，在精神实质上具有本质上的内在统一性。并且心理与文化的张力必然地内在于各家各派特别是中国哲学中的儒、道两大基本体系的精神实质之中。以批判文化异化、彰显人的存在作为超越性存在之所以必要与可能的心理条件及途径为特征的道家和以建设礼乐文化、彰显人的存在作为超越性存在之所以必要与可能的伦理生活条件及途径为特征的儒家，其自身的精神实质及二者内在互补所体现的精神实质都是一个心理与文化的内在张力的统一性。正是这一统一性，一方面保证了各自学说体系包容性和无限发展的可能性；另一方面也保证了两大体系间的精神实质上的融合可能性。整个中国哲学的发展就是一个以儒家整合道家为表现形式，以儒、道精神实质的整合为内容的精神发展过程。这个过程不是以一个学派代替另一个学派的形式实现的，而是以一个学派的不断发展的形式实现的。其根本原因就在于中国文化的内在逻辑自身的辩证性可以保证其在一种文化形式下实现内容的不断扩充。

中国哲学的生存论立场、把握本体的方法论原则、中国哲学发展的内在逻辑也决定了中国哲学的概念、范畴及体系所具有的辩证性、圆融性的合理性。中国哲学的概念、范畴及体系的基本特征是本体论、认识论、修养论的三位一体性。中国哲学的概念、范畴，无论其是本体论的，抑或认识论的、方法论的，其内涵都是本体论、认识论、修养论的统一，或者说都内在地包含着本体论、认识论、修养论的意义。进一步说，所谓的概念、范畴都包含着本体论、认识论、修养论的意义，并不是说在一个概念、范畴中无内在关联地分别含有不同的意义，而是说三重意义的内在关联、内在的相互规定性才成就了这一概念、范畴的内涵。中国哲学概念、范畴中的三重意义各自担负着成就这个概念、范畴的内涵的特定的功能作用，三者构成一个思想的整体性的意义链。在三者中本体论、认识论是修养论的两个抽象环节，修养论则是本体论、认识论的存在形式。由此说，人自身的自觉完成活动及过程，才是天道本体和知识的存在形式。与概念、范畴的特征相应，中国古代哲学的体系特征也是如此。

四　发展的马克思主义哲学是成熟于未来的中国哲学

马克思主义哲学已经成为中国哲学的一部分。中国哲学的建设、发展不能不是马克思主义哲学的发展。在这一过程中，中国古代哲学为合理地理解马克思主义哲学内容及精神实质提供了宝贵的资源。同时，马克思主义哲学的理性精神、实践精神，特别是其西方哲学的概念逻辑的操作平台也为中国哲学的发展提供了方向。中国古代哲学长于哲学操作本文选取的切近及努力保持着这种切近，使它始终保持了与日用平常的息息相关。但中国古代哲学短于语言逻辑分析的操作平台的自觉建构，这又使中国古代哲学往往陷入意见之争，陷入同一水平的不断重复，而难于实现同一问题在不同逻辑层次上的不断拓展、深入。"工欲善其事，必先利其器"（《论语·卫灵公》），操作平台的建设是哲学内容建设的内在要求。

（原载《长白学刊》2006 年第 6 期）

中国哲学的内在逻辑与中国哲学的诠释

中国古代哲学资源能否在当代及未来的中国文化建设中得到充分的、创造性的利用，很大程度上取决于对古文化形式包裹下的精神义理的合理诠释。这种诠释得以进行的一个前提，就是通过对中国哲学发展史的考察，获得关于中国哲学发展的内在逻辑的基本理解，在此基础上揭示中国古代哲学发展的基本规律及内在的精神义理。中国古代哲学的内在逻辑是心理与文化的辩证法。以此来诠释中国古代哲学，有利于对中国古代哲学作出整体性的理解和内在性的理解。

中国哲学作为中国古代人生存方式的观念形态，自有其独特的义理内容和文化形式。这独特的义理内容和文化形式合一而成的中国古代哲学，不仅仅是一份可供人欣赏的文化遗产，更是当今中国乃至于未来中国文化建设可资利用的资源。而这些资源能否被合理、充分、创造性地运用，一个重要的方面，则取决于对古文化形式包裹下的中国古代哲学的内在的精神义理作出合理的现代诠释。如何进行这样的诠释？我想提出如下的设想：从中国哲学存在与发展的内在逻辑入手，揭示中国哲学的内在的精神义理及中国哲学发展的历史规律，以此实现中国传统哲学与世界哲学及现实生活的对接。这一设想的方法论实质就是对中国哲学及中国哲学发展的历史作义理的诠释，也就是说，对中国哲学的解释采用一种义理的方法。

一

对中国哲学作义理的诠释，其前提是对哲学义理的理解。对此我提出如下基本观点：哲学的本文是人的生存活动；人的生存与发展的基本矛盾是哲学基本问题的实在基础；心理与文化的关系问题是哲学的基本问题；

哲学围绕这一基本问题所展开的理论观点及学说思想都是对人的生存矛盾的反映及解决方案的探讨。这些观点的产生，主要来自于这样一些提问：哲学的"操作本文"是什么？哲学知识，特别是哲学作为形而上学知识何以是可能的？对哲学的本文是什么的提问及对哲学作为形而上学知识何以是可能的提问，中国古代哲学家是如何回答的？

一提到哲学，一般都把它看成是一种知识、一种理论。在这种理解的基础上，将哲学活动理解为一种知识活动、理论活动。哲学作为一种文化形式无疑是一种知识及知识活动。但如果我们再追问一下，形成哲学知识的成知活动，它的操作本文是什么？哲学知识作为关于对象的知识，它的对象是谁？在这些问题的追问中，我认为，哲学的操作本文是人自身的生存活动，只有以人自身的生存活动为本文的哲学操作所形成的哲学之知才具有保证其为确定性知识的可能性的前提。所以，哲学之知作为知识形态的形而上学，只有在生存论的基础上才是可能的。

从生存论的角度看问题，哲学的基本问题作为哲学活动的基本矛盾与人的生存的基本矛盾是同一的。这意味着：1. 人的生存的基本矛盾是哲学基本问题的客观根据；而哲学基本问题是人的生存矛盾的理论表达。2. 哲学基本问题作为人的生存矛盾的理论表达，也就表明哲学基本问题与人的生存矛盾并不总是直接同一的，而是与人对生存矛盾的理解直接相联系的，也就是说人的生存矛盾是哲学基本问题的最终基础，而人对生存矛盾的理解则是哲学基本问题的直接基础。不同形态的哲学对哲学基本问题有不同的规定，这些不同的规定，只不过是不同的哲学家对人的生存矛盾的不同理解的规定。对人的生存矛盾理解到什么程度，对哲学基本问题的规定就会达到什么程度。

人的生存与发展本身就是一个矛盾。人在生存与发展的过程中无时无刻不处在各式各样的矛盾之中。各式各样的矛盾最终都消解在人的内外矛盾中。人类生存的内外矛盾是人的生存的最基本矛盾。其他矛盾都根源于人的内外矛盾；其他矛盾的解决，都归宿于内外矛盾的和解。人的内外矛盾从内容角度说就是心理与文化的矛盾：人总想通过不断的外在的文化创造实现人的超越性本质，而当人面对所创造出来的文化、享受所创造出来的文化时，又发现它们总有局限性；为了克服局限性，就继续更大的文化创造。但这并不能消除文化的局限性，仍然使人免不了"我为什么要创造文化?""文化对我来说就是全部吗?"等等类似的意义追问。这种追问实质上是一种反身内求的追问。所以,我们认为心理与文化的矛盾是人的生存的基本矛盾,而心理与文化的关系问题则是哲学的基本问题。

作为人的生存的矛盾的心理与文化,都是广义的。其中,"心理"所标志的是人的内在精神世界。由于这里的心理是在文化制约下的人的精神世界的现实性,所以,它是先天心理机能与后天意识内容的统一;而这里所说的文化则是人的所有感性存在的标志。由于这里的文化是在人的心理作用之下的人的感性存在的方面,所以它本质上不是僵死的物化存在或冥顽不化的僵死硬核,而是一个"成己成物"的生生过程。总之,这里所说的文化是内含意向性的行动;是客观化的人工制品;是个人和集体行为的社会性规则;是对象化存在欲重新占有人的灵魂的努力等等以感性存在、感性活动的形式出现的主客互动过程。

人的真实的生命存在,是心理与文化的辩证运动所构成的实在性。所以,人的生命存在既不可以完全归结于心理,也不可完全归结于文化;既不能完全归结于抽象的形上本质,也不能完全归结于直接当下的存在;人既是一个知识对象,又不仅仅就是一个知识对象。就人对自身的自我反思活动来说,本质上是一个以形上体验统摄知性知识,消解知性对立,复归于人的"人之所以为人的澄明的形上境界"的过程。此过程亦即实现于成己成物的统一中的"诚之者"的过程。这个"诚之者"的过程是一个"诚"——"诚之"——"诚"的辩证否定过程。其中,作为出发点的"诚"是一个心理与文化的原始统一性;作为结果的"诚"则是原始出发点的"诚"的澄明、完成,即原始之诚在文化基础上的回归;"诚之"则是联结二者的中介,这个中介就是实践活动。这个过程作为人的本质实现的过程,是由心理到文化的创造过程;而作为人的本质生成的过程,则是由文化向心理回归的过程。由此可知,心理既是出发点又是归宿,而文化则是中介环节。文化是为心理服务的。我们说文化为心理服务实质上是说文化为人服务而不是相反。人的本质的这种辩证性,也就规定了哲学运动的奥秘:建立形而上学的努力与消解形而上学的努力的相互消长;彰显人的本性与遮蔽人的本性的矛盾冲突;复归于内的心灵境界的追求与完成于外的文化创造的追求之间的相互观照;等等。其中,自由的心灵境界与完善的文化创造之间的矛盾是哲学运动的基本矛盾,是哲学发展的内在逻辑。这一逻辑在时间中的展开往往表现为重视内在境界的学派与重视外在文化的学派之间的交替、融合。这种交替、融合在哲学文化发展中总是表现为一定时期的人性的文化完成与心理的突破之间的矛盾运动。这是因为作为一定的人性之完成的文化一经形成之后，就会在自身基础上不断发展、完善而走向细密、精致。随着细密化、精致化的不断加强，也就不断地走向了烦琐，逐渐地由生命的形式变成为生命的桎梏；由彰显生命的形式变成了遮蔽生命的屏障，这时，就需要一种心理上的突破，即人性的解放。突破之后又是新的文化创造，……由此循环往复既推动了哲学的发展，又实现了人性的进步。

二

以上我们从哲学的操作本文及哲学作为知识形态的形而上学何以可能的追问反思中得出"心理与文化的关系问题是哲学的基本问题""心理与文化的辩证法是哲学发展的内在逻辑"的认识。那么，这样的认识是否适合于中国古代哲学？我认为是适合的。这也就是说，在我看来，中国古代哲学发展的内在逻辑也就是心理与文化的辩证法，或者说心理与文化的矛盾运动是中国古代哲学发展的内在逻辑。这可以从几个方面得到印证。

（一）中国古代哲学产生时所面临的课题规定了中国古代哲学的可能性形态

中国古代哲学产生于先秦诸子学时期。从这个意义上说，先秦诸子哲学是中国古代哲学的开端。中国古代哲学的产生与世界其他哲学传统的产生一样，也是文化发展到一定时期产生的文化发展的"超越性突破"或"哲学突破"。

所谓"超越性突破"或"哲学突破"，是说某一民族在文化发展到一定阶段时，就会对自己在宇宙中所处的位置和在历史上所处的处境发生一种系统的反思，即批判性、超越性的系统反思，通过这种反思，一个民族的文化进入到了一个新的高度与境地——哲学的高度和境地。而此时产生的思想文化形态就成了这个民族的基本的思想文化形态，构成这一民族的文化传统，以后的文化发展，特别是哲学的发展则往往是对这一时期产生的思想形态的展开、深化与完成。

先秦诸子学就处于这一时期。对这样一个时期可以提出两个有关思想发展的问题：①当时的社会现实是怎样的？②为解决当时的社会现实所提出的思想文化问题所从出发的文化前提是什么？

先秦诸子所面临的社会文化矛盾，概括地讲，就是所谓的"礼坏乐崩"。周礼所规定的社会礼乐典章制度到春秋时期遭到了破坏。本来，制礼作乐是天子的事，而到春秋时一些诸侯大夫也开始制礼作乐了；礼乐典章制度作为不同等级的社会成员的行为准则，是有严格规定的，但到了春秋时期却出现了所谓的僭越性行为：礼乐征伐不再从天子出，诸侯大夫有的竟然用起了天子规模的乐舞，等等。这就是典籍中所记载的"礼坏乐崩"的情景。这情景用今天的话说，就是社会存在与社会意识发生了尖锐的矛盾——以往的礼乐典章制度作为社会意识与"礼坏乐崩"作为反映社会存在的现实之间的矛盾。这一矛盾就是当时的思想家所面对的矛盾，而说明社会伦理制度原理的合理性就成了当时的思想家的课题。孔子讲的"克己复礼"，实际上表达的就是这一课题。

社会伦理制度原理，作为一个内外合一的整体性，相对区分为两方面内容，一个是作为社会伦理制度原理的实在内容的精神实质（在儒家那里被称为"仁"）；一个是作为社会伦理制度原理的外在形式的各种规定（在儒家那里被称为"礼"）。同时，社会伦理制度原理对人来说，一指向于外，似乎是人的一种必须接受的外在必然性；一指向于内，构成人的在伦理生活中的心灵感受性。所以，对社会伦理制度原理的合理性问题的反思，就会被归结为以下两个方面：社会伦理制度原理自身作为一个内外合一的整体性，其最高根据是什么的本体论问题；社会伦理制度原理指向于人的内外两方面，其最高根据是什么的认识论问题。具体而言，人在面对或反思社会伦理制度原理时，对社会伦理制度原理的思考会发生两种不同的指向：一指向于外，思考其真理性的客观根据；一指向于内，思考其真理性的主观根据。这两个指向是思维面对社会伦理制度原理时思维指向于内和思维指向于外的一种相互摆动。由此我们可以看出，中国古代哲学产生时所面临的课题就规定了中国古代哲学一开始就要将心理与文化的关系问题提升到形而上的层面上加以解决。

（二）诸子学的直接出发点规定了中国哲学"天人合一"的基本精神

诸子学所面临的课题是作为社会礼乐典章制度的"周礼"的合理性根据何在的问题。当时的思想家（无论哪家哪派）都必会根据自己的生活经验对这一礼乐典章制度原理展开自己的独特的反思。但不管这种反思如何独特，最终都指向了社会礼乐典章制度原理作为人行为的真理的最高根据问题，即社会礼乐典章制度原理的形上根据问题。这是因为，社会礼乐典章制度原理包含两个方面：一个是作为其精神实质、核心和实在内容的伦理观念；一个是作为其外在实现形式的礼仪规范。对社会伦理制度原理的反思，真正让人关心的是其精神实质、核心和实在内容的合理性问题。然而，这一问题的实质，或者说这一问题的实践意义的实质是一个如何用社会伦理的形式原理统辖社会伦理的生活内容的问题。这样，所谓的合理性问题便不能不是一个社会伦理生活的先天伦理根据问题。问题有了，怎样回答问题？怎样解决问题？从何处下手解决问题？以往的思想文化为解决问题提供没提供可资借鉴的资源？这个问题对作为中国古代哲学的开端的先秦诸子学来说，就是一个先秦诸子学的直接出发点问题。这个直接的出发点就是中国先民的天道观念。这也就是说在开始于夏、完成于周的中国古代的礼乐典章制度中就已包含了一个关于这一制度的合理性的先天根据的观念，即夏、商、周三代在制定礼乐典章制度时就已承诺了一个天道观念作为其所制定的制度的先天根据。先秦诸子在进一步寻找人的伦理生活的先天根据时，先民的天道观念自然成了他们所从出发的直接的文化资源。

中国先民的天道观念在春秋以前的发展，大体上经历了原始的天道观念、神道的天道观念、具有哲学意义的天道观念三个阶段。中国先民的天道观念经过这三个阶段的发展，为先秦诸子准备了两个意义上的思想文化前提：

1. 为先秦诸子准备了具有哲学本体论意义的思想文化内容

这主要表现在中国先民有关天道的三个观念中：①天道是万物同为物的统一基础的观念。②天人相通的观念。③天道即人道的观念。

2. 为先秦诸子准备了基本的思维方式

天道观念作为中国哲学的最高观念，成为中国哲学最基本的思维方式，是中国哲学的认识论原则，也是中国哲学的方法论原则。天人合一、内外合一、体用合一成了中国哲学思维方式的基本特征。而在这一思维方式的作用下，天人合一（这实现的是一个真）、知行合一（这实现的是一个善）、情景合一（这实现的是一个美）的有机统一则形成了中国古代哲学的基本精神。同时，这一基本的哲学思维方式也就铸造了中国哲学发展的内在逻辑。

（三）两大体系的内在互补——中国古代哲学发展的内在逻辑在学派间相互关系上的表现

心理与文化的关系问题作为哲学发展的内在逻辑，在中国哲学的开端时期：

（1）就逻辑说——表现为对人作为超越性存在的精神境界、心理体验的可能性的寻求和对人作为超越性存在的现实伦理生活的可能性的寻求两类问题的互补；

（2）就哲学思维方式说——表现为空间性思维方式与时间性思维方式两种思维方式的互补；

（3）就学术派别说——表现为道家哲学与儒家哲学两个派别的互补。儒道两家相互关系的逻辑内涵就是人作为超越性存在的精神境界、心理体验的可能性与现实伦理生活的可能性之间的内在关联；时间性思维方式与空间性思维方式之间的内在关联。这两个内在关联，即孔子所谓的"文质彬彬，然后君子"的"成人"逻辑，亦即中国古代哲学发展的内在逻辑。

下面，我们将从人在反思自身时所可能运用的思维方式的角度切入对前面提到的三个关系的分析。

人的生存过程是在对象化过程中确证自身的过程，即在文化创造中澄明自身的过程。因为，哲学活动作为人的反思的存在方式，就是通过文化的中介对人的内在本性的实现与创生：人创造文化的过程是人的内在本质实现、完成的过程；一种文化一经被创造出来反过来又对人有一种塑造作用，即文化作为人的本质的实现形式，反过来占有人，成为人的本质的创造者。人一方面创造文化，另一方面人又被文化所创造。在这个互逆过程中，文化处于中介的地位。人对自身的反思只能通过这个中介进行。人在中介中与中介的关系是错综复杂、多种多样的，但从基本形式说，无过于同时并存的空间联系和历史发展的时间联系两种形式。所以，人对自身的反思就会表现出以时间关系为中介的时间性思维方式和以空间关系为中介的空间性思维方式两种方式。

所谓时间性思维方式或空间性思维方式，是指人的存在的自我超越既通过时间性的历史联系表现出来，又通过空间性的同时并存联系表现出来。当人以这些感性经验为基础，对人的自身本质、本性及人与万物同为物的形上基础作理性的反思时，亦即寻求人的生存与发展的真谛、建立哲学的人学原理时，便会或者从万物在空间上的同时并存性中寻求万物的统一性的说明，或者从万物在时间上的历史发展中寻求万物统一性的说明。前者表现为空间性思维方式，后者表现为时间性思维方式。在空间上的同时并存关系中寻求万物的统一性，由于观察事物时缺少了一个事物自身发展的时间性维度，所以，在这种条件下所能寻找到的万物的统一性，只能是属性上的统一性，而不能是现实存在形式上的统一性。属性上的统一性只能是属性上的无差别性。最高的无差别性只能是"无"。而在万物的时间性的历史发展中寻求万物的统一性，由于已经预设了事物自身属性的同一性，所以，它所寻求的万物的统一性就只能是现实存在形式上的统一性。最高的现实存在形式上的统一性只能是事物自身发展最高阶段上的存在。因为，只有事物自身发展最高阶段上的存在才现实地具有了事物自身理应具有的全部内容的丰富性。但是，在时间性反思中的事物自身属性的同一性是预设的，是潜藏在思维活动背后的，所以，这种反思往往容易遮蔽形而上学问题，缺失了形上思辨的色彩而给人以"事物主义"的外观。这是时间性思维方式所建立的文化在形态上的一个缺陷。在中国古代哲学中，道家哲学和儒家哲学较有代表性地表现了这两种不同的思维方式。

道家学者以追求人的真实存在、自由存在为归宿。他们发现，人的真实存在、自由存在必然是一种超越了有限性、相对性的绝对存在，与天道相同一的存在。那么，人应与之统一的、绝对的天道是什么呢？道家思想家从反思具体存在的有限性中去体认天道的属性。首先，他们将统一的世界理解为广延上的总和。在这总和中，他们看到任何有规定性的存在都是有限的、相对的、暂时的，都是一个矛盾性，都不足以成为构成人的绝对自由的基础、真人的基础。由此他们认定天道的属性只能是"无"，只有

"无"才能将"异质""异价"的多样性存在化解成"同质""同价"的统一性存在。其次,"无"作为万事万物生长发育的原则,也只能是无为,即"自然而然"。由此,他们认为,真人、自由只能作为一种心理事实而存在,即作为人的境界而存在。

儒家思想家在建立自己的人学原理时,表现出与道家不同的思维方式,他们不仅仅将统一的世界理解为广延上的总和,更把它看成是时间上的历史发展的秩序系统。"维天之命,于穆不已"的"生"的原则和"天生烝民,有物有则"的"理""物"原则是这一秩序系统的两个基本原则。在这生生不已的发展系列中,原本"同质""同价"的存在在其自身发展的不同阶段就表现出了不同的性质和价值。而人和人类社会则是这一发展系列的最高环节、最具体环节。人生虽本于自然性,却不归结于自然性。所以,他们一方面说:"天命之谓性,率性之谓道"(《中庸》),同时又说:"口之于味也,目之于色也,耳之于声也,鼻之于臭也,四肢之于安佚也,性也,有命焉,君子不谓性也;仁之于父子也,义之于君臣也,礼之于宾主也,知之于贤者也,圣人之于天道也,命也,有性焉,君子不谓命也。"(《孟子·尽心下》)也就是说,人性既不是一个单纯的自然性,也不是一个单纯的社会性,而是一个自然性制约下的社会性和社会性制约下的自然性的合一体。在这一合一体中,天道自然本性是社会伦理本性的原始根据;而社会伦理本性则是天道自然本性的最高环节和最具体环节。社会伦理规律作为天道的自觉表现,是一等级秩序,此亦即孔子"正名"思想的基础、根据。所以,当墨子从人的自然性出发,宣扬一种"兼爱"思想时,孟子说他的"兼爱"说是"无父无君是禽兽也"(《孟子·滕文公下》)。以往人们对此不甚理解,其实,孟子这里说的无非是指单纯的自然性并非人性的本质。"人之异于禽兽者",就在于人能用社会性制约自然性。"人之异于禽兽者几希。庶民去之,君子存之,舜明于庶物,察于人伦,由仁义行,非行仁义也。"(《孟子·离娄下》)"由仁义行"就是自然而然地按照人的"仁义"规律行事,这里的"仁义"是人行的"本原"意义上的规律性。"仁义"的现实性,就是人的社会伦理关系的总和。人的伦理规律基础上的伦理关系,就是天道的表现,就是人性的现实。

从上述分析可知,道家学者运用空间性思维方式集中探讨了天道本体的属性；儒家学者则运用时间性思维方式集中探讨了天道本体的具体存在。道家学者从人与万物的广延关系中，确立起了人的超越性存在的精神境界、心理体验的必要性和可能性；儒家则从人与万物的历史发展的连续性中，确立起了人作为超越性存在的现实伦理生活的必要性和可能性。这样两家在思维方式上的互补和在思想观点上的互补就建立起了比较完整的心性学说，比较全面地揭示了人的存在作为超越性存在的可能性。

总之，表面上看似截然相反的时间性思维方式与空间性思维方式、自由的精神境界和心理体验的追求与和谐的社会伦理秩序的追求、崇尚形上思辨的道家与崇尚格致诚正修齐治平的儒家，实际上并不是根本对立的而是互补的，二者的互补恰恰是人性的辩证法，恰恰是哲学文化发展的内在逻辑，特别是中国古代哲学发展的内在逻辑。儒道两家的关系无非是这一逻辑的空间化表现方式。

（四）中国古代哲学发展的内在逻辑在时间中的展开

心理与文化的辩证法作为中国古代哲学发展的内在逻辑，在时间上的表现可从以下几个线索进行分析：一是儒家与道家的历史融合过程；二是儒家内部的"理学派"与"心学派"的交替、消长过程；（这里所谓的"理学派"和"心学派"是一种借用法，用以标志儒家内部强调文化的作用与强调心理的作用两种倾向的不同。）三是秦汉以至清的经学的发展和历史演变；四是佛学的自身演变及在佛、道作用下的隋唐至宋学的演变。秦汉之后，前两条线索实交织在一起。为叙述方便计，下面将分为两条线索分别论述。

第一条线索即儒道两家融合的历史。这段历史大致可以分为三期：先秦开其端——魏晋思其理——宋明完其成。

第一期为先秦诸子百家时期。这一时期，除了时代主题的一致性、文化背景的一致性外，就两家心性上的内容言，主要表现为两家创始人在内在精神体验上的一致性、人格境界上的相通性和感情上的同情。由于他们关注同一问题时思维方式的不同，他们的理论呈现出不同的外观。但当他们同归于学术之宗旨且同归于内在体验时，便产生了共鸣，即两家心性相通。心相通者，心理感受一致也；性相通者，二者人性本质一致也。心性两相通的合一，即学术文化宗旨之殊途同归也。诚所谓"天下同归而殊

途,一致而百虑"。(《易·系辞下》)

第二期为魏晋玄学时期。这一时期是儒道关系自觉反思期。这一时期儒道关系表现在实质内容上是名教与自然的关系问题;表现在哲学本体论基础上是有无关系问题。解决这些问题的认识论基础是言意之辨。言意之辨、有无之辨、自然与名教之辨最终都为会通孔老服务。

第三期为宋明理学时期。魏晋玄学时期,人们试图通过言意之辨、有无之辨、名教自然之辨,实现儒道整合。但事实上在理论建设上并未完成。到了宋明理学时期,在理论内容上实现了儒道融合,但理学家出于维护儒家正统地位的需要,却不愿承认这一点,反而表现出强烈的排斥所谓释、老异端的姿态。

对上述三个阶段可以描述为:第一阶段是感情上、态度上相通兼容,理论内容上不同;第二阶段是表现出强烈的会通孔老的愿望,且对儒道关系进行了自觉的认识论的反思,但并未在理论上完成儒道融合的任务;第三期实现了儒道(还包括释)在理论上的整合,却表现出了态度上的对立。这个过程恰恰表明了理论活动是心理活动与文化活动的统一;心理与文化的矛盾运动是思想理论发展的内在逻辑。

第二条线索是中国哲学表现为儒家学派吸纳、整合其他学派的合理思想基础上的儒家哲学内部不同学术倾向,主要是"理学"倾向和"心学"倾向之间的消长、整合。这条线索实际上也开始于先秦的战国末期。思孟学派与荀子的区别就具有"理学"与"心学"相区别的意义。而荀子的思想就表现出对道家、法家等的吸纳、整合的特点。战国末期与政治上由分封领主制向封建中央集权制转化相对应,思想文化上也表现为一种整合的文化建设倾向。而思孟学派的重视心理作用的倾向则受到了抑制。这时在文化上的表现就是出现了类似《吕氏春秋》这样的杂家。秦亡后,汉王朝出于"过秦"的需要,不能不求助于老子;而出于"宣汉"的需要,又不得不求助于黄帝。"黄老之学"成了汉初的显学。黄老之学与先秦老庄为代表的重视人的自由境界的心理根据的道家有本质的区别,它本质上属于"术",属于"文化"。所以,在黄老之学作为显学的前提下的思想文化发展仍然表现为一种文化遮蔽心理的"文化"的发展。这表现为,一方面,杂家现象仍然是当时的突出的文化现象;另一方面,思想文化,特别是儒家文化向神学化方向发展。这两个方面，杂家势力从汉初开始由强而弱；而神学化倾向则由弱而强，到董仲舒的"天人感应论"，儒家学说中的活泼泼的文化精神几乎完全被笼罩在神学的形式中了。随着董仲舒的"罢黜百家，独尊儒术"政策的推行，到汉代末期心理与文化、自然与名教发生了尖锐的矛盾冲突。这一矛盾冲突的实质是文化遮蔽了心理；名教遮蔽了自然；名教的形式遮蔽了名教的精神实质。随之而来的魏晋玄学就是心理对文化的突破。通过心理对文化的突破，实现向自然的回归、向名教的精神实质的回归，并进而消解心理与文化的矛盾、自然与名教的矛盾、名教的精神实质与名教的外在形式的矛盾。魏晋玄学中的有无之辨、言意之辨、名教自然之辨从开始的"贵无论""言不尽意论""任自然而越名教论"，中经反题的否定，几乎都不例外地走向了第三期的综合论。如在郭象那里有无之辨综合为有无统一的"独化论"、自然名教之辨综合为"名教即自然论"，等等。

随着魏晋玄学心理对文化突破的完成理应实现一种儒家基础上的新的文化建构。但这个过程在魏晋玄学结束时，并未马上实现，而是又通过隋唐时期儒释道之争继续了心理与文化的复杂辩论，直到韩愈、李翱提出"道统论"和"复性论"才开启了新儒学的文化建设。心理与文化的关系问题的争论在文化形态上才回到儒家自身内部来。这就是以小程、朱熹为文化一系代表的"文化"派与以陆王为代表的心理一系的"心理"派之间的斗争中的互补、互补中的斗争。小程、朱熹一系在开始时虽有陆象山的心学与之争论，但其所处时代毕竟是文化建设时代，所以，陆象山在与朱熹的斗争中或争论中，理上说虽有道理，但时代是需要文化建设的时代，注定了陆派需假以时日，即文化建设之途显示出无能为力时心理的突破才有可能。历史恰恰是如此展开的。这就是后来的王学对朱学的突破。朱学与王学的关系就是文化与心理的关系。王学对朱学的批判就是心理对文化的突破。

综上所述，中国古代哲学的历史发展充分说明了，中国古代哲学的发展就是按着心理与文化的矛盾运动规律展开的。这也就进一步证明了心理与文化的关系问题在哲学中的基本问题的地位。

三

  中国古代哲学的独特的内在义理，也就是中国古代哲学自身所具有的内在的精神实质。而这一内在的精神实质所表现出的逻辑就是心理与文化的辩证法。另一方面，体用一原，本末不二，是中国哲学的基本理解，用和末绝不是无关于义理内容的东西，义理需借方法以明。二者处于一种张力关系中。所以，我认为，唯有从中国哲学的内在逻辑出发，对中国哲学作出现代诠释才是合理的，才不至于导致中国哲学的真蕴被另一种文化形式所遮蔽。这是因为：

  1. 中国古代哲学存在与发展的内在逻辑是贯穿中国古代传统哲学始终的，是中国古代哲学内容、形式及历史走向的决定者。找到了中国古代哲学的内在逻辑也就找到了理解中国哲学的钥匙。

  2. 在中国古代哲学存在与发展的内在逻辑视角下看中国古代哲学，不同学派间的内在关联昭然若揭；整个中国古代哲学史的时间过程有了空间的结构；有些看似不合理的思想观点有了合理性的意义。

  3. 在中国古代哲学存在与发展的内在逻辑的视角下看中国古代哲学的时间性的历史发展，不同阶段所表现出来的特殊性才有了统一逻辑观照下、统摄下的特殊意义；中国哲学史上的不同阶段的特殊性所直接表达的时代意义，才会同时显现出逻辑的结构性的意义。而恰恰是这一点，才能为我们今天的哲学理解提供学理的同时又是历史实证的借鉴，才能成为未来合理的哲学理性建设的活的历史文化资源。所以，我主张从中国古代哲学发展的内在逻辑出发，对中国古代哲学进行义理的诠释。

（原载《长白学刊》2008 年第 5 期）

五行观对中国古代人学思想的影响

五行观在中国古代是中国人的一种基本立场，既是中国人把握世界的模式、自我理解的模式，也是人行正当性、合理性的理由。从上古至西汉，五行观的发展经历了一个正反合的周期。这个周期，从中国古代社会人伦秩序建构实践及思想反思的过程角度看，为先秦子学前的制度建设实践——先秦子学的人文反思——秦汉的"社会规范的人为思辨的策略安排"的三纲五常观三个阶段；从五行观理论性质的演进看，为宇宙论的五行观——人学反思的五行观——宇宙论基础上的社会政治论五行观。五行观发展的历史为我们了解中国古代人学思想的内在逻辑及当下的新伦理道德文化建设提供了经验。

人学，实质上是有关于人的所有问题的片面性方面探讨的综合性概念的总和。所以，有悖于这一实质的人学定义，只应该定义为"以人为名义"的片面之"学"。"学"与"生命"不同（可以无"学"，但不可以无"生命"），"学"发于"生命"，服务于"生命"。有了文化以后，生命被文化模式化，文化成为生命（但，这是有问题的）。中国古代的阴阳五行观就充当了这样的角色。了解中国古代的阴阳五行观有助于我们认识历史上的我们自己和我们自己的应该。

一

五行观是中国古代人理解世界的一种基本立场，既是把握世界的模式，也是理解自我的模式；既是客观事物自然存在、发展模式，也是人行的合理性、正当性理由。《史记·历书》说：

> 盖黄帝考定星历,建立五行,起消息,正闰余,于是有天地神祇物类之官,是谓五官。各司其序,不相乱也。民是以能有信,神是以能有明德。民神异业,敬而不渎,故神降之嘉生,民以物享,灾祸不生,所求不匮。

此可谓由黄帝而开五行思维模式。《尚书》记载:

> 大战于甘,乃召六卿。王曰:"嗟!六事之人,予誓告汝:有扈氏威侮五行,怠弃三正,天用剿绝其命,今予惟恭行天之罚。"(《尚书·甘誓》)

这可谓是以五行观为行为正当性的标准。

到汉代更是以五行观为把握一切的模式。这一点,在董仲舒那里表现得尤为突出。董仲舒说:

> 天有五行:一曰木,二曰火,三曰土,四曰金,五曰水。木,五行之始也;水,五行之终也;土,五行之中也。此其天次之序也。木生火,火生土,土生金,金生水,水生木,此其父子也。木居左,金居右,火居前,水居后,土居中央,此其父子之序,相受而布。是故木受水,而火受木,土受火,金受土,水受金也。诸授之者,皆其父也;受之者,皆其子也。常因其父以使其子,天之道也。是故木已生而火养之,金已死而水藏之,火乐木而养以阳,水克金而丧以阴,土之事火竭其忠。故五行者,乃孝子忠臣之行也。五行之为言也,犹五行与?是故以得辞也,圣人知之,故多其爱而少严,厚养生而谨送终,就天之制也。以子而迎成养,如火之乐木也。丧父,如水之克金也。事君,若土之敬天也。可谓有行人矣。五行之随,各如其序;五行之官,各致其能。(《春秋繁露·五行之义》)

又说:

> 天地之气,合而为一,分为阴阳,判为四时,列为五行。行者行

> 也，其行不同，故谓之五行。五行者，五官也，比相生而间相胜也。故为治，逆之则乱，顺之则治。东方者木，农之本。司农尚仁，进经术之士，道之以帝王之路，将顺其美，匡救其恶。……南方者火也，本朝。司马尚智，进贤圣之士，上知天文，其形兆未见，其萌芽未生，昭然独见存亡之机，得失之要，治乱之源，豫禁未然之前。……中央者土，君官也。司营尚信，卑身贱体，夙兴夜寐，称述往古，以厉主意。……西方者金，大理司徒也。司徒尚义臣死君而众人死父。……北方者水，执法司寇也。司寇尚礼，君臣有位，长幼有序，朝廷有爵，乡党以齿。（《春秋繁露·五行相生》）

五行观作为中国人把握世界的方式、理解自我的方式、论证思想的正确性及行为的正当性的方式，影响着中国人的方方面面且绵延不断。中医药学、养生学是以阴阳五行观为基础的科学系统。被明代医家马莳称为"论五运六气南北政。凡天时民病人事等义，至祥至备，为医籍至宝"的《黄帝内经素问》中的《天元纪大论》《五运行大论》《六元正纪大论》等篇，充分地体现着中国古代医学的五行观模式。

> 黄帝问曰：天有五行御五位，以生寒暑燥湿风。人有五脏化五气，以生喜怒思忧恐。论言五运相袭而皆治之，终期之日，周而复始，余已知之矣。愿闻其与三阴三阳之候奈何合之？鬼臾区稽首再拜对曰：昭乎哉问也。夫五运阴阳者，天地之道也，万物之纲纪，变化之父母，生杀之本始，神明之府也，可不通乎！故物生谓之化，物极谓之变，阴阳不测谓之神，神用无方谓之圣。夫变化之为用也，在天为玄，在人为道，在地为化，化生五味，道生智，玄生神。神在天为风，在地为木；在天为热，在地为火；在天为湿，在地为土；在天为燥，在地为金；在天为寒，在地为水。故在天为气，在地成形，形气相感而化生万物矣。然天地者，万物之上下也，左右者，阴阳之道路也，水火者，阴阳之征兆也，金木者，生成之终始也。气有多少，形有盛衰，上下相召，而损益彰矣。（《天元纪大论》）

中国古代军事学中蕴含着阴阳五行生消变化的智慧。《孙子》曰：

> 形兵之极，至于无形；无形，则深间不能窥，智者不能谋。因形而错胜于众，众不能知。人皆知我所以胜之形，而莫知吾所以制胜之形。故其战胜不复，而应形于无穷。夫兵形象水，水之形，避高而趋下，兵之形，避实而击虚。水因地而制流，兵因敌而制胜。故兵无常势，水无常形，能因敌变化而取胜者，谓之神。故五行无常胜，四时无常位，日有短长，月有死生。(《孙子·虚实篇》)

不一而足，五行观思维模式表现在中国人的方方面面，源远流长。宋人胡瑗在《洪范口义》中的说法可见一斑，胡瑗说：

> 五行者，即谓水火木金土是也。夫有天地然后有阴阳，有阴阳然后有五行，有五行然后有万物，是则五行者天地之子万物之母也。然谓之行者，以其斡旋天地之气而运行也，故谓之行。夫人既禀五行之气而生，亦由逆五行之气而死。声音乎是，气味乎是，性乎是，色乎是，举天下之万类未有不由于五行而出，是则五行岂不大乎！故五者因其数，明其性，成其气，辨其味，有其臭，著其声，彰其色，为其物各以类而推之则可见矣。所谓数者何？即天地之生成数。天奇地偶、日月躔度、星辰躔次、岁时历象、律吕损益是也。所谓性者，润下、炎上、曲直、从革、稼穑、为仁、为义、为礼、为智、为信是也。所谓气者，在四时则为春夏秋冬温凉寒燠是也。所谓味者，酸咸辛苦甘是也。所谓臭者，朽焦腥膻香是也。所谓声者，宫商角徵羽是也。所谓色者，青赤白黑黄是也。所谓物者，介虫鳞虫倮虫羽虫毛虫是也。在人则为五事。若居五福之世，则其数弗乖，其性不悖，其气不愆，其味不变，其臭不乱，其声不谬，其色不异，其虫不怪，皆顺其常。若居六极之世，则皆逆其常，天反时为灾，地反物为妖，人反德为乱。乱起则妖生。各以其类而推之，亦可见也。故五行者，圣人为国之大端，万类之所祖。出而冠于《九畴》，故曰："初一曰五行，"然而不言用者，盖以五行斡二仪之气，天所以生成万物者也，岂圣人所用治国之物乎？故不言用。

汉语中以五行观为基础的以五为词的词汇大量存在，反映了五行观对中国人的全面而深远的影响。我们完全可以说，五行观是古代中国人面对事物时的一种基本立场、把握事物的一种基本方式。

二

五行观作为古代中国人把握世界的一种基本立场、基本方式，是如何生成、演变的？对这一立场、方式生成、演变的历史总结又会给我们以什么样的启示？合理地回答这个问题，对理解中国古代文化和建设中国当代文化或许是不无裨益的。

与五行观在中国古代人中所发挥的影响作用不相称的却是研究中国古代五行观形成、发展的原始史料的匮乏和不系统。"五行"一词，最早见于《尚书》(《尚书·甘誓》篇的记载已如上引)，成为一直至今的五行说出现在《尚书·洪范》篇中。

> 惟十有三祀，王访于箕子。王乃言曰："呜呼！箕子，惟天阴骘下民，相协厥居，我不知其彝伦攸叙。"箕子乃言曰："我闻在昔，鲧堙洪水，汩陈其五行。帝乃震怒，不畀'洪范'九畴，彝伦攸斁。鲧则殛死，禹乃嗣兴，天乃锡禹'洪范'九畴，彝伦攸叙。"初一曰五行，次二曰敬用五事，次三曰农用八政，次四曰协用五纪，次五曰建用皇极，次六曰乂用三德，次七曰明用稽疑，次八曰念用庶征，次九曰向用五福，威用六极。一、五行：一曰水，二曰火，三曰木，四曰金，五曰土。水曰润下，火曰炎上，木曰曲直，金曰从革，土爰稼穑。润下作咸，炎上作苦，曲直作酸，从革作辛，稼穑作甘。(《尚书·洪范》)

但这所记已是周文王十三年武王问箕子之事了。而五行说的产生肯定早于此。如果我们承认中国古代文化的方法论原则是"仰则观象于天，俯则观法于地，观鸟兽之文与地之宜"(《周易·系辞下》)的经验观察原则和"近取诸身，远取诸物"(《周易·系辞下》)"能近取譬"(《论语·雍也》)的"忠恕"原则，同时承认五行说与四时、五方、五材说具有渊源关系的话，那么，五行说的思想渊源当不晚于帝尧。《尚书》追记帝尧之事说：

曰若稽古。帝尧曰放勋。钦明文思安安。允恭克让，光被四表，格于上下。克明俊德，以亲九族。九族既睦，平章百姓。百姓昭明，协和万邦，黎民於变时雍。乃命羲和，钦若昊天，历象日月星辰，敬授人时。分命羲仲，宅嵎夷，曰旸谷。寅宾出日，平秩东作。日中，星鸟以殷仲春。厥民析，鸟兽孳尾。申命羲叔，宅南交。平秩南讹，敬致。日永，星火，以正仲夏。厥民因，鸟兽希革。分命和仲，宅西，曰昧谷。寅饯纳日，平秩西成。宵中，星虚，以殷仲秋。厥民夷，鸟兽毛毨。申命和叔，宅朔方，曰幽都。平在朔易。日短，星昴，以正仲冬。厥民隩，鸟兽氄毛。帝曰：咨！汝羲暨和。期三百有六旬有六日，以闰月定四时成岁。允厘百工，庶绩咸熙。(《尚书·尧典》)

这里将天文、历数、物候、人事等作关联性的理解和把握与后来的把五行观作为人把握世界的基本立场的态度是一致的。求诸古代文献，虽无法直接准确地描述出五行说在先秦子学前的发展脉络，但仍有迹可循。《史记·五帝本纪》记黄帝之事说："黄帝者，少典之子，姓公孙，名曰轩辕。……轩辕之时，神农氏世衰。诸侯相侵伐，暴虐百姓，而神农氏弗能征。于是轩辕乃习用干戈，以征不享，诸侯咸来宾从。而蚩尤最为暴，莫能伐。炎帝欲侵陵诸侯，诸侯咸归轩辕。轩辕乃修德振兵，治五气，艺五种，抚万民，度四方，教熊罴貔貅䝙虎，以与炎帝战于阪泉之野。"记颛顼之事说："帝颛顼……养材以任地，载时以象天，依鬼神以制义，治气以教化，絜诚以祭祀。"记帝喾之事说：帝喾"顺天之义，知民之急。仁而威，惠而信，修身而天下服。取地之财而节用之，抚教万民而利诲之，历日月而迎送之，明鬼神而敬事之。其色郁郁，其德嶷嶷。其动也时，其服也士。帝喾溉执中而遍天下，日月所照，风雨所至，莫不从服。"于此我们可以看到上古以天文、历数等以治天下、以制礼乐教化的进化过程。于此我们也可以看到五行观模式是自上古以来中国人一脉相承的理解世界的模式。这一模式的历史发展，我们可以通过两个线索加以考察：一条线索是从中国古代社会人伦秩序建构实践及思想反思的过程的角度看五行观演进的历史；一条线索是从五行观理论性质的演进看五行观演进的历史。

从第一条线索看，中国的五行观经历了先秦子学前的制度建设实践——先秦子学的人文反思——秦汉的"社会规范的人为思辨的策略安排"的三纲五常观三个阶段。

第一阶段,即先秦子学前的制度建设阶段的时间下限为春秋末年子学产生前,而其上限则可以从人猿相揖别始,最起码的可以从传说的三皇五帝始。为便宜计,笔者将这一阶段定为自三皇五帝至周公制礼作乐这样一个时期。这一时期是中国古代人文创建期,其主要特点是先民依自身生活的核心关切、生命攸关的重大事件、反复稳定的全局性观察经验直接制作人文制度及人的思维模式和观念。四时、四方、五材、巢居、取火、治水等等都是古代先民的核心关切和生命攸关的大事件。中国先民针对这些大事件,依据仰观天文、俯察地理、中观人和的经验原则开始了人文制度建设的历程。贾公彦《周礼正义序》说:

夫天育烝民,无主则乱;立君治乱,事资贤辅。但天皇地皇之日,无事安民。降自燧皇,方有臣矣。是以《易·通卦验》云:"天地成位,君臣道生。君有五期,辅有三名。"……又云:"燧皇始出,握机矩表计,置其刻日苍牙,通灵昌之成,孔演命,明道经。"……是政教君臣,起自人皇之世,至伏羲因之。故《文耀钩》云:"伏羲作《易》名官者也。"又案《论语摘考》云:"黄帝受地形象天文以制官。"伏羲以前,虽有三名,未必具立官位,至黄帝名位乃具。……燧皇、伏羲既有官,则其间九皇六十四民有官明矣,但无文字以知其官号也。案《左传》昭十七年云:"秋,郯子来朝,公与之宴,昭子问焉,曰:少皞氏鸟名官,何故也?"……"郯子曰:吾祖也,我知之。昔者黄帝氏以云纪,故为云师而云名。"注云:"黄帝轩辕氏,姬姓之祖也。黄帝受命有云瑞,故以云纪事,百官师长皆以云为名号,缙云氏盖其一官也。""炎帝氏以火纪,故为火师而火名。"注云:"炎帝神农氏,姜姓之祖也。亦有火瑞,以火纪事名百官也。""共工氏以水纪,故为水师而水名。"注云:"共工以诸侯霸有九州者,在神农前,大皞后,亦受水瑞,以水名官也。""大皞氏以龙纪,故为龙师而龙名。"注云:"大皞伏羲氏,风姓之祖也。有龙瑞,故以龙命官也。""我高祖少皞挚之立也,凤鸟适至,故纪于鸟,为鸟师而鸟名。"……是以少皞以前,天下之号象其德,百官之号象其征；颛顼以来，天下之号因其地，百官之号因其事，事即司徒、司马之类是也。……自少皞以上，官数略如上说，颛顼及尧官数虽无明说，可略而言之矣。案昭二十九年，魏献子曰："社稷五祀，谁氏之五官？"蔡墨对曰："少皞氏有四叔，曰重、曰该、曰修、曰熙，实能金、木及水。"……是以昭十七年服注"颛顼"之下云："春官为木正，夏官为火正，秋官为金正，冬官为水正，中官为土正。"

在上古帝王传说中还有所谓的教人构木为巢的"有巢氏"，教人钻木取火的"燧人氏"，教人耕作的"神农氏"等等。对以上所引及传说，我们无意于其真假的考证，旨在说明其时的人依阴阳、四时、五材等的经验模式建构了人文制度，最后形成了夏商周三代的礼乐典章制度。这一时期，从五行观形成发展的角度看，可以称之为以非反思性的五行观为基础的直接制度建设阶段。

第二阶段，哲学反思的五行观。到了春秋战国之际，礼乐典章制度遭遇到了严重的挑战，对礼乐典章制度的合理性的反思，成了时代的课题。这是先秦子学产生的历史根据。先秦子学本质上是对礼乐典章制度的合理性的哲学反思。在诸子百家的多重反思中，思孟学派的五行观最具有哲学的人文反思的意义。所以笔者将其视为第一线索上的第二阶段——五行观的人文反思阶段。

思孟学派的五行观，由于原始史料在当时就已经遗失了，虽有荀子对其的严厉批评，在当时及其后相当长的历史中人们并不知道其确切内容。荀子在《非十二子》篇中说：

略法先王而不知其统，犹然而材剧志大，闻见杂博。案往旧造说，谓之五行，甚僻违而无类，幽隐而无说，闭约而无解。案饰其辞而祗敬之曰：此真先君子之言也。子思唱之，孟轲和之，世俗之沟犹瞀儒嚾嚾然不知其所非也，遂受而传之，以为仲尼子游为兹厚于后世。是则子思、孟轲之罪也。

在对子思唱之、孟子和之的五行说茫然无知的前提下，无法推断荀子所批评的思孟的五行说的内容所指，也就无法评论荀子对其的批评的对错。中唐杨倞注《荀子》，在此一条下注曰："案前古之事而自造其说，谓之五行。五行，五常，仁义礼智信是也。"后人一般都接受了这种解释，认为思孟学派的五行就是五常，就是"仁义礼智信"。近代有人开始怀疑这一说法。梁启超认为荀子所批评的子思、孟子的"五行"，不知作何解。"但决非如后世之五行说，则可断言耳。"① 郭沫若在《十批判书》之《儒家八派的批判》中认为思、孟所造的五行说，在思、孟书中虽然没有显著的表现，但也不是全无痕迹。孟子把仁义礼智作为人性之所固有，但缺少了一个"信"，恰如四体缺少了一个心。"然而这在孟子学说系统上并没有缺少，'信'就是'诚'了。"② 无论是杨倞的解释，还是梁启超的"断言"，抑或郭沫若的仁义礼智诚，都属于无文本根据的一种理解。峰回路转，淹没了两千多年的思孟学派的五行说原始文本于1970年重返人间，为揭开思孟学派的五行说真面目提供了坚实的直接史料。1973年湖南长沙马王堆汉墓出土了一篇被整理者命名为《五行》的帛书，20年后的1993年湖北荆门楚墓又出土了一篇与汉墓帛书《五行》相同的自命名为《五行》的简书。这使"仁义礼智圣"是思孟所指的五行成了铁案。郭店简《五行》：

> 五行：仁形于内谓之德之行，不形于内谓之行；义形用内谓之德之行，不形于内谓之行；礼形用内谓之德之行，不形于内谓之【行；智形】用内谓之德之行，不形于内谓之行；圣形用内谓之德之行，不形于内谓之德之行。③

> 德之行五，和谓之德，四行，和谓之善。善，人道也；德，天道也。君子无中心之忧，则无中心之智；无中心之智，则无中心【之

---

① 梁启超：《梁启超全集》第11卷，北京出版社1999年版，第3360—3361页。
② 郭沫若：《郭沫若全集（历史编）》第2卷，人民出版社1982年版，第136页。
③ 帛书本前数句残损严重，"圣形于内"至"德之行五"前仅存"之行"两字，据此整理者在"之行"二字前补"谓之德""不形于内谓"八字，而成"圣形于内【谓之德】之行，【不形于内谓】之行"句，以与前四句句式相合。郭店简本出，此句完整清晰，明明白白，作"圣形于内谓之德之行，不形于内谓之德之行"，与前四句句式不同。这种不同绝不是抄写之误，而是思想使然，是不可改动的。但遗憾的是整理者不是据简本修正帛本之误补，却依帛本之误补及所谓的句式不合为据，认同"德之行"中的"德之"二字为衍字。由此，完全阉割了思孟"五行"中"圣"的本体论意义。

悦；无中心之悦则不】安，不安则不乐，【不乐】则无德。

五行皆形于内而时行之，谓之君【子】。士有志于君子道，谓之志士。善弗为无近，德弗志不成，智弗思不得。思不精不察。思不长【不得，思不轻】不形。不形不安，不安不乐，不乐无德。

……

"淑人君子，其仪一也。"能为一，然后能为君子，慎其【独也】。"【瞻望弗及】，泣涕如雨。"能差池其羽，然后能至哀。君子慎其【独也】。

【君】子之为善也，有与始，有与终也。君子之为德也，【有与始，无与】终也。金声而玉振之，有德者也。金声，善也。玉音，圣也。善，人道也；德，天【道也】。唯有德者，然后能金声而玉振之。

……

闻君子道，聪也。闻而知之，圣也。圣人知天道也。知而行之，义也。行之而时，德也。见贤人，明也。见而知之，智也。知而安之，仁也。安而敬之，礼也。圣智，礼乐之所由生也，五【行之所和】也。和则乐，乐则有德，有德则邦家兴。文王之见也如此。"文【王在上，於昭】于天，"此之谓也。

见而知之，智也。知而安之，仁也。安而行之，义也。行而敬之，礼也。仁义，礼所由生也，四行之所和也。和则同，同则善。

由此，我们可以得到一些基本认识：第一，思孟的"五行"是仁、义、礼、智、圣；第二，思孟的五行观是对其之前的五行观的人文反思。思孟的五行观是站在人的立场上的哲学五行观；第三，思孟的五行观中的仁义礼智圣五者并不是平等并列的关系，仁、义、礼、智不形于内，谓之行，此为善，是人道。仁、义、礼、智形于内谓之"德之行"和圣谓之德，此为天道。人道得之于天道，天道是人道的根据。进一步看，仁、义、礼、智四者都有一个形于内与不形于内的"德之行"与"行"的区别问题，而圣则没有这样的区别，无论其是否形于内，皆为"德之行"，这意味着圣乃是自然与天道相合，所以，在五者中，圣处于本体的地位，是天道。这一点也得到了《孟子》文本的印证。《孟子》："口之于味也，目之于色也，耳之于声也，鼻之于臭也，四肢之于安佚也，性也，有命焉，君子不谓性也。仁之于父子也，义之于君臣也，礼之于宾主也，知之于贤者也，圣人之于天道也，命也，有性焉，君子不谓命也。"这里十分明确地指明了仁、义、礼、智与父子、君臣、宾主、贤者的对等关系和圣人与天道的对等关系。前者是有形存在的对等关系，后者则是形上概念的对等。另外，孟子论证人性善时讲仁义礼智之心之四端，而不讲五，这里的原因就在于仁义礼智是人道，是具体，所以有端，故可讲；而圣是天道，无端而不可讲，故不讲。其《五行》中说"【君】子之为善也，有与始，有与终也。君子之为德也，【有与始，无与】终也。金声而玉振之，有德者也。金声，善也。玉音，圣也。善，人道也；德，天【道也】。唯有德者，然后能金声而玉振之"。与孟子讲四而不讲五正相印证。"金声玉振"表征始终。金声，乐之始；玉振，乐之终。《孟子·万章上》："伯夷，圣之清者也；伊尹，圣之任者也；柳下惠，圣之和者也；孔子，圣之时者也。孔子之谓集大成。集大成也者，金声而玉振之也。金声也者，始条理也；玉振之也者，终条理也。始条理者，智之事也；终条理者，圣之事也。""金声玉振"即表征着有始有终。《五行》中的"君子之善，有与始，有与终；君子之德，有与始，无与终"。君子之善，讲人道；君子之德，讲天道。"有与始""有与终""无与终"，有人按人之身心讲。"有与始，有与终"讲人的身心始终能够统一；"有与始，无与终"讲人的身心在最终的环节上不能统一。这种讲法是可以的。我想将其泛化，内含身心、内外等等含义。"有与始，有与终"讲在人道环节上，智之事与圣之事能够统一；"有与始，无与终"讲在天道环节上，智之事可能，而圣之事则不可能。也就是说，任何具体的有限的圣功都不能成为天道的完满形式。天道是一个超越性的存在。所谓的"无与终"，是说没有终极的、完成的统一形式和最终完成的终结点。由此可知，仁义礼智是根于圣的，仁义礼智之行的正当性是由圣规定的，而不是由其外在形式决定的。所以，五行作为一个整体，是一个本末统一体的立体结构。也就是说，作为具体德目的仁义礼智，总应该在圣的观照中运行，使其成为与天道相合的合理之行。"君子之为德也，有与始，无与终也"，也意味着圣是一个生生不已的超越过程。从以上的考察，我们完全可以说，思孟的五行观是一种哲学人学五行观。

第三阶段，作为制度安排的五行观。秦汉时期，继续着战国后期经历了诸子学对前文化的多方面的哲学反思后彰显出来的统一的文化建设任务，建立大一统的、全方位的、具体的经济、政治、文化等等的制度及思想观念是当时的时代课题。与之相适应，此时人们对传统文化的关注点倾向于以往的思想观念对完成新任务的有效性，而非传统文化中思想内涵的意义及其合理性。古已有之的五行观念更被汉人直接转换成把握世界的模式和建构人伦制度的模式，而被应用于直接的制度建设之中，思孟学派那里表现出来的对五行观的哲学人学的反思性则被遮蔽了。思孟的仁义礼智圣五行变成了汉儒的仁义礼智信五常。后虽有仁统四德之说，但并不改仁义礼智信皆为具体德目的并列关系。父为子纲、君为臣纲、夫为妻纲之三纲，仁义礼智信之五常经董仲舒的人副天数、天人感应论的推阐，成了天经地义及人行的标准模式。

> 凡物必有合。合，必有上，必有下，必有左，必有右，必有前，必有后，必有表，必有里。……君臣、父子、夫妇之义，皆取诸阴阳之道。君为阳，臣为阴；父为阳，子为阴；夫为阳，妻为阴。阴道无所独行，其始也不得专起，其终也不得分功，有所兼之义。……天之亲阳而疏阴，任德而不任刑也。是故仁义制度之数，尽取之天。天为君而覆露之，地为臣而持载之；阳为夫而生之，阴为妇而助之；春为父而生之，夏为子而养之；秋为死而棺之，冬为痛而丧之。王道之三纲，可求于天。（《春秋繁露·基义》）

五行说完全成为"人为思辨"的人伦策略安排的观念。

从第二条线索，即五行观的理论性质的发展线索的角度看，中国古代五行观大体经历三个阶段，这三个阶段基本上是与第一条线索上的三阶段相对应的。从哲学理论性质的角度看：与第一条线索上的第一阶段相对应的五行观，基本上属于宇宙论哲学的五行观；与第二阶段相对应的五行观，属于生存论哲学的五行观；而与第三阶段相对应的五行观，本质上则属于宇宙论基础上的社会政治论五行观。到宋代，汉代形成的三纲五常观念大行其道，成为理学的基本观念，维护三纲五常成为理学的根本宗旨。在这两条线索中，我们可以发现，董仲舒是一个关键人物；董仲舒的五行观是一个关键环节。这三个阶段恰构成了古代五行观发展的一个正反合。然而，这个正反合作为五行观发展的第一个正反合，在其合的环节上却是以牺牲思孟五行观中的哲学反思性为代价的。从这个意义上说董仲舒的五行（五常）观是五行观发展中的忘本环节或者说是失本环节。说其失本，是说董仲舒的五常观中五者之间的相互关系，本质上是平等关系；说其忘本，是说董仲舒的五常观忘了思孟五行观之本。所以，董仲舒的三纲五常观虽然具有规范中国古代社会的伦理制度及基本人伦关系观念的积极作用，但却面临着巨大的文化异化的风险，其个中原因，就在于他的忘本和失本。

三

通过以上的考察，我们发现，中国古人对五行观的理解和运用无论是对其作空间性的逻辑考察，还是作时间性的历史考察，五行观都内在地包含着一种本体论、认识论、修养论"三位一体"的基本精神。也就是说，五行，对中国古代人来说既是宇宙自然的结构、规律，即本体性的存在；又是人类应该知之的内容，即知识性的存在；同时也是人行的应然准则，即自觉性的存在。三个存在就是一个存在。对于人来说，只有在本体性存在、知识性存在、自觉性存在"三位一体"的整体性中才是可能的存在。这样的"三位一体"性理解本质上是一种生存论的哲学理解。但是，中国古代五行观中的这种"三位一体"性精神，在古代历史上或者是以一种宇宙论哲学理解的方式出现，或者是以一种人为思辨的策略安排的方式出现，都没有达到自觉的生存论哲学的理解。思孟学派的五行观本质上来说具有生存论哲学理解的性质及意义，可惜的是一因原始材料的佚失，二因荀子的粗暴批评，更因其理论内涵超群，思孟的理解在孟子之后就中断了。自汉人始，五行观成了宇宙论理解与人为思辨的策略安排的结合。宋之后更凸显了三纲五常的意义及三纲五常的社会伦理规定的外在的刚性制约性，它的极端发展就是"饿死事小，失节事大"，以"理"杀人的理学[①]异化。宋明时虽有陆王心学与之析辨，但不足以纠正"理学"的异化。五四新文化运动始，以一种彻底决裂之决心与姿势否定三纲五常，其

---

① 此"理学"特指程朱理学。

革命意义自不待言,但也带来了历史性断裂的严重后果,其当下的直接表现就是社会伦理规范观念的混乱与无据。有据而具体清晰的新伦理道德观建设成为了当代中国特色的社会主义建设的一大重要任务。

(原载《辽宁大学学报》2010 年第 2 期)

马克思主义哲学中国化语境下的中国哲学

中国传统哲学在马克思主义哲学中国化过程中是不可不面对的对象，中国哲学是理解中国人的一面镜子，并且是了解中国人内在精神世界的可经验对象。同时，源远流长的中国古代哲学传统，中国古代哲学的基本立场、中国哲学的本体观念及确立本体观念的方法论原则、中国哲学人性论思想等诸多方面或与马克思主义哲学具有很高的契合，或可为马克思主义哲学中国化提供有益资源。

从中国的出版物中出现马克思、恩格斯的名字到马克思主义与中国革命、建设实践相结合已有百余年。历史证明，马克思主义中国化的深度和广度直接关系到中国的命运。在马克思主义中国化的过程中，马克思主义哲学中国化的工作尤为重要。在马克思主义哲学中国化的理论研究中，合理地阐释中国古代哲学及中国古代哲学与马克思主义哲学的关系是不可或缺的内在环节。中国古代传统哲学既提供了理解中国人的文化前提，也为未来合理的哲学理性的建设提供了有益的资源。

一 中国哲学是理解中国人的文化基础

对中国人的内在的心智结构、文化—心理结构的深层次理解，是马克思主义哲学实现中国化的前提。塑造合理、开明、智慧、理性的中国人的新心智结构是马克思主义哲学中国化的深层意义。现实存在中的中国人的心智结构本质上是由以中国古代传统哲学为核心的传统文化（广义上的传统文化，既包括思想理论层面的内容，也包括传统社会生活实践层面的内容）塑造而成的。其中，最基本的文化模式、思想形态及基本精神是由先秦子学时期开创的中国哲学奠基的。先秦诸子哲学是中国古代哲学的开端。中国古代哲学的产生与世界其他哲学传统的产生一样，也是民族文化发展到一定时期产生的民族文化的"超越性突破"或"哲学突破"。所谓的民族文化发展的"超越性突破"或"哲学突破"，是说某一民族文化发展到一定阶段，原有的文化发生了危机，社会生活在原有的文化基础上已无法有效地调节、维系时发生的，以对以往业已形成且曾行之有效的文化进行该文化之所以可能的前提批判为基础的文化重建。此时的文化重建，其问题意识集中指向了人及人类社会在宇宙中所处的位置和在历史中的意义这样的哲学性问题，此问题成为解决所有问题的关键，通过对此问题的系统性的反思，即批判性、超越性的系统反思，整个民族文化进入了一个新的高度与境地——哲学的高度和境地。这一新高度、新境地对人自身在宇宙中的位置和在历史上的意义问题有了一种新的、更高的自觉认识。一个民族的思想形态在哲学的意义上被确立。而此时产生的思想文化形态就成了这个民族的基本的思想文化形态，构成这一民族的文化传统，以后的文化发展，特别是哲学的发展则往往是对这一时期产生的思想形态的展开、深化与完成。中国先秦诸子学就处于这一时期。先秦子学哲学就处于此地位。中国传统文化在展开、深化、完成这一思想形态的历史进程中也便深层次地塑造了中国人的心智结构、文化—心理结构。这一心智结构、文化—心理结构成为中国人为人处世的自觉不自觉的模式。马克思主义哲学中国化过程中不能不面对中国人这一心智结构、文化—心理结构。理论的力量取决于占有群众的力量，而群众往往是在原有的心智结构基础上接受某种理论；理论真正占有群众的程度则取决于化为群众的心智结构的程度，这是一个循环往复的辩证运动。在马克思主义哲学中国化过程中，第一前提应该是较为准确地把握中国人的心智结构、文化—心理结构。

作为现实存在的人总是一个灵肉一体的存在，灵肉矛盾是其深层次的内在矛盾，这种内在矛盾在现实性层面表现为心理与文化的矛盾。心理作为人的内在的精神存在，是先天心理机能与后天意识内容相统一的一个现实性的实在性。文化作为人的感性存在，是内含意向性的行动；客观化的人工制品；个人和集体行为的社会性规则；对象化存在欲重新占有人的灵魂的努力等等以感性存在、感性活动的形式出现的实践活动。在对人的理解与把握中，需要在心理与文化的统一中实现对人具体的理解与把握，而不是抽象的、片面的理解与把握。文化的层面是可以直接提供给人的感官的，所以相对容易了解、把握；而心理的层面是内在于人心的，所以相对不容易了解与把握。不容易并不意味着不可能。就一个民族的整体性而言，了解该民族的哲学传统及其哲学的基本精神，应该是既可操作又至关重要的关键性环节。当代中国人自我理解中的困难，恰恰是对本民族文化占有的不自觉性。这就造成了时下的中国人往往是骨子里是古代中国人，面子上是当代现代人的矛盾性。造成这种状态的部分原因就在于中国人骨子里的中国性是一种文化性的生理遗传，而面子上的现代性则是抽象接受的现代观念。骨子里的文化性的生理遗传状态主要是由于中国人时下最不熟悉的文化恰恰是本民族的传统文化这样的文化状态造成的。当一个民族的深层次的文化—心理结构已经被本民族的历史文化所塑造成型，成为一种自觉不自觉的习惯势力之后，若丧失了对本民族的文化自觉，其结果往往是传统文化中的消极因素发挥作用造成消极的社会后果，这种后果又会进一步加剧对本民族文化的厌恶，造成对本民族文化更加的不自觉并将这种不自觉演变为不自信。当以这样的分裂的精神面对任何一种文化时，都难以避免对其理解、把握、运用的扭曲。就此而言，马克思主义哲学中国化过程中，若要保持马克思主义哲学的纯正性，就不能不面对中华民族的民族性；若要成就真正中国化的"马克思主义哲学"，也不能不去做马克思主义哲学与中国古代传统哲学的全面的、真正理论意义上的有机整合和文化建构。离开了对中国古代传统哲学的高度自觉，就很难实现马克思主义哲学的中国化。然而，我们的中国哲学史研究还存在着不适应的问题、不深入的问题。

二 理解中国哲学的关键是理解中国哲学的内在逻辑

中国哲学为马克思主义哲学中国化奠定了深厚基础，准备了丰富的思想理论资源。在元哲学问题追问的基础上，在马克思主义哲学与中国古代哲学对话中，我们会发现中国哲学与马克思主义哲学有着多方面的高度契合。

中国哲学与马克思主义哲学间的高度契合性的认识，是建立在对中国哲学的基本精神及其存在与发展的基本规律的理解基础上的。中国哲学的基本精神与历史发展的基本规律体现于中国哲学发展的内在逻辑之中。中国哲学在其创立之初，受当时的时代课题与解决时代课题所能选取的文化出发点的文化前提的作用，具有了保持其与作为文化出发点的中国先民文化连续性发展的可能性；总体性哲学立场取生存论立场的可能性；保持原始文化即现实即超越、即世俗即神圣、即哲学即宗教的原始统一性的有机整体性文化精神与形式的可能性；历史叙事与神话叙事相融合的语言形式的可能性。这些可能性在中国哲学中都成了现实。这些现实共同铸就了中国哲学的基本精神和中国哲学发展的内在逻辑。

中国哲学发展的内在逻辑与人的存在与发展的内在逻辑是一致的，这个内在逻辑就是心理与文化的辩证法。这一观点我们可以从诸多方面展开论证，诸如学理的、历史的、意义的；等等。

首先，从中国哲学产生期所面临的时代课题的角度看，如何用社会伦理的形式原理统辖社会伦理生活内容的问题，是先秦诸子学时期的思想理论上和社会生活实践上必须解决的时代课题。先秦诸子所面临的社会文化矛盾，概括地讲，就是所谓的"礼坏乐崩"。夏商周三代所建立的礼乐典章制度到春秋战国时期遭到了破坏，社会存在与社会意识发生了尖锐的矛盾——以往的礼乐典章制度作为社会意识与"礼坏乐崩"作为反映社会存在的现实之间的矛盾。这一矛盾就是当时的思想家所面对的矛盾，而说明社会伦理制度原理的合理性就成了当时的思想家的课题。孔子讲的"克己复礼"，实际上表达的就是这一课题。"礼"作为社会生活准则，此时却要通过"克己"的手段才能实现，说明业已形成的社会伦理制度受到了威胁，社会存在与社会意识发生了尖锐矛盾。

社会伦理制度，作为一个内外合一的整体性，相对区分为两方面内容，一个是作为社会伦理制度原理的实在内容的精神实质（在儒家那里被称为"仁"）；一个是作为社会伦理制度原理的外在形式的各种规定（在儒家那里被称为"礼"）。同时，社会伦理制度原理对人来说，一指向于外，似乎是人的一种必须接受的外在必然性；一指向于内，构成人的在伦理生活中的心灵感受性。所以，对社会伦理制度原理的合理性问题的反思，就会被归结为就社会伦理制度原理自身作为一个内外合一的整体性来说最高根据是什么的本体论问题和社会伦理制度原理指向于人的内外两方面，其最高根据是什么的认识论问题。这两个问题实质上是一个问题，即人在反思社会伦理制度原理时,或人面对社会伦理制度原理时,对社会伦理制度原理的思考会发生两种不同的指向:一指向于外,思考其真理性的客观根据;一指向于内,思考其真理性的主观根据。这两个指向是思维面对社会伦理制度原理时思维指向于内和思维指向于外的一种相互摆动。由此我们可以看出,中国古代哲学产生时所面临的课题就规定了中国古代哲学一开始就要将心理与文化的关系问题提升到形而上的层面上加以解决。当时的思想家(无论哪家哪派)都必会根据自己的生活经验对这一礼乐典章制度原理展开自己的独特的反思。但不管这种反思如何独特,最终都指向了社会礼乐典章制度原理作为人行的真理的最高根据问题,即社会礼乐典章制度原理的形上根据问题。这是因为,社会礼乐典章制度原理包含两个方面:一个是作为其精神实质、核心和实在内容的伦理观念;一个是作为其外在实现形式的礼仪规范。对社会伦理制度原理的反思,真正让人关心的是其精神实质、核心和实在内容的合理性问题。然而,这一问题的实质,或者说这一问题的实践意义的实质是一个如何用社会伦理的形式原理统辖社会伦理的生活内容的问题。这样,所谓的合理性问题便不能不是一个社会伦理生活的先天伦理根据问题。

其次,从先秦诸子解决时代课题时所出发的直接文化前提的角度看,诸子学都继承、发展了先秦子学前的中国先民的天道观念。问题有了,怎样回答问题,解决问题?从何处下手解决问题?以往的思想文化为解决问题是否提供了可资借鉴的资源?对作为中国古代哲学的开端的先秦诸子学来说,这个问题就是一个先秦诸子学的直接文化出发点问题。这个直接的出发点就是中国先民的天道观念。这也就是说在开始于夏、完成于周的中国古代的礼乐典章制度中就已包含了一个关于这一制度合理性的先天根据的观念,即夏、商、周三代在制定礼乐典章制度时就已承诺了一个天道观念作为其所制定的制度的先天根据。先秦诸子在进一步寻找人的伦理生活的先天根据时,先民的天道观念自然成了他们所出发的直接的文化资源。

中国先民的天道观念到春秋战国时大体上经历了原始的天道观念、神道的天道观念、具有哲学意义的仁道天道观念三个阶段的发展。经过这一发展,基本上确立了以天道是万物同为物的统一基础的观念、天人相通的观念、天道即人道的观念为基本内容的天道观念。这样的天道观念,一方面为先秦诸子准备了具有哲学本体论意义的思想文化内容;另一方面也为先秦诸子准备了基本的思维方式。天道观念作为中国哲学的最高观念，同时也成为中国哲学最基本的思维方式，是中国哲学的认识论原则和中国哲学的方法论原则。这一原则就是：天道是人道的根据，人道是天道的最高环节。抽象地看，天道的本性是自然，人道的本性是社会伦理。但在天道即人道、人道即天道的天道观中，天道的最高本性则是自然属性与社会伦理属性的最高统一。所以，在中国哲学的天道观念中内在地包含有社会属性的意义。这规定了中国哲学的思维方式不离开自然去看人，也不离开人去看自然，人与自然的关系是人人关系制约下的人与自然的关系；而人人关系则是在人与自然关系制约下的人人关系。天人合一、内外合一、体用合一成了中国哲学思维方式的基本特征。在这一思维方式的作用下，形成了中国古代哲学的基本精神。中国哲学的基本精神是天、地、人三统一，心、理、气三统一等一系列三统一的"三位一体"精神。这个精神是个立体精神；是个有机体精神；是个思维具体精神；是个生生不息的生命精神；是个有容乃大的包容精神、开放精神；是个一致而百虑、同归而殊途的兼容并包、并行不悖的精神。西方意义上的自由、平等、民主等意义都内在为这样的基本精神所包含而非作为抽象的思想理论前提而为最高、为抽象的所谓"普世价值"。同时，这一基本的哲学思维方式也就铸造了中国哲学发展的内在逻辑。正是由于中国哲学的这一基本精神和内在逻辑，中国哲学与马克思主义哲学具有了诸多意义上的高度契合。

三　中国哲学诸多方面的深刻性思想

中国哲学在许多重大问题上或与马克思主义哲学具有高度契合，或为深刻理解马克思主义哲学提供了有益资源，诸如哲学立场问题、哲学本体论问题、人性论问题，等等。

1. 中国古代哲学对哲学本体观念的理解，对理解哲学本体论问题具有积极意义

中国哲学传统中的本体论思想一般认为有三大主要传统：认理为本体的理本论、认气为本体的气本论、认心为本体的心本论，三大传统概括之外当然还有不同思想家关于本体的不同说法，但这三大传统的概括大体是

能反映中国哲学本体论的主要思想的。那么，这三大传统所表达出来的到底是一种什么思想理论意义呢？是中国古人固执地认为或理或心或气是万事万物的所从出者和所复归者？还是固执地认为或理或心或气是一切现象存在的最高本质？似乎都不是。所从出者与所复归者的问题本质上是个宇宙论问题，中国古代哲学中另有传统的宇宙论的模型。而这一传统的宇宙论模型往往是中国古人讨论其他问题时潜藏于论域之外的一个自觉不自觉的前提，这一点对三大传统本体论思想家也不例外。只是宇宙论（生成论、构成论）问题在秦汉之后的中国哲学思想界不再是集中讨论的问题。三大传统本体论思想家在潜在的宇宙论模型思想基础上思考万事万物之所以为万事万物的最高本质，"形而下者谓之器"的器的"形而上者谓之道"的道时，分别地发现了"道"不能不是一个"气"的实在性；"道"不能不是一个"理"的实在性；"道"不能不是一个"心"的实在性。心、理、气实存而交互作用才成就"道"的实在性，诚所谓"维天之命，于穆不已"（《诗·维天之命》），"天生烝民，有物有则"（《诗·烝民》）。三者同为"道"的实在性所不可或缺者，那么，三者关系如何？此时才发生了理统摄心、气而理为本的理本论理解，或心或气为统摄者的心本论理解、气本论理解。而在各自理解中自然内在包含着对另两者的理解（在本体的环节上当然也有歧出的思想家信理而不信心）。所以，中国哲学的本体论思想本质上是心、理、气"三位一体"的思想。这样一种思想，到底表现了一种什么样的中国哲学本体论思想的特质呢？我以为这主要表现了中国哲学的本体观念是一规律系统的观念这一特质。这一特质在中国哲学中主要表现在两个方面：一是中国哲学往往将本体概念视为"虚位"概念；二是将本体理解为内在包含不同方面、不同层次的内容有机统一的系统整体性的实在性。

在中国古代哲学家中明确说本体概念为"虚位"的有刘宗周。刘宗周是王学殿军，王阳明的学术思想最终归结于"致良知"，刘宗周则改以"慎独"为宗（这种改变我以为是王学的倒退，但这不是本文的论题，故不讨论）。其弟子黄宗羲在《明儒学案·蕺山学案》中说：

先生之学，以慎独为宗，儒者人人言慎独，唯先生始得其真。盈天地间皆气也，其在人心，一气流行，诚通诚复，自然分为喜怒哀乐、仁义礼智之名，因此而起者也。不待安排品节，自能不过其则，即中和也。此生而有之，人人如是，所以谓之性善，即不无过不及之差，而性体原自周流，不害其为中和之德。学者但证得性体分明，而以时保之，即是慎矣。慎之工夫，只在主宰上，觉有主，是曰意，离意根一步，便是妄，便非独矣。故愈收敛，是愈推致，然主宰亦非有一处停顿，即在此流行之中，故曰"逝者如斯夫！不舍昼夜"。盖离气无所为理，离心无所为性。

刘宗周反对程朱理学将诚意与致知割裂开来，只将慎独看作诚意工夫的观点。他以"慎独"为本体，阐发王阳明的心外无理说。首先，他将"独"规定为本体。他说："隐微之地，是名曰独。……独者物之本，而慎独者，格物之始事也。""独之外，别无本体；慎独之外，别无工夫。此所以为中庸之道也。"进一步，他又从"心外无性"的观点出发，将"慎独"归结为工夫与本体的合一。他说："人心道心，只是一心，气质义理，只是一性。识得心一性一，则工夫亦可一。静存之外，更无动察；主静之外，更无穷理。其究也，工夫与本体亦一，此慎独之说也。"其次，"慎独"作为本体，即"维天之命，于穆不已"之天，即四象二气。他说："君子仰观于天，而得先天之《易》焉。'维天之命，于穆不已'，盖曰天之所以为天也。是故君子戒惧于所不睹闻，此慎独之说也。至哉独乎？微乎微乎？穆穆乎不已者乎？盖曰心之所以为心也，则心一天也。独体不息之中而一元常运，喜怒哀乐四气周流，存此之谓中，发此之谓和，阴阳之象也。"再次，"独"作为本体并不是独立存在的实体性的本体。他认为，所谓"独"作为本体，是说它是万事万物的统一性基础，因其"维玄维默，体乎太虚。因所不见，是名曰独"。所以，"独"作为本体，不是实辞。他说："独字是虚位，从体性看来，则曰莫见莫显，是思虑未起，鬼神莫知也；从心体看来，则曰十目十手，是思虑既起，吾心独知时也。""隐微之地，是名曰独。其为何物乎？本无一物之中而物物具焉，此至善之所统命也。"（《明儒学案·蕺山学案》）统命，即统名。这里刘宗周明确地说出了本体概念是虚位概念。我认为，刘宗周对"慎独"的理解抓住了其本体论、认识论、修养论相统一的"三位一体"的特征，所以是准确而又深刻的。他的关于"慎独"是人心与道心、气质与义理、诚意与致知、动与静、本体与工夫相统一的思想,给我们以启示;而他的关于"独"作为本体,不是独立存在的实体性本体,而是万物的统一性基础的实在性,"独字是虚位"的观点,更给我们以深刻启示。中国古代传统哲学本体论中的本体范畴,从一开始就不同于古代西方哲学本体论中的本体范畴。中国古代哲学中的本体,就其主流说,既不是某种具体物质,也不是万物的抽象共相,更不是人格神,而是一规律系统的实在性。这一规律系统的实在性作为本体,就存在于万事万物之中,作为万事万物的根据、万事万物统一的基础而起作用,所以,它是实在的,是"有",是实实在在的"存在";但是,这种实实在在的"存在"本体由于其自身的"大全"性、生生不息的"永恒"性、万物皆依其"仁义"原则①顺时而变而其自身原则却不变的"绝对"性,是无法用命名的方式规定的②,所以,老子说:"道可道,非常道。名可名,非常名。"(《老子》第一章)"有物混成,先天地生。寂兮寥兮,独立而不改,周行而不殆,可以为天下母。吾不知其名,字之曰道,强为之名曰大。"(《老子》第二十五章)孔子认为:"书不尽言,言不尽意。"(《易·系辞上》)所以,孔子对本体问题很少直接论述,子贡才说:"夫子之文章,可得而闻也;夫子之言性与天道,不可得而闻也。"(《论语·公冶长》)庄子说,六合之外圣人是存而不论的。孔子说:"吾道一以贯之",但这"一以贯之"之道乃"忠恕"之道。"忠恕"之道乃一方法论原则统摄本体论、认识论、修养论的一个方法论的整体性。

"本体"不能以一"名"实然指之,本体概念为一虚位概念,根源于中国古代哲学对本体的理解是一种规律系统的有机性理解。"道"无疑是道家的本体概念,但道家的"道"的观念实质上是一有无统一、虚实统一的规律系统观念。"道"作为规律系统,第一,从存在论的角度说,

---

① 中国哲学认为天道本体有仁、义两原则、两德目,人通过德目把握天道本体。两德目是:一"仁",即"维天之命,于穆不已"的能生原则;一"义",即"天生烝民,有物有则"的"理""物"原则。

② 中国哲学中有"名"与"称"的区分,王弼说:"名也者,定彼者也;称也者,从谓者也。名生乎彼,称出乎我。"(《老子指略》)即是说"名"是由人以外的对象所决定的,是确定、规定对象的。而"称"是与意相一致的,是由"我"所决定的。所以,一说"名",一定是指对对象的一种确定的实实在在的规定;而一说"称"则是指我对对象的一种理解。"名"是对对象而言,"称"是对我心而言。

"道"是有无的统一。《老子》第一章："无名，万物之始也。有名，万物之母也。故恒无欲也，以观其妙；恒有欲也，以观其所嗷。两者同出，异名同谓。玄之又玄，众妙之门。"第二，从"道"的属性的角度说，是物质性与精神性的统一。第二十一章："道之为物，唯恍唯惚。惚兮恍兮，其中有象。恍兮惚兮，其中有物。窈兮冥兮，其中有精。其精甚真，其中有信。"第三，"道"内在地包含着不同的逻辑环节于自身而构成一动态的发展过程。第四十二章："道生一，一生二，二生三，三生万物。万物负阴而抱阳，冲气以为和。"第四，"道"的普遍性规律是"反者道之动"的对立统一规律。以上诸方面的有机统一作为社会伦理规律就是"道"与"德"的统一。这多方面内容的内在关联构成道家哲学本体观念的整体性。后来道家哲学的发展并未改变老子哲学本体论的方向，而是进一步发展了道之作为本体是一规律系统的观念。儒家的本体观念也同样是一规律系统的观念。孔子认为天道或天命是世界的本体。天道或天命作为本体是一个大全。这一大全在不同的领域会有不同的逻辑内容。第一，就天道或天命作为整个宇宙的本体说，其最高的德性是仁与义；第二，天道本体在自然环节上，表现为阴阳五行化生万物的生生不已的过程；第三，天道本体在人的环节上，就是仁义礼智信的统一；第四，天道本体自身作为内外统一体，是质与文即内在的精神义理与外在表现形式的统一；第五，天道本体的作用是有为与无为的统一，等等。总之，本体在孔子那里是一个内在包涵丰富内容的规律系统的观念。孔子的这些思想在子思、孟子那里得到了进一步的发展。《中庸》首章即提出了性、道、教的统一，"天命之谓性，率性之谓道，修道之谓教"。《中庸》还明确地将天道与人道统一起来，《中庸》说："诚者，天之道也；诚之者，人之道也。"又说："自诚明，谓之性；自明诚，谓之教。诚则明矣，明则诚矣。""诚者，自成也；而道，自道也。诚者，物之终始，不诚无物。是故，君子诚之为贵。诚者，非自成己而已也，所以成物也。成己，仁也；成物，知也；性之德也，合外内之道也，故时措之宜也。"这些都是说天道作为本体，本身就是一个天道展现为人道、人道实现着天道的合外道于内道为一道的整体性。这些思想为孟子所继承、所发展。孟子进一步将本体引向心、性、道的统一性。他说："万物皆备于我矣。反身而诚，乐莫大焉"（《孟子·尽心上》）。思孟进一步将本体引向天人合一、主客合一的观念。本体作为规律系统的观念,到了宋明理学得到了全面的展开。理学奠基人周敦颐的《太极图说》建立起了一个本体观念的系统学说。这种观念达到了中国古代哲学本体论的最高峰,是对道家传统、《周易》传统、孔孟传统真正意义上的综合发展。

2. 中国古代哲学确立本体观念的方法对解决"知识形态的形而上学何以是可能的"问题,具有借鉴意义

中国哲学建立本体观念的方法从一开始就表现出强烈的明证性原则。中国哲学建立本体观念的方法,最根本的一点,我认为是具有现象学意义的生存论反思的方法。孔子最早自觉到了这一方法,这就是孔子"一以贯之"的"忠恕之道"。"忠恕"作为孔子的"一以贯之"之道是具有最大普遍性意义的方法论原则。"忠恕之道"是"己欲立而立人,己欲达而达人"(《论语·雍也》)的肯定环节与"己所不欲,勿施于人"(《论语·颜渊》)的否定环节的统一。这一原则表面看,其出发点都是我思、我欲,都是私人性、主观性,其实不然。因为,这里的我思我欲是在与他人(内在包含着他物)的关系中确立起来的与他人之思、之欲同一的思、欲内容的确定性。所以,这里的我欲立、我欲达是一个人的自主性前提下的人性的普遍性。这样的我思我欲作为我的本性的真实性自然也是普遍人性的真实性;普遍人性的真实性自然也是天道本性的真实性。后来,曾子对孔子自己坚持的这一原则从理论上加以阐发,加以传播,形成了思孟学派的建立在本体论、认识论、修养论"三位一体"基础上的哲学体系。《中庸》讲:"喜怒哀乐之未发,谓之中;发而皆中节,谓之和。中也者,天下之大本也;和也者,天下之达道也。"这就明确地指明了通过人的情感的本真状态的自觉建立哲学本体观念的道路。孟子讲"万物皆备于我,反身而诚,乐莫大焉";讲尽心知性而知天;等等,也都是在继续深化这条道路。人同此心,心同此理;人心之理同于天之理、物之理。从此出发,通过人对自身本性的理解达到知人、知物,这成了中国哲学的一般的方法论原则。儒家哲学集中阐发、运用了这一生存论反思的方法论原则。道家等其他学派则突出地探讨了如何保证这一方法论原则有效运用的前提条件,那就是虚心,使人心始终保持在无私、无欲的本真状态。老子讲虚心,讲无为,讲为学日益、为道日损;庄子讲"心斋",讲"坐忘";《管子》讲"静因之道";荀子讲"虚壹而静"等等,实质上都是对中国哲学方法论的前提条件的强调。这些思想构成中国哲学确立本体观念的方法论思想不可或缺的内容。它们与儒家哲学所强调的有为、学思、格物致知等恰构成一矛盾的统一体。二者谁也离不开谁。任何一方都只有在对方的制约、规定中才具有真理性。

中国哲学建立哲学本体的上述方法,内在包含的方法论意义必然是一个直觉与逻辑统一的方法论原则。在这一原则基础上建立起来的思想学说,也必然是一个知识与境界相统一的意义整体。理解了这一点就可以有效地防止独断论、相对主义、不可知论等的发生。

3. 中国古代哲学的人性论思想对合理地把握人及人类社会具有积极意义

中国社会历史及文化的发展与西方社会历史及文化的发展,乃至于在当代东西方人的相互理解中的差异,其中的一个思想理论上的原因就是两大文化系统所从出发的"人性论预设"上的差异。中国古代哲学中的人性论思想是一有机整体论思想、人性具体性思想。首先,在中国古代文化中,物性、人性都是一个具体性而不是一种最高抽象性。刘康公曰:"民受天地之中以生,所谓命也。是以有动作礼义威仪之则,以定命也。"(《左传·成公十三年》)《中庸》说:"天命之谓性,率性之谓道,修道之谓教。"这是说物性、人性是一种得自于天道本体的具体性。张载则更明确地指出了"性"概念作为具体性概念的性质,张载说:"由太虚有天之名,由气化有道之名,合虚与气有性之名,合性与知觉有心之名。"(《正蒙·太和篇》)"性"概念既然是一具体概念,那么"性"的问题就不允许抽象谈论。所以,当告子以"生之谓性"抽象谈论人性时,孟子则以"然则犬之性犹牛之性,牛之性犹人之性与"诘难之。其次,"性"不是一个可以抽象谈论的问题,但"人性"对人类说又是一个普遍性问题,那么到底应该如何把握人性呢?就此孟子提出了两个方面的重要思想:一是如何把握人性的方法论原则的思想;一是人性是什么的思想,这两个方面的统一构成了孟子人性论思想的原则性与具体性相统一的思想品格。就第一方面说,孟子说:"口之于味也,目之于色也,耳之于声也,鼻之于臭也,四肢之于安佚也,性也,有命焉,君子不谓性也;仁之于父子也，义之于君臣也，礼之于宾主也，智之于贤者也，圣人之于天道也，命也，有性焉，君子不谓命也。"（《孟子·尽心下》）这是说把握人性应该以"性""命"辩证统一为原则。这里的"性"指的是"自然性"，这里的"命"指的是"仁义礼智形于内谓之德之行"的人道与仁义礼智圣合一的天道相统一的整体性[①]，是本体论意义上的社会伦理规律性。性命统一的原则，就是这样一个在人的自然性与社会伦理规律性辩证统一中把握人性的辩证原则。孟子又说："人之所以异于禽兽者几希，庶民去之，君子存之。舜明于庶物，察于人伦，由仁义行，非行仁义也。"（《孟子·离娄下》）这里孟子又提出了一个原则，即人之所以为人、人之所以区别于非人的区别性原则、具体性原则。这个把握人性问题的方法论原则的思想构成孟子人性论思想的第一环节，在此基础上，孟子又从可直观、可经验论证的层面提出了他的人性是什么的思想，即性善论。把握人性的方法论原则的思想与关于人性是什么的思想的有机统一，构成孟子人性论思想的整体性。这一思想是具有深刻的理论意义的思想。

中国哲学中的深刻思想绝不仅局限于上述，中国哲学的世俗性与神圣性统一问题、中国文化发展的连续性问题、中国哲学以理性方式实现哲学理性与宗教信仰性双重功能作用问题、历史叙事与意义叙事相统一的语言哲学问题等等问题上的深刻思想，不是本文所能同时论及的，但仅从上述即可看出，中国传统哲学既是马克思主义哲学中国化过程中必须面对的，又是其得以获得生机的有益资源。

（原载《吉林大学社会科学学报》2013 年第 1 期）

[①] 《五行》，《郭店楚墓竹简》，文物出版社 1998 年版。

从《大学问》看王阳明"致良知"思想的逻辑结构

程朱理学以来,"自觉的"中国人纠结于"理",以为"理"是一个最大的客观必然性,是人人、事事必然遵循的必然和应然。但这个"理"一经语言化,实质上就成为人对"理"的一种把握,而非"理"本身。这就需要一种建立在认识论反思基础上的对"理"观念何以可能的追问。陆象山在程朱理学鼎盛时就发出了"学者孰不曰'我将求至理',顾未知其所(未)知果至与否耳。所当辨、所当察者,此也"(《象山集·格矫斋说》"未"字衍——引者注)之叹。王阳明则在陆九渊基础上展开了明证性前提下的本体论、认识论、修养论三位一体的哲学探讨。

《大学问》是王阳明晚年借《大学》阐发自己的定型了的哲学思想之作。在《大学问》中王阳明生动地展现了自己的"致良知"哲学思想的内在逻辑及精神实质。了解这一内在逻辑及思想精神实质,不仅对准确把握阳明思想有益,且对揭示王门后学思想的得失有益,更对中国哲学在解决知识形态的形而上学何以是可能的思想理论问题上的地位、意义的理解有益。

一

王阳明以《大学》《中庸》首章为"圣学"之全功所在,为人入"圣学"之途的入手处。其弟子钱德洪说:"吾师接初见之士,必借《学》《庸》首章以指示圣学之全功,使知从人之路。"(《王阳明全集·大学问》)这句话包含了两个方面的思想,一个是从外在为学的方面，王阳明将《大学》《中庸》视为学习"圣学"的入手处；另一个是从内在的精神实质方面，将《大学》《中庸》首章视为"圣学"的全部精神实质和内涵之所在。既然《大学》《中庸》首章被王阳明视为"圣学"精神实质之所在，那么，这一精神实质自然也便成了阳明思想的基调。《大学》《中庸》首章的思想是一种什么样的思想呢？我们先看《中庸》首章：

> 天命之谓性，率性之谓道，修道之谓教。道也者，不可须臾离也；可离，非道也。是故君子戒慎乎其所不睹，恐惧乎其所不闻。莫见乎隐，莫显乎微，故君子慎其独也。喜怒哀乐之未发，谓之中；发而皆中节，谓之和。中也者，天下之大本也；和也者，天下之达道也。致中和，天地位焉，万物育焉。

这一章是《中庸》的总纲，它描述了一个以"中和"本体为基础的天、性、道、教统一的"天地位焉，万物育焉"的生生不息的宇宙模型（宇宙论）。这个模型是理想的模型。那么，这个模型到底是一个主观的模型还是一个客观的模型？无疑义的是：既然是"模型"，那它就是一个人理解中的"客观"模型。所以，关于这个模型的全部问题就都集中在了这种理解是否具有"明证性"。接下来，我们分析这个模型：

首先，《中庸》作者建立本体观念的立场是反思的立场。这一模型的核心观念是"喜怒哀乐之未发，谓之中；发而皆中节，谓之和。中也者，天下之大本也；和也者，天下之达道也"所表达的"中和"本体观念。那么，这个本体观念是如何建立的呢？我们认为，《中庸》作者确立这一本体观念的方法乃是反思的。之所以说是反思的，是因为《中庸》作者并没有一上来就说"×××是本体""本体是×××的样子"，而是首先将本体理解为一种无前提的自然天成的存在和运动，这种存在和运动在任何环节上都是一样的，即都是自然表现。在人的环节上也是如此："本体"就在人性的自然之中，人性自然是理解天道自然的直接出发点，即通过人自己内在直观到的人性自然状态这面镜子"直观"（"诉诸直观"）到天道本体的自然状态。这即是所谓的"反思"。需要这个"反思"，是因为作为"天下之大本"的"中"、"天下之达道"

的"和"乃是一自然天成的非对象性的自在存在，或者说，乃是一"大全""绝对"的存在，人不能设想置身于"大全"之外直观其全貌，因此，就需要寻找到一条路径、路线使人的有限（相对）直观获得无限（绝对）直观的意义。

其次，《中庸》的宇宙论模型是一个天、性、道、教统一的"天地位焉，万物育焉"的生生不息的"生命"模型，与之同一的对象性存在的中介物应该是一个真实生命体，以这一中介物的明证性来保证和确定"中和"本体的客观实在性，应该是合理的选择。这一中介物应该满足两个条件才能以此来把握"中"的本真状态，一是它自身就是本真状态中的，这保证了它与作为本体的"中"的本真状态的同一；二是它是可以为人所自觉到的，是自意识中的，这使它与本体的自觉性得到保证。这也就是说，只有可以为人所自觉到的同时又与本体的本真状态同一的中介物才能确立和把握"中和"本体。在中国古代学者看来，天命在人则为人性，即"天命之谓性"，本性状态下的人的自觉就是天命的自觉，从本真状态下的人性的自我直观反映的就是天命的直观。在人性直观中把握和理解"中和"本体，是认识和确定"中"的实在性的唯一途径。这一本性状态下的人性表现，就是未被操作过的喜怒哀乐之情，此"情"从自在性的角度来说也就是"喜怒哀乐之未发"之"情"。"喜怒哀乐"言其"有"，"未发"言其"无"。"有"指的是人的喜怒哀乐之情，即人性的客观实在性，这里的"喜怒哀乐"指的是其一般性质，因此称其为"有"；"无"指的是其"未发"，但它有随时应物而发的现实可能性。这一具有"喜怒哀乐"一般机能属性的本真人性，指的就是既具有人性即天命的客观性和实在性，同时又无人欲之私、无具体规定性的对象性意识的这样一种状态，它与"中"的本真状态是同一的，当然也就是"中"作为本体的本真状态。"喜怒哀乐之未发"的人性本真状态在自在性上与天道本体保持了同一。但是，它仍然是一个非对象性的存在，因此就还需要为其寻找到一个与本体的本真状态同一的对象性存在的对象。《中庸》的作者认为符合人性规律的"发而皆中节"的喜怒哀乐之情，是与"喜怒哀乐之未发"的本真状态下的人性以及天道本体同一的，"发而皆中节"的喜怒哀乐是具体的喜怒哀乐意识，它是可以为人所"乍见"①（直观）到的，是自意识中的"无意识"，这就使本体之"中"和人性本真状态的自觉性得以保证了。由具体的喜怒哀乐的本真之情的"乍见"去呈显人性本真状态，再由人性的本真状态去呈显本体的本真状态，于是本体的客观实在性也便得到了确证。这一通过具体的喜怒哀乐之本真之情所乍见到的人之本性对人来说具有自明性；对人性的本真状态的乍见所建立起来的人性"观念"，对对象来说，是对象的本然；对人性来说，是人性的本真；对认识来说，是真理性知识，它是一个本体论、认识论和修养论三位一体的意义整体性的实在性。此即是本体之"中"，它既是对对象说的本体意识，又是对人性说的自我意识，也是对认识说的真理性知识。

再次，这样的一个"三位一体"的意识，实质上意味着一种生存论反思的哲学立场。在生存论反思的哲学立场下，人以自身生存和发展的矛盾为操作本文，去反思人作为超越性存在之所以可能和必要之理，从而建构起一个集本体论、认识论和修养论为一体的知识形态的形而上学思想体系。我们认为，正是站在这一立场上，《中庸》作者从人的自明性的情感本真状态的反思中确立了一个天道与人道、认识与修养相统一的"中和"本体："中"（作为本体）——中介（人性初本状态）——"中和"（实现着的"中"）就是这一"中和"本体观念的内在逻辑。《中庸》所体现出的这种建立本体的方式，也是儒家哲学建立知识形态的形而上学的基本立场和方法。当中国古代哲人以这样的生存论反思的哲学活动方式去确立本体观念时，他往往不是预设一个本体，而是将本体建立于某种中介之中，而这一中介又具有胡塞尔现象学意义上的确定性的纯粹意识特征，但是，与胡塞尔现象学观点不同的是，中国古代哲学是在人的具体生存实践活动当中，将这一确定性中介安放在人的情感体验的真实性上去呈现，以情感体验的真实性来确立本体的客观实在性，即将本质直观奠基于生命直观的基础之上。这正是中国古代哲学的高明之所在，它通过生存论反思的

---

① "乍见"一词见《孟子·公孙丑上》："今人乍见孺子将入于井，皆有怵惕恻隐之心，非所以内交于孺子之父母也，非所以要誉于乡党朋友也，非恶其声而然也。"《说文》：乍："止也，一曰亡也。从亡从一"；见："视也"。两字叠文，从无见到见，即初始之知。为什么要强调初始之"知"？因此"知"是未受观念污染之"知"，是人本有的认知机能自然而发得到的最接近对象的"知"。我们用此一词，皆在强调知识的创生性的原创性中的原创性之为第一性的原则。

方法为建立形而上学的真理之知寻找到一个确定性的基础，满足了对构建形而上学知识之为真理的明证性前提的要求，为我们解决"知识形态的形而上学何以是可能"的问题提供了文化资源。这一点，对避免西方哲学建立在知性分析基础上的相对主义的发生具有重要意义。西方知性分析传统的哲学发展始终受到认识的真理性之确定性基础的困扰，特别是形而上学之知的真理性问题的困扰。面对这一困扰，有人主张拒斥形而上学，但我们认为，作为人的生存的合理性根据的形而上学是不能拒斥的，但也不能采取独断论的方式去构建形而上学，而是应该通过哲学活动来予以建立。中国古代哲学在生存论反思的哲学立场下建立本体观念的方式无疑为此提供了经验。

综上，《中庸》首章表达了儒家哲学的内在逻辑和精神实质，王阳明之所以认为《中庸》首章是"圣学"之全功，是圣学之途入手处，也就在于此。纵观王阳明所思所行，遵循的也正是这一内在逻辑和精神实质。

再看《大学》首章：

> 大学之道，在明明德，在亲民，在止于至善。知止而后有定，定而后能静，静而后能安，安而后能虑，虑而后能得。物有本末，事有终始，知所先后，则近道矣。古之欲明明德于天下者，先治其国，欲治其国者，先齐其家；欲齐其家者，先修其身；欲修其身者，先正其心；欲正其心者，先诚其意；欲诚其意者，先致其知，致知在格物。物格而后知至，知至而后意诚，意诚而后心正，心正而后身修，身修而后家齐，家齐而后国治，国治而后天下平。自天子以至于庶人，壹是皆以修身为本。其本乱而末治者，否矣。其所厚者薄，而其所薄者厚，未之有也。此谓知本，此谓知之至也。

这一章为我们描绘了一幅与《中庸》首章具有同样的内在逻辑和精神实质的政治学的宇宙论模型。王阳明在《大学问》中具体展开了这一模型的哲学分析。

二

王阳明在《大学问》中主要是围绕着《大学》首章"大学之道，在明明德；在亲民；在止于至善"三句话展开其政治学的宇宙模型的。

1. 天地万物一体之仁——明德

王阳明针对"大人之学何以在明明德"之问，从何谓大人、大人之为大人的客观性根据是什么、如何使这一根据的客观实在性得以澄明这三个层层递进的逻辑中展开分析，阐明自己关于世界统一性的基本思想。

第一，何谓"大人"？王阳明说：

> 大人者，以天地万物为一体者也，其视天下犹一家，中国犹一人焉。若夫间形骸而分尔我者，小人矣。（《王文成全书·大学问》）

在这里，王阳明实际上确立了一个基本的哲学前提：宇宙的内在统一性就是像"一个人"一样的内在的有机统一性，整个宇宙就是"一个人"的存在的有机统一体，天地万物纷繁复杂的多样性、生生不息的永恒发展性都是这"一个人"自身存在、发展的"事"。

第二，这种"以天地万物为一体者也，其视天下犹一家，中国犹一人焉"的统一性理解是一种主观认定还是客观理解呢？即大人之为大人的客观性根据是什么？王阳明认为这一理解乃是根源于"存在"的客观性，而不是欲望的主观性。所以他说："大人之能以天地万物为一体也，非意之也，其心之仁本若是，其与天地万物而为一也。"（《王文成全书·大学问》）他认为这样一种"以天地万物为一体"的"心之仁"并不是人的主观设定，而是人与万物统一的本性，是宇宙自身统一的客观实在性。

第三，这种客观实在性不仅于"大人"如此，而且人人如此，物物如此。于时空中展现出来、没展现出来的一切都无非是一个统一的宇宙实体自身的具体存在形式而已。"天地万物一体之仁"就是天地万物得之于宇宙实体的"天命之性"。在这个意义上说，一切存在皆固有这"天命之性"，因为任何存在者概莫能外在于宇宙实体之外而存在。这"天命之性"的存在与显现是"自然灵昭不昧"的，故谓之"明德"。"明德"就是天道本体、天命之性自然而然的存在、显现。所以，王阳明又说："岂惟大人，虽小人之心亦莫不然，彼顾自小之耳。是故见孺子之入井，是其仁之与孺子而为一体也。孺子犹同类者也，见鸟兽之哀鸣觳觫，而必有不忍之心，是其仁之与鸟兽而为一体也。鸟兽犹有知觉者也，见草木之摧折而必有悯恤之心焉，是其仁之与草木而为一体也。草木犹有生意者也，见瓦石之毁坏而必有顾惜之心焉，是其仁之与瓦石而为一体也。是其一体之仁也，虽小人之心亦必有之。是乃根于天命之性，而自然灵昭不昧者也，是故谓之'明德'。"（《王文成全书·大学问》）

既然"天地万物一体之仁"是一切存在者的天命之性，就没有什么"大人""小人"之分，那么在现实中何来大小之分呢？

王阳明认为"大人"与"小人"的区分不在于他是否具有这"明德"之性，而在于是否能"明明德"。人能"明明德"而为"大人"，不能"明明德"而为"小人"。所以，"小人"是"彼顾自小之耳"，"自小之"的原因是私欲、成见作祟。他说："是故苟无私欲之弊，则虽小人之心，而其一体之仁犹大人也；一有私欲之弊，则虽大人之心，而其分隔隘陋犹小人矣。故夫为大人之学者，亦惟去其私欲之弊，以自明其明德，复其天地万物一体之本然而已耳；非能于本体之外而有所增益之也。"（《王文成全书·大学问》）此处所谓的"大人之心""小人之心"，是就具体的意识观念层面而言的，如自私之心谓之小人之心，爱人爱物之心谓之大人之心，欲为大人之心，大人难为而甘为小人之心等，皆属此具体意识观念层面的具体观念，其合理性都是有条件的。抽象运用这些观念都存在异化的危险，即难免出现"虽大人之心，而其分隔隘陋犹小人矣"（《王文成全书·大学问》）的现象。

2. 亲民——明"明德"

王阳明对"大人之学何以在于'明明德'"之问题的回答，确立了"明德"就是"天地万物一体之仁"的宇宙统一性的客观实在性根据的思想，即宇宙就是一个实体，万物概莫能外于宇宙实体而存在的思想。"大人""小人"之分不在于有无"明德"之性，而在于能否明"明德"之性。那么，"明德"如何能"明"？王阳明认为在于"明德"为体的自身之用。这一思想是通过解决"大人之学何以在亲民"的问题时表达出来的。王阳明针对大人之学何以在"亲民"之问，坚定地贯彻自己关于"天地万物一体之仁"的思想统一性原则，将"明明德"与"亲民"之

间的关系用简短的语言表达了耐人寻味的思想内容。他说:

> 明明德者,立其天地万物一体之体也。亲民者,达其天地万物一体之用也。故明明德必在于亲民,而亲民乃所以明其明德也。是故亲吾之父,以及人之父,以及天下人之父,而后吾之仁实与吾之父、人之父与天下人之父而为一体矣;实与之为一体,而后孝之德始明矣!亲吾之兄,以及人之兄,以及天下人之兄,而后吾之仁实与吾之兄、人之兄与天下人之兄而为一体矣;实与之为一体,而后弟之明德始明矣!君臣也,夫妇也,朋友也,以至于山川鬼神鸟兽草木也,莫不实有以亲之,以达吾一体之仁,然后吾之明德始无不明,而真能以天地万物为一体,然后吾之明德始无不明,而真能以天地万物为一体矣。夫是之谓明明德于天下,是之谓家齐国治而天下平,是之谓尽性。

这里王阳明表达了多层思想内容:

其一,就《大学》之为学的"明明德""亲民"这两纲领而言,"明明德"是确立"天地万物一体"的本体意识,而"亲民"则是"天地万物一体"的存在形式和道路。但"天地万物一体之仁"的本体意识的确立,乃根源于宇宙实体本身的客观本性,是"心之仁本若是"的"非意之也"的客观性,所以,"亲民"也同样是本体自身的客观性。《大学》的"明明德者,立其天地万物一体之体也。亲民者,达其天地万物一体之用也"的体用关系,本质上就是"明德"本体的体用关系。"体"只有在自身之"用"中存在,即"故明明德必在于亲民,而亲民乃所以明其明德也"。这里表达的是"除此无他"的"唯一性"。"用"是明"体"的唯一形式和道路。

其二,"亲民"实现的"明明德","亲民"作为"乃所以明其明德也"者,不是"知"而是"行"。"行"分自然之行与有意识的自觉之行。阳明这里所说之行,是自然之行,又是自觉之行,本质上是在时间中展开的空间上万物并作的生命历程的行。就一切存在及存在之行说,都是存在,所以,存在之行(空间中的时间演进)都是自然的。但这种自然在不同的环节上表现形式是有差别的,有的以自发性为主,有的以自觉性为主。人以自觉性为主,但这种自觉性以自然性为根,以自发性为无可奈何，在文化异化中逐渐形成了消行以入知的只有"知"而无"行"的异化片面性。王阳明在此强调的就是："明明德"之"明"是"行"而非"知"。在这一层次上看，行内含着知，知内不含着行；知行统一只能以行统摄知，知统摄不了行，所以，知行合一是以行统摄知的意义上对知提出了"真知"的自觉性要求而已，知什么时候也不等于行。当一存在者之行与所有的存在者相亲相善之时，还有非明德者乎？

"亲民"就是"明德"的具体存在形式，是达于"天地万物一体之仁"的明德本体之用，而明德本体则是"亲民"的客观性依据和标准。作为本体的明德必在其用中存在，以其用为其自身的存在方式，离用无体，所以，欲明明德，必在"亲民"，"亲民"就是明德本体自我展现的现实性环节，是明德本体与其对象性存在的统一所构成的一"事"。这也就是说每一个人作为本体，都应该按照大人的标准去行"亲民"之事，在"亲民"的本体之用中自觉地实现和完成明德本体，所以明德本体的确立，只有在人的明德之性与其对象性活动统一的"亲民"中才能实现和完成。如果从知性分析的角度强为之分，那么"明明德"属知，"亲民"属行，但明德本体是宇宙内在形而上学的客观性和统一性存在，是万物一体之仁的整个宇宙，所以它是不可分的，由此，王阳明进入了《大学》的第三纲领：大人之学"在止于至善"。

3. 随感随应之天然之中——至善

设若王阳明就第一纲领的解说是针对文化意识上的"支离"意识以为常的"习见"而极力宣示一种一切存在在最高意义上的统一性，即"天地万物一体之仁"的万物原始统一性意识；就第二纲领的解说是针对"销行以入知"的言不顾行的空洞性而强调行乃是"知"的实在存在方式的知行合一的知行本质的话，那么，顺着"天地万物一体之仁"的思维统一性原则、实体之为实体的可能性条件的反思原则，王阳明在第三纲领的解说上，该凸显哪个环节呢？应该是"个体性"环节。《大学问》文本是不是如此？《大学问》载：

曰："然则又乌在其为'止至善'乎？"

曰："至善者，明德、亲民之极则也。天命之性，粹然至善，其灵昭不昧者，此其至善之发见，是乃明德之本体，而即所谓良知也。至善之发见，是而是焉，非而非焉，轻重厚薄，随感随应，变动不居，而亦莫不自有天然之中，是乃民彝物则之极，而不容少有议拟增损于其间也。少有议拟增损于其间，则是私意小智，而非至善之谓矣。"

于此我们看到：

（1）王阳明首先将"至善"把握为"明德""亲民"两环节的合题，明德、亲民、至善三者是一种正、反、合内在统一性关系。在此意义上，"明德"和"亲民"是一为内一为外的两个抽象环节，并不具有实体存在意义上的存在的真实性，只有"至善"才是内外统一的实体存在意义上的真实存在。"至善者，明德、亲民之极则也"，即"至善"是"明德""亲民"的最高标准、界限。这一标准、界限就是"是而是焉，非而非焉，轻重厚薄，随感随应"的"天然之中"，所以，"极则"也就是"事"的最具体的存在，或者说"极则"也就是最个体而又最普遍的"个体性"的"事"。

（2）个体性的具体之事，一方面是"明德""亲民"的唯一存在形式；另一方面又表现为无限杂多的差异性。如何保证千差万别的特殊性与"极则"的最大普遍性相统一？王阳明的策略是在最高的具体性存在多种规定中寻找最根本的规定，通过这一根本的规定与"明德"本体的直接契合性，保证最高的个体性与最高的普遍性的直接同一。王阳明认为："天命之性，粹然至善，其灵昭不昧者，此其至善之发见，是乃明德之本体，而即所谓良知也。""良知"就是那个与"明德"本体直接契合的最根本的规定。"良知"就是随感随应的"天然之中"，就是民彝物则之极，就是"不容少有议拟增损于其间"的"明德"本体的自我显现与完成。话说至此，"致良知"三字为一词已油然而生，千差万别的大千世界不就是一个"天地万物一体之仁"宇宙实体的自我存在、自我认识、自我实现的自我之致吗？《说文》："致，送诣也。"段玉裁《说文解字注》："诣，候至也。送诣者，送而必至其处也。"[①] "致良知"即"明德"本体

---

① 段玉裁：《说文解字注》，上海古籍出版社 1981 年版，第 232 页。

自己将自己送至必至之处。

（3）在以上思想认识的基础上，王阳明批评了各种各样的"求理于外"思想路线。他说：

> 后之人惟其不知至善之在吾心，而用其私智以揣摸测度于其外，以为事事物物各有定理也，是以昧其是非之则，支离决裂，人欲肆而天理亡，明德亲民之学遂大乱于天下。盖昔之人固有欲明其明德者矣，然惟不知止于至善，而骛其私心于过高，是以失之虚罔空寂，而无有乎家国天下之施，则二氏之流是矣。固有欲亲其民者矣，而惟不知止于至善，而溺其私心于卑琐，生意失之权谋智术，而无有乎仁爱恻怛之诚，则五伯功利之徒是矣。

"后之人惟其不知至善之在吾心，而用其私智以揣摸测度于其外，以为事事物物各有定理也，是以昧其是非之则，支离决裂，人欲肆而天理亡，明德亲民之学遂大乱于天下。"这是对程朱理学的批评；"盖昔之人固有欲明其明德者矣，然惟不知止于至善，而骛其私心于过高，是以失之虚罔空寂，而无有乎家国天下之施，则二氏之流是矣。"是对佛老的批评；"固有欲亲其民者矣，而惟不知止于至善，而溺其私心于卑琐，生意失之权谋智术，而无有乎仁爱恻怛之诚，则五伯功利之徒是矣。"是对霸道的批评。

综上所述，王阳明以"良知"说"明明德"；以"知行合一"说"亲民"；以"致良知"说"止至善"。"止至善"是"明明德""亲民"的合题，"致良知"也是"良知""知行合一"的合题。"致良知"内在地包含着本体论、认识论、修养论"三位一体"的内在逻辑。

三

《大学问》中"致良知"思想的"三位一体"性的内在逻辑，与王阳明学术思想的历史发展过程是相统一的。钱德洪在《刻文录叙说》中评价其师为学与为教的变化过程："先生之学凡三变，其为教也三变。少之时，驰骋于辞章；已而出入二氏；继乃居夷处困，豁然有得于圣贤之旨。是三变而至道也。居贵阳时，首与学者为'知行合一'之说；自滁阳后，多教学者静坐；江右以来，始单提'致良知'三字，直指本体，令学者言下有悟。是教亦三变也。"① 黄宗羲则认为："先生之学，始泛滥于词章，继而遍读考亭之书，循序格物，顾物理吾心终判为二，无所得入。于是出入于佛、老者久之。及至居夷处困，动心忍性，因念圣人处此更有何道？忽悟格物致知之旨，圣人之道，吾性自足，不假外求。其学凡三变而始得其门。自此以后，尽去枝叶，一意本原，以默坐澄心为学的……江右以后，专提'致良知'三字，默不假坐；心不待澄，不习不虑，出之自有天则……居越以后，所操益熟，所得益化，时时知是知非，时时无是无非，开口即得本心，更无假借凑泊，如赤日当空而万象毕照。是学成之后又有此三变也。"② 现代学者刘述先发现了这两种说法之间的区别③。他认为，如果按钱德洪所说，王阳明在龙场悟得良知之后，"是三变而至道也"，此后变化的就只是教法，即由"知行合一"到"静坐"再到"致良知"。但按黄宗羲所说，阳明是"学成之后，又有此三变也"，变的不是教法，而是对"良知"说的理解又有所变化，所以黄宗羲不提"知行合一"，而是改提"静坐"为第一阶段，"致良知"是第二阶段，至于第三阶段只是一个高妙的圣贤境界。

针对钱德洪与黄宗羲对阳明学术思想的历史演变过程的不同看法，我们认为，《大学问》是个逻辑，而阳明的学术思想的发展过程是个历史，这二者是统一的。所以，无论怎样区分阳明思想内容中何为权法何为教法，其一生的学术旨归都在"致良知"三个字上。"先生之学凡三变"，经辞章之学、出入佛老直到在龙场"忽中夜大悟格物致知之旨"，明白"圣人之道，吾性自足"，此时，是首先立志于圣学，并确立一个与孟子心学"尽其心者，知其性也。知其性，则知天矣"④一脉相承的"有我"的圣学立场。此后，这一思想不断展开，"居贵阳时，首与学者为'知行合一'之说"，展开对知行分裂的批判，要实现知行合一的自觉统一性。

---

① 钱德洪：《刻文录叙说》，《王阳明全集》，上海古籍出版社1992年版，第1573页。
② 黄宗羲：《明儒学案》，中华书局2008年版，第181页。
③ 刘述先：《论王阳明的最后定见》，载《阳明学综论》，中国人民大学出版社2009年版，第7页。
④ 杨伯峻：《孟子译注》，中华书局1960年版，第301页。

但这依然是以知性的形式说知行合一，达不到存在意义上和精神实质上的合一，所以最后进入"致良知"环节，"江右以来，始单提'致良知'三字"，"致良知"的提出就是将心即理、知行合一和致良知三个环节统一到一个有机整体性当中。

对于王阳明"致良知"思想中这种三位一体性的精神实质，阳明后学并没有完全把握，这使他们在对其师思想的理解上都有所片面化。总体说来，王门后学思想的根本性弊端就是将原本是一个三位一体性的相互规定下实现和完成的"致良知"本体理解成了"良知"本体，"良知"本体又变成了"心"本体的主观性。正是针对王门后学的流弊，刘宗周变王阳明的"良知"本体为"慎独"本体，目的就是要说明确立良知本体的明明德的客观性问题，他说："隐微之地，是名曰独……独者物之本，而慎独者，格物之始事也""独之外，别无本体；慎独之外，别无工夫，此所以为中庸之道也。"① 这是将"独"规定为本体，进一步，他又从"心外无性"的观点出发，将"慎独"归结为工夫与本体的合一："人心道心，只是一心，气质义理，只是一性。识得心一性一，则工夫亦可一。静存之外，别无洞察；主静之外，别无穷理。其究也，工夫与本体亦一，此慎独之说也。"② 在刘宗周的理解中，"独"作为本体，是虚位，而非实辞，它并不是一个独立存在的实体性的本体，而是以万事万物的统一性为基础的由不同内容和层次所构成的一个规律系统，万物以"独"为其所以然的根据，而"独"则以万物为其自身的存在方式，所以他说："独字是虚位，从体性看来，则曰莫见莫显，是思虑未起，鬼神莫知也；从心体看来，则曰十目十手，是思虑既起，吾心独知时也。"③ 从这一点上看，他的"慎独"本体观与王阳明的"致良知"本体观的内在精神实质是一致的，即都是一个本体是由不同内容和结构层次所构成的规律系统观念。作为知识形态形而上学的"慎独"本体观，其精神实质依然是一个本体论、认识论和修养论三位一体的意义整体性，但是，刘宗周在讲"慎独"作为本体的系统统一性时，将本体看作一个静止的而非动态的存在，所以

---

① 黄宗羲：《明儒学案·蕺山学案》，《黄宗羲全集》第7卷，浙江古籍出版社1992年版，第971页。

② 同上。

③ 同上书，第895页。

他在说"慎独"时就流于靠外在的语言来区分工夫与本体的知性分解，做不到王阳明"致良知"本体观的那种"三位一体"的内在圆融性。"致良知"不是个语言存在，它就是本体自我实现和完成的动态性中的结构性、结构性中的动态性的客观性过程，本体之用就是工夫，工夫以本体为极则，是本体的自我显现，二者就统一于"致良知"本体的自我实现和完成的过程之中。

综上所述，在《大学问》中，王阳明通过解读《大学》表达了自己的"致良知"思想。这一思想的确立，是站在生存论反思的立场上，在"天地万物一体之仁"的本心的自然呈现中去反思和建立起一个本体论、认识论和修养论"三位一体"的"致良知"本体观念。"致良知"本体观的建立所具有的意义是多方面的。首先，把握了这一思想的"三位一体"性的精神实质和逻辑结构，不仅可以使阳明哲学思想的发展脉络得以凸显，而且也为评价王门后学的思想得失提供了理论依据。其次，"致良知"概念中这种三位一体的特征，也是中国古代哲学概念范畴的基本特征，具体到宋明理学内部，虽然宋明理学的各家有以"气"、以"心"和以"理"为本的区别，但他们所建立的概念范畴体系都具有这种"三位一体"性，区别只在于"心""理""气"这三者由谁来统摄谁的问题。"致良知"思想站在生存论反思的哲学立场上所实现的以"心"统摄"理""气"的心、理、气的"三位一体"观，满足了建立知识形态的形而上学的明证性的前提要求，所以，我们认为王阳明是高明的。王阳明在针对当时的问题时，特殊强调了"本心"的自明性的地位、意义，而对自明性的客观普遍性问题则以其思想的文化前提的形式内包于其中，这就是王阳明将《学》《庸》首章把握为"圣学"全功之所在、入圣之出发点。《学》《庸》首章贯彻孔子所提出的"忠恕之道"方法论原则，形成了本体论、认识论和修养论"三位一体"的哲学思想体系，王阳明以之为出发点建立起了"致良知"的思想体系，既具有厚重的历史内涵，又有深刻的思想理论内涵，也为我们解决"知识形态的形而上学何以可能"的问题提供了文化资源，其中蕴含着的学术意义、理论意义、实践意义值得我们深入地挖掘。

（原载《社会科学战线》2014年第6期，与陈琦合作）

栗谷治国思想与宋明理学

朝鲜理学家李珥（栗谷），以坚定的程朱理学立场自期，以程朱理学思想为理论基础参与治国实践，提出了系统的正心以立治本、用贤以清朝廷、安民以固邦本的治国思想。然而全面、系统、深入地考察栗谷的治国思想及治国实践，我们又不难发现自视为程朱理学正统并视心学为异端的栗谷的理学思想却恰恰是与程朱理学"是而不同"的包含了心学成分的理学思想。究其原因是多方面的。其中，文化传播中的传播学特性的研究，或对当代世界范围内的文化传播与整合有借鉴意义。

李珥（1536—1584）字叔献，号栗谷、石潭、愚斋，小字见龙，朝鲜李朝人。1536年出生于朝鲜江原道江陵府北坪村，本籍在朝鲜京畿道德水县（现为丰德）坡州栗谷村，故号栗谷。他是司宪府检查李元秀与申师任堂第三子，其母申师任堂以诗、书、画三绝著称于世。栗谷生于书香门第，自幼聪慧。《年谱》载："戊戌（嘉靖）十七年，（先生三岁）学语便知读书。一日，外祖母李氏以石榴试先生曰：'此物甚似？'对曰：'所谓石榴皮里碎红珠者也。'闻者奇之。"7岁作《陈复昌传》："君子德积于内，故其心坦荡荡；小人荏蓄乎内，故其心长戚戚。余观复昌之为人，阴怀戚戚，阳欲荡荡，使斯人得志，异日之患，庸有极乎？时复昌在比邻而有时誉，后果起士祸。"（《年谱》）可见其识人之慧。此时"始受学于母夫人，间就外傅，不劳而学日就。至是，文理该贯，四书诸经，率皆通。"（《年谱》）从13岁至29岁，曾九次中科举状元。《年谱》：嘉靖四十三年八月，中明经及第，"魁监试两场，文科发解，又魁生员，及文科覆试、殿试，盖前后居魁者凡九。倡榜之日，市童拥马曰：'九度状元公也'"。19岁，不堪思母之情，入金刚山，《年谱》曰：

先生自少为学，专用心于内，以收心养性为本。其在内艰，孝思罔极，不能自制，殆至毁性。偶看释氏书，遂有以妄塞悲之意。因染禅学，欲谢人事而一试。至是，遂作金刚之游，以书留别诸友，其略曰："气者，人之所同得。而养之则役于心，不能养之，则心为气役。气役于心，则一身有主宰，而圣贤可期；心役于气，则七情无统纪，而愚狂难免。古之人有善养者，孟子是也。人之有志于穷理尽性者，舍此而奚求哉？孔子曰：'知者乐水，仁者乐山。'乐山水者，非取其流峙而已，取其动静之体也。仁智者之所以养气者，舍山水而奚求哉？"一日，游小庵，见老僧答问，因赠一绝，有"鱼跃鸢飞上下同，这般非色亦非空"之句。尝至深处，静坐凝思，至忘寝食者久之。一日，忽思以为佛氏戒其徒勿作增减想者，何意也？因究其所以戒之之意。盖其学无他奇妙，只欲截断此心走作之路，凝聚精神，以造静极虚明之域，故假设话头，使之依靠下功。而又恐人先知此意，则着功必不专精，卒无所得，故又设此禁而诳之也。遂疑其学之邪，复取圣贤书而温绎之，知其说之真不我欺也。始乃大悟，束装而归。[①]

嘉靖三十七年（1558），栗谷23岁时，曾拜访长他35岁的著名性理学家李退溪，就"主一无适""居敬穷理"等虚心请教。退溪对他印象极为深刻，赞他"后生可畏"。《行状》对此事做了详细记载。栗谷"二十三岁，谒退溪先生于陶山，问主一无适、应接事物之要。厥后，往来书札，辩论居敬穷理及《庸》《学》辑注、《圣学十图》等说，退溪多舍旧见而从之。尝致书曰：'世间英才何限，而不肯存心于古学，如君高才妙年，发轫正路，他日所就，何可量哉！千万益以远大自期。'"(《栗谷全书·行状》）此后专心于儒学，在主朱子理学基础上综合气学，形成了他不同于退溪学的理学思想，成为与李退溪齐名的一代儒学大师。他的主要学术著作有《天道策》《人心道心图说》《圣学辑要》《答成浩原书》等。栗谷在其短暂的一生中，不仅是一位罕见的儒学大师，而且还是一位卓越的经世家。他从29岁担任户曹佐郎开始，一生为宦，在治国利民方面，

[①] 李珥：《年谱》，《栗谷先生全书》（卷33）。

主张理论与实践、学问与经世的结合,并强调革弊更张。这方面的主要代表著作有《东湖问答》《经筵日记》《万言封事》《时务六条启》等。

栗谷的理学思想既不同于退溪,也不同于程朱理学。这种不同既有时代的原因,也有文化传统的原因;既有主观的原因,也有客观的原因。限于条件,本文只想就栗谷的理学思想与宋明理学思想间的异同谈点想法。

栗谷的治国思想之例

栗谷的理学思想不只为思想而思想,栗谷一生亦非仅仅是一思想者,他的思想是他实践的理想;他的活动是他的思想的实践,他的理学思想的特质于他的治国思想与实践中得以具体体现。

首先,栗谷之志是天道、人道、圣教统一的理想社会。《圣学辑要》目录图显示,《中庸》首章"天命之谓性,率性之谓道,修道之谓教"与《大学》三纲领八条目合而为整体为圣学"统说",为第一;修己为第二,细分为总论、立志、收敛、穷理、诚实、矫气质、养气、正心、检身、恢德量、辅德、敦笃、功效等诸子目;修己之效为正家、为政,故正家、为政为第三、第四;总上所承为圣学道统,为第五。这一目录图是立体的,故其所表达的是栗谷关于圣学的整体性理解。这样一个整体性目标的实现是栗谷之志。立志,在栗谷看来是修己的第一要务,是圣学的第一要务。立何志?栗谷看来,泛言之是"志于道";分言之则是张子四句教"为天地立心,为生民立道,为去圣继绝学,为万世开太平。"(张载四句教"立道"作"立命","去圣"作"往圣"——引者注)何需立志?他说:

> 志者,气之帅也。志一则气无不动,学者终身读书,不能有成,只是志不立耳。志之不立,其病有三:一曰不信,二曰不智,三曰不勇……是故,所读者,圣贤之书,而所守者,气禀之拘也;所谓不勇者,人或稍知圣贤之不我欺,气质之可变化,而只是恬常滞故,不能奋励振发,昨日所为,今日难革;今日所好,明日惮改,如是因循,进寸退尺,此不勇之所致。是故,所读者,圣贤之书,而所安者,旧日之习也。人有此三病,故君子不世出,六籍为空言。呜呼,可胜叹

哉！(《圣学辑要》)[1]

可见，栗谷是以天道、人道、圣教统一的理想社会的实践与实现为志的。所以，他的治国主张最能反映他的思想风貌。

其次，栗谷的治国思想、主张，多见于时事奏疏言事和经筵说经中。故其思想、主张与其时时势和《经》中历史都是密切相关的，多与经文义理抽象性和时事具体性相关。经文义理有抽象性，但与具体经文及事相关，有其复杂性；时事奏疏言事之"言"与"事"有关，有其具体性，但"言"意所指有其理想性、抽象性。我们拟从"言事"具体针对性中寻绎其思想主张中的具有逻辑一贯性的稳定性的义理思想内容及实质。此类奏疏言事之文甚多，再加上《经筵日记》，可谓不少矣。我的策略是选取一文为基础（作为典型之文），辅以他文，揭示栗谷治国思想的"大概"（典型之思），而非纠缠于繁杂之"事""言"。依此，我选择嘉靖四十五年（1566）栗谷31岁时《谏院陈时事疏》（以下简称《疏》）一文为基础，辅以其他，谈谈我对栗谷治国思想及这一思想与宋明理学的关系的理解。

先解决个问题。此文是否具有典型性？有。栗谷众多奏疏言事中，因事不同，或偏于治本，或偏于邦本，或偏于修己，或着重于某一事物，但格致诚正修齐治平是其总则，是其理想，达于此理想不出君主修德、君臣和谐、君民相安三事，即立治本、清朝廷、立邦本三事。而此《疏》较系统地涉及了此三事。所以，本文有关栗谷的治国思想的理解则主要本于此文。

此《疏》是针对当时的社会状况而发的。那么，当时的社会形势是什么样的呢？我们无意于历史的研究，无意于对上疏者对当时形势的把握是否准确的考证。我们所关心的是《疏》中表达的治国思想与理学的关系，所以，对社会状况的把握依于《疏》作者。栗谷认为当时主要存在民心未慰、纲纪未肃、因循偷惰等问题，他说：

> 至今时政，尚未有以大慰民心，纪纲尚未整肃，公道尚未恢张，

---

[1] 李珥：《圣学辑要》，《栗谷先生全书》（卷20）。

贪风尚未戢敛。臧否不分，而仕路之混杂如昨；狱讼不平而豪猾之得志依旧；天心未豫，而灾异迭出；民力已殚，而惠泽未下，良由积年痼疾，一药难救。大官习于胡涂，小官习于滑稽；内而百司习于偷惰，外而列邑习于诛求，旧习缠绕，不能自舍。以容默为达权，以建白为生事；随俗者谓之得中，特立者谓之迂怪，似此气象，与权奸蠹国之时，未甚相远。若此因循，架漏牵补，则未见日进于治；而终必日趋于乱而已，岂不深可惕念乎？（《谏院陈时事疏》）①

针对此情，栗谷提出了"正心以立治本、用贤以清朝廷、安民以固邦本"的治国主张。于《疏》中他说："臣等……仰屋窃叹，夜不能寐，深思革弊之源，罄竭聋瞽之诚，谨以三事献于圣明：一曰正心以立治本，二曰用贤以清朝廷，三曰安民以固邦本。"《疏》中又进一步阐述了"三事"的具体内容。

于"正心以立治本"的必要性，他说：

> 所谓正心以立治本者，君仁莫不仁，君义莫不义。古之人君，莫不欲治，而治日常少，乱日常多者，只是修己未尽，无以表正万邦，故以正心为首。

于怎样"正心"，他说：

> 其目有三，一曰立大志，二曰勉学问，三曰亲正人。一曰立大志者，人君之志，治乱之所系也……二曰勉学问者，三代既远，圣王不作，尧、舜心学，绝对无所传，吾道之寄，只在下焉不尊之圣贤而已……三曰亲正人者，圣学虽自天纵，而必以正人左右之，然后箴规辅导，成就圣德……伏望殿下，务亲正人，务讲道学，别择学问醇正之士，置在近侍之列，不时召对于便殿，殿下以便服，坐卧随意，使近臣得以舒气讲道。有时引见大臣，咨以得失，温颜简礼，虚己察言，顺于心者，求诸非道；逆于心者，求诸其道，夫如是，则非徒上下交

---

① 李珥：《谏院陈时事疏》，《栗谷先生全书》（卷3）。

乎，治道休明，而亦于保养玉体大有裨益，实万世无疆之休矣。
(《谏院陈时事疏》)

于"用贤以清朝廷"，他认为君主修己是治国第一前提，不修己无以明是非、辨忠奸。然而修己已尽，是非、忠奸已辨而不能用贤去奸也无以治国。他说："所谓用贤以清朝廷者，不先修己，而欲清朝廷，则忠邪信谗，无以辨别。修己虽尽，而朝廷未清，则有君无臣，无以出治。"用贤是建立合理的君臣关系、治国团队的必要条件。那么，怎样才能做到用贤呢？栗谷认为有三个条件，他说用贤"其目有三：一曰辨邪正；二曰振士气；三曰求俊乂。"

为什么要辨邪正？怎样辨邪正？他说：

> 一曰辨邪正者，君子小人，如水火之不同器，冰炭之不相类，此长则彼消，彼盛则此衰。古之人君，莫不欲进用君子，退斥小人，而君子之得君甚鲜，小人之误国相继者，良由君德未成，君心未明，乐逢迎而惮违拂故尔。若使君心纯正，一意向治，不惑他歧，则虽有小人百辈，岂得售奸而病国也哉？夫以道进退，不苟爵位者，必君子也；徒求利禄，不惭尸素者，必小人也。陈善闭邪，不顾人主之喜怒，而只欲格其非心者，必君子也；先意顺旨，不恤国事之日非，而只欲固其宠禄者，必小人也。特立独行，不涸于流俗者，必君子也；逐利附势，不定其趋向者，必小人也。处事明白，有若青天白日者，必君子也；用心阴险，有如深阱密机者，必小人也。援引善类，振起道脉，欲使朝廷有多士之盛者，必君子也；造言生事，罗织清流，欲以害人为发身之路者，必小人也。伏望殿下，扩乾坤至公之量，昭日月至明之鉴，听其所言，观其所行，必使是非邪正，无所逃于圣明洞照之下。而知其为君子，则必引而亲之，使之必行其道；知其为小人，则必斥而远之，使之必绝其根，则直谅刚正之士，争效其忠，奸邪谗佞之辈，远屏其迹，而朝著之清，指日可待矣。

"振士气"则主要针对"士习不古，徒知干禄之为务，不顾出处之当否，一有绳趋尺步，欲以正学律身者，则群怪聚骂，必使不容而后已"

(《谏院陈时事疏》)的时弊而发。栗谷认为"若不丕变此习,则无以作成人材,为国器用"。怎样振士气?"伏望殿下,以躬行心得之余,推之而成教于国。别择学成行尊,可为师表者,俾教大学之胄子。其他学校之官,皆择经明行修之士,不以文藻之工拙为考课之高下,而专以讲学力行为急务。至于异端之教,惑世之术,一切禁断。始于京邑,达于四方,则豪杰之士,必有甚焉者,而凡民亦有作兴者矣。"

"求俊义"就是"科举之外,别求贤良,下教四方,俾搜遗逸,随其才行,授以官爵,虽门荫之士,必得一善之名,然后乃得筮仕,苞苴干请,绝不复行。夫如是则士知冒进之耻,朝无货吉之讥,而韫椟待贾之士,亦有出为世用者矣"。这也是针对时弊而发。

关于"安民以固邦本",栗谷认为民是国的基础,国是君的基础,归根结底,民是君的基础。所以,"立治本""清朝廷"都要落实于民。"立治本"是立民模;"清朝廷"是对民施仁政。"所谓安民以固邦本者,君依于国,国依于民,人君所以立治本者,欲为表准于斯民也。所以清朝廷者,欲施仁政于斯民也,故以安民次之。"如何安民?"其目有四:一曰询弊瘼,二曰宽一族,三曰选外官,四曰平狱讼。"(《谏院陈时事疏》)

"询弊瘼"就是了解为政弊端、百姓疾苦,关心百姓疾苦。当时为政、民生如何?栗谷以为:

> 近年以来,政紊吏苛,赋繁役重,饥馑荐臻,疫疠继作,壮者散之四方,弱者填于沟壑,嗷嗷赤子,如彼栖苴,邑里萧条,田野荒芜,或至于百里之间,不见人烟,气象悲凉,令人堕泪。殿下深拱九重,泛闻民瘼而已,岂能实知斯民之倒悬一至于此哉?据今民力,则虽使只供常贡正赋,而亦不可支保,终必至于困极作乱而已。赤眉黄巾,岂是天性好逆者哉?此皆齐民之不堪涂炭者耳。言之至此,良可痛哭。及今不救,后悔何益?当今有司,只恤经用,不顾民力,虽有陈弊之疏,例以防启为常规。而大臣又不闻长虑深忧,必欲活民,而熟视殄瘁,置之无可奈何之域,莫敢出一策焉,但曰,贡进不可阙而已。呜呼!若使穷民,转为逆民,则贡进之物,责出何地而使之不阙耶?理势必然,无可疑者。方今急务,莫若上下一心,讲求吁谟,损上益下,务安邦本。而百尔时弊,难悉周知,伏望殿下,特颁求言之

教，大开不讳之门，上自朝臣，下至氓俗，内自京邑，外至遐裔，皆令各陈时弊，务尽其情。章疏既集，勿令该曹循例回启，而广收廷议，商确采择，若其言辞切直，正中时病者，即施于政，不归之空言。或有论议明达，学通经济者，既用其言，且官其人。虽其所陈猥屑，无足可观，而触犯无忌者，亦置而不问。夫如是则庶几以国人之视听，为一人之聪明，而积弊可祛，民劳可息矣。①

"宽一族""平狱讼"多与时政之弊相关，本文从略。

以上为栗谷于《谏院陈时事疏》中表达的治国思想主张。在其后，栗谷仍多有治国奏疏，其治国思想皆类此，如隆庆三年（1569）《玉堂陈时弊疏》：

若定圣志以求实效，崇道学以正人心，审几微以护士林，谨大礼以重配匹，振纪纲以肃朝廷，尚节俭以舒国用，广言路以集群策，收贤才以共天职，革弊法以救民生。凡此九者，皆殿下所当勉励而不可缺一者也。

这里表达的思想与《谏院陈时事疏》是一致的。再譬如万历三年（1575）在《万言封事》中"而以言其纪纲，则徇私蔑公犹昔也，号令不行犹昔也，百僚怠官犹昔也；以言其民生，则家无恒产依旧也，流转失所依旧也，放辟为恶依旧也"的形势及"上下无交孚之实，一可忧也；臣邻无任事之实，二可忧也；经筵无成就之实，三可忧也；招贤无收用之实，四可忧也；遇灾无应天之实，五可忧也；群策无救民之实，六可忧也；人心无向善之实，七可忧也"的七忧，栗谷"进修己安民之要"。就修己方面说，栗谷认为："修己为纲者，其目有四：一曰奋圣志期回三代之盛；二曰勉圣学克尽诚正之功；三曰去偏私以恢至公之量；四曰亲贤士以资启沃之益。"就安民方面说，栗谷认为："安民为纲者，其目有五：一曰开诚心以得群下之情；二曰改贡案以除暴敛之害；三曰崇节俭以革奢侈之风；四曰变选上以救公贱之苦；五曰改军政以固内外之防。"他特别

---

① 李珥：《谏院陈时事疏》，《栗谷先生全书》（卷3）。

以浓彩重墨论述了奋圣志、勉圣学。就奋圣志而言,"伏愿殿下濯去旧见,以来新意。奋发大志,期兴至治。此志既立,然后勖励大臣,使之纠率百官,改心易虑,勉称其职,则孰敢因循旧习,以取不恪之罪哉?夫如是则时事庶可救,世道庶可回,天变庶可弭矣"。就勉圣学而言,他说:"所谓勉圣学克尽诚正之功者,大志虽立,必以学问实之,然后言行一致,表里相资,无负乎志矣。学问之术布在谟训,大要有三:曰穷理也、居敬也、力行也,如斯而已。穷理亦非一端,内而穷在身之理,视听言动各有其则;外而穷在物之理,草木鸟兽各有攸宜。居家则孝亲睦族,笃恩正伦之理,在所当察;接人则贤愚邪正,醇疵巧拙之别,在所当辨;处事则是非得失,安危治乱之几,在所当审。必读书以明之,稽古以验之,此是穷理之要也。居敬通乎动静,静时不起杂念,湛然虚寂,而惺惺不昧;动时临事专一,不二不三,而无少过差。持身必整齐严肃,秉心必戒慎恐惧,此是居敬之要也。力行在于克己,以治气质之病,柔者矫之,以至于强;懦者矫之,以至于立;厉者济之以和,急者济之以宽;多欲则澄之,必至于清净;多私则正之,必至于大公;干干自勖,日夕不懈,此是力行之要也。穷理,乃格物致知也。居敬力行,乃诚意正心修身也。伏愿殿下勿以高远为难行,勿以微细为可忽,常于燕居,不辍学问,四书五经及先贤格言,《心经》《近思录》等书,循环披读,深究其义,非圣贤之志不敢存,非圣贤之书不敢观,玉藻九容,仔细体认,念头之发,审其天理人欲之几。如人欲也,遏绝于未形;如天理也,善推而充广。放心必求,已私必克,衣冠必正,瞻视必尊,喜怒必慎,辞令必顺,以尽诚正之功焉。"①

综上,可得两结论:(1)栗谷治国思想基本上是建立在以宋明理学为核心的中国儒家思想之上的,本质上是宋明理学思想;(2)这一思想又不完全同于中国的宋明理学中的"理学派"的思想。栗谷的理学思想与程朱理学的关系,可以视之为"是而不同",即是"理学",而又不同于中国的"程朱理学"。我们该如何理解、评价这种"是"而"不同"?寻绎其间,或有洞天!

---

① 李珥:《谏院陈时事疏》,《栗谷先生全书》(卷5)。

是而不同处

可以肯定的是,栗谷的治国思想主张是基于理学的。进一步可以肯定栗谷是理学家。但我们又可明显地看到作为李朝的理学家栗谷与作为中国理学家的程、朱又是不同的。虽然栗谷本人自期于程朱理学的坚定性,但他的理学仍不同于程朱理学。栗谷自认为是纯正的"理学家",这有其为远接使时答明使者"克己复礼为仁"问为证。《年谱》载:"诏使入京,谒文庙,请先生讲解克己复礼为仁之义,且曰,毋拘宋儒窠臼可也。诏使盖是陆学者,故其言如此。先生即著说以示,略曰:仁者,本心之全德;礼者,天理之节文;己者,一身之私欲也。人莫不具此本心,而其所以未仁者,由私欲间之也。欲去私欲,须是整理身心,一遵乎礼,然后己可克而礼可复矣。义、礼、智,均是天理,而独举礼者,礼是检束身心底物事,视、听、言、动悉循天则,动容周旋,皆中节文,则心德斯全,而义、智在其中矣。颜子一闻圣训,担当勇诣,便复天理,此所以独称好学也。小邦之人,所见孤陋,只守程、朱之说,更无他道理可以敷衍。虽欲不拘宋儒窠臼,不可得也,中朝性理之窟,必有继程、朱而作者,愿承高明之诲,以祛坐井之疑。两使读至五六遍,曰,此说极好,当传布中朝。"此论在《栗谷全集·卷十四·克己复礼说》中有为诏使黄洪宪作"克己复礼说"一文为证:"窃谓仁者,本心之全德,礼者,天理之节文,己者,一身之私欲也。人莫不具此本心,而其所以未仁者,由有私欲间之也。欲去私欲,须是整理身心,一遵乎礼,然后己可克而礼可复矣。义、礼、智均是天理,而独举礼者,礼是检束身心底物事,视听言动悉循天则,动容周旋,皆中节文,则心德斯全,而义智在其中矣。颜子一闻圣训,担当勇诣,便复天性('性',一作'理'),此所以独称好学也。小邦之人,所见孤陋,只守程、朱之说,更无他道理可以敷衍,虽欲不拘窠臼,不可得也。今因明问,庶可启发愤悱,无任惊感之至。中朝,性理之窟,必有继程朱而作者矣,今士论所推可绍道统者为谁?愿承高明之诲,以祛坐井之疑。"由上可知,栗谷是以程朱理学为正统,以持守正统自期的。但他的思想仍然超出了程朱理学,不同于程朱理学而接近了整体性儒学。这里有太多的有意义的经验,值得欲在不同文化背景下,借鉴人类全部精神资源探求真理的"向道者"去思考、探究、学习。那么，栗谷以程朱理学自期的理学家何以有此不同？仅就当时的背景，我提出两点看法：

其一，"程朱理学"在中国哲学和宋明学术中仅是一种立场、一个方面。栗谷或囿于"程朱理学"是正统之观念。程朱理学在中国哲学三位一体的内在逻辑体系中，只是这一内在逻辑的一环，受这一内在逻辑制约，为这一内在逻辑所统摄。孔子开创的"祖叙尧舜，宪章文武"的儒家①本来就是一个"即凡而圣"的心、理、气圆融统一的大全思想体系。孔子后学思孟一系发挥了以心统理、气的学统；荀子发挥了以气统心、理的学统；到了宋明，分别形成了"心本论""气本论""理本论"，三派交互作用而成中国当时的"精神实体"。在这一"精神实体"中，程朱理学仅是其一环，但当时，特别是元朝后，将程朱理学目为正统而视其他为异端，这不能不影响中国文化的传播样态，东亚儒学不能不受其影响，退溪、栗谷亦难免。

其二，就退溪、栗谷接受宋明理学的文本看，他们都深受真德秀《心经》的影响。但他们所看到的直接《心经》文本是程敏政附注《心经》。程敏政是在吴澄基础上首提朱子晚年定论、朱子与陆子合一的学者，其中自然而然地内在包含了以心学统摄气学和理学的思想倾向。而且在中国哲学传统中，心、理、气本来就是不可分的，各自又在宇宙学体系中演化成了系统理论，承担着有机社会生活的指导作用。对此综合性思想，栗谷当然不能拒之。所以，自然而然地在栗谷自认是纯正的"程朱理学"中容纳、补充了诸多其他的合理性思想，使栗谷在自认坚守程朱理学正统性的同时，发展了程朱理学。

这两点都是文化传播中的问题。然于文化传播中亦有传播者发被传播者所无之创造发现者，栗谷亦然。限于所论，容留来日。

（原载《社会科学战线》2015年第1期）

---

① 《汉书·艺文志》："儒家者流……族叙尧舜，宪章文武，宗师仲尼，以重其言，于道为最高。"

后　记

　　论文集中有几篇合作的文章，也代表了自己的思想，所以一起收录进来，在此感谢王天成、孙丽娟、陈琦等几位合作者的贡献。我的学生彭旭邦、刘思文、王佳琦、邓朵、陈博、徐文殊作了将纸稿文字录入成电子文档的工作；张慕良、焦玉作了最后的核校工作。最后，感谢吉林大学哲学社会学院及中国社会科学出版社各位同志的辛勤付出。

张连良
2019 年 7 月 1 日